JN136107

國際私法要論

アッセル原著
リヴィエー増註
入江良之譯述

國際私法要論

明治三十三年發行

日本立法資料全集　別巻
1197

信山社

法學士 入江良之 譯述

アッセル
リヴィエー

國際私法要論

發行所 和佛法律學校

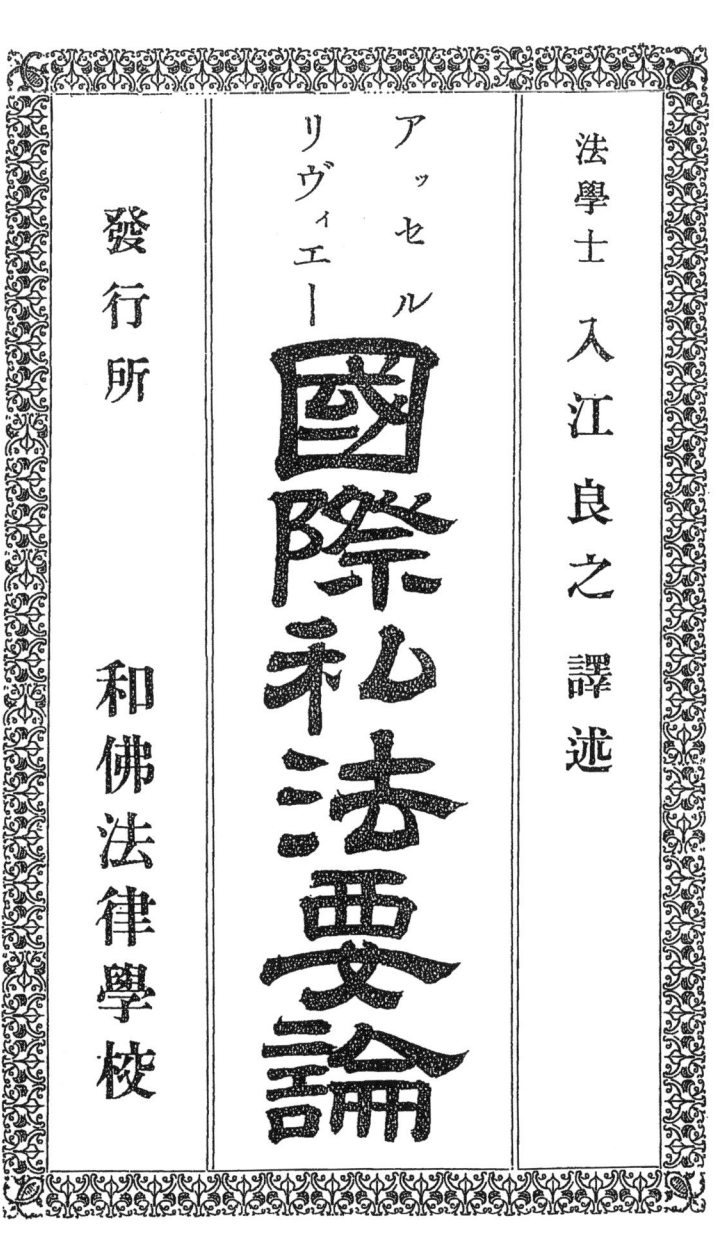

國際私法要論序

國際私法ハ今後最モ講究ヲ要スル學科ニシテ而モ我邦ニ於テハ之ニ精通スル者稀ナリ夫レ我邦ノ國際私法ハ主トシテ我法例ノ規定スル所ニ係リ必スシモ他國ト其趣ヲ同シウセスト雖モ而モ事外國ニ關係アルヲ以テ自ラ共通ノ軌道ヲ脫スルコト能ハス故ニ我法例ニ於テモ力メテ外國ノ先例ニ背馳スルコトヲ避ケタリ而シテ法例ノ規定ハ概シテ簡潔ナルヲ以テ之ヲ講究スルニ方リテハ勢ヒ外國ノ學說ニ假ラサルコトヲ得サルモノ多シ是ニ於テカ之ニ關スル歐米ノ良著ヲ參考スルノ必要アリ然ルニ國各其語ヲ異ニシ如何ナル博學ト雖モ悉ク各國ノ語ニ通スル能ハス況ヤ邦人ノ多數ハ一外國語ヲ學フノ遑ナキニ於テヲヤ故ニ外國語ニ通スル者ハ其

語ヲ以テ記述シタル艮著ヲ採リテ之ヲ翻譯シ以テ世ニ公ニセントコト是レ學者ノ當ニ務ムヘキ所ナリ法學士入江艮之君「アッセル」「リヴヰエー」兩碩學ノ著作ニ係ルモノヲ翻譯シ以テ之ヲ剞劂ニ付セント欲ス我和佛法律學校之ヲ聞キ特ニ君ニ請ヒテ其刊行ノ委託ヲ受クルニ至レリ思フニ我法學界ニ裨益スル所尠カラサルヘキカ予ハ本書ヲ世ニ紹介スルト同時ニ益〻此種ノ翻譯ノ多ク出テンコトヲ冀ヒ且我和佛法律學校カ次ヲ逐ヒテ之カ刊行ニ努力センコトヲ誓フト云爾

於伊香保旅舍

明治三十三年八月中澣　洋洋學人　梅　謙次郎撰

譯者自序

余輩カ斯書ヲ譯出セル所以ハ國際私法學ニ關スル最好ノ著作ニ於テ斯書ノ右ニ出ルモノ無シトノ故ヲ以テニ非ス、學者著作ノ優劣ハ未タ容易ニ斷言スヘカラサルモノアリ、然ラハ極メテ嶄新ナル學說ヲ具フルカ爲メナリト謂ハン乎、曰、否斯書ハ寧ロ一部ノ學者ヨリ嶄新ノ學說トシテ歡迎セラルル突飛的理論ヲ黜斥セリ、彼ノ屬人法主義(Principe de la personnalité-du droit)ヲ以テ斯學ニ於ケル唯一根本ノ大原理ト爲シ、斯學ニ於ケル諸原則ノ全部ヲ包括スト託言スル伊太利學派所說ノ如キハ著者ノ左袒セサル所ナレハナリ、曰、然ラハ余輩カ斯書ヲ世ニ紹介スル所以ノ旨趣ハ那處ニ在ル乎、曰、余輩ノ目的ハ單ニ此ノ國際私法學界ニ於ケル一ノ「モニュマン」ヲシテ邦語ヲ解スル諸士ノ眼底ニモ亦映セシメント欲セルニ外ナラサルナリ、蓋シ斯書ハ斯書ノ後ニ成リタル幾多有數ノ著作中ニ數〻援用セラレツツアリ、又苟クモ斯學ヲ修ムルノ士ニシテ著者アッセル氏ノ所論如何ヲ參考スル必要ナクンハ非サルナリ、而シテ著者ノ學歴ト斯書ノ價値トハ增註者タルアルフォンス、リヴィエー氏ノ既ニ證言スル所タレハ更メテ余輩ノ贅語ヲ要セサルヘシ（リヴィエー氏原序參觀）

顧ミテリヴィエー氏ノ聲價如何ニ關シテハ之カ證明ノ責ハ（少クトモ氏ノ聲價ヲ未タ耳ニセサル讀者ニ對シテハ）余輩ノ頭上ニ移轉シ來リタルモノノ如シ、幸ニシテ、否、寧ロ不幸ニシテ余輩ハ此ノ證明ノ責ヲ免除セラルヘキ最近ノ證明書ヲ有ス、回顧スレハ茲ニ二年、有賀法學博士ノ主宰ニ係ル外交時報第八號ハ明治三十一年九月、氏ノ訃音ヲ載セテ氏ノ長逝ヲ惜ミヌ、余輩カ不幸ナル證明書ト名ケタルハ即チ之ヲ謂フナリ、今左ニ同雜誌ノ全文ヲ假リ來リテ氏カ斯學界ニ於ケル地位如何ヲ讀者ニ价セントス、左ノ如シ、曰

身ヲ學事ニ委ヌル者ハ大家ノ訃音ニ接スル如ク悲シキハ有ラス、八月廿八日ハ島田文學博士ノ逝去ヲ聞キテ痛嘆措ク能ハサルニ夕刻接手ノ「ジユチーヴ」新聞ハ近時國際法ノ大家「リヴイエール」博士ノ死ヲ報シ來タレリ、本邦人ニシテ白耳義ニ遊學セシ者ハ親シク博士ノ講莚ニ臨ミ、シモ多カルヘク、獨逸文ニテ國際法ヲ研究セシ者ハ博士ノ「レールブツフ」ニ依リ自ラ益シタル所多カルヘシ、博士ハ現時最新ノ學派ヲ代表スル者ニ非ス、然レトモ直接ノ現時ニ先タツ一期ノ最後ニ出テタル大家ニシテ同國人タル「ブルンチユリ」ノ後ヲ承クル者ト看做スヘキナリ、一昨年ハ「ヘフテル」ノ相續者タル「ゲフケン」ヲ喪ヒ、今又「ブルンチユリ」ノ繼承者タル「リヴイエール」ヲ失フ、是ニ於テカ頻ニ學海ノ寂寥ヲ

覺ユ。

「アルフォンス、リヴィエール」千八百三十五年十一月九日ヲ以テ瑞西ノ「ローザアーン」ニ生マレ、「ローザアーン」大學及「ヂュチーヴ」ノ「アカデミー」ニ於テ法學ヲ修ム、千八百五十八年伯林大學ニ於テ「ドクトル」ノ學位ヲ得、千八百六十四年同大學ノ「ブリヴァートド、チエント」ト成ル、翌年歸國シテ「ベルン」府ノ大學敎授ニ任シ、千八百六十七年瑞西國總領事ヲ以テ「ブルスセル」府ニ駐在ヲ命セラル、白耳義政府ハ氏ノ學名ヲ聞キ外國官吏タルニ拘ラス氏ニ託スルニ「ブルスセル」大學校ノ講座ヲ以テシ、千八百七十三年白耳義學士會員ニ列シ尋テ大學校長ニ任ス、白耳義國「ブルスセル」府ハ歐洲ニ於ケル國際法學ノ淵叢ト稱ス、氏此ノ處ニ在リテ學海ヲ總統ス、非凡ノ薀蓄アルニ非サルヨリハ曷ソ當ラムヤ。

氏ノ學歷ハ國際私法ヨリ入テ公法ニ移リタルモノニシテ其ノ羅馬法ニ於ケル素養ト歷史上ノ探究トハ國際法ニ於ケル工夫ヲシテ常ニ確乎タル基礎ニ依ルコトヲ得セシメタリ、氏ハ既ニ千八百六十二年及六十三年ノ兩度ニ於テ拉甸語ヲ以テ羅馬法ノ論文ヲ刊行シテ學海ノ注意ヲ引キ、尋テ著ス所ノ「羅馬法沿革提要」ハ此ノ學ノ典經ト成レリ。千八百七十八年ヲ以テ「國際私法民法商法」ヲ著シ、千八百八十四年「アスセル」ノ國際私法ヲ譯註ス、千八百八十二年ニ至リ「ブルンチュリ」國際法ノ註釋ヲ著シタルヲ以テ其公法ニ於ケル第一鞭トス、千八百八十四年ニハ佛文ノ「萬國公法階梯」成ル、後獨逸文ヲ以テ夫ノ「レールブッフ」ヲ著シ千八百八十九年「スタトガルト」ニ於テ刊行ス、是レヨリ先キ「ホルチェンドルフ」ノ「國際法全書」ノ爲メニ「國際法統系及學説沿革通觀」ヲ篇述シ又之ヲ佛蘭西文ニ譯シ千八百八十九年「ハンブール」ニ於テ刊行セリ。又獨學スル者及ヒ大學ニ於テ講義スル者ノ爲メニ「萬國公法講義表目」ヲ刊行シタルモ同シ頃ナリ。千八百九十一年ニハ「羅馬親族法要領」第一巻ヲ巴里ニ於テ刊行セリ。

萬國國際法協會設立ノ擧アルヤ氏モ亦「ロラン」「ゼクマン」「ウユストレーキ」ノ諸士ト與ニ奔走盡力シ、千八百七十四年該協會ノ書記ニ任シ、千八百七十八年ヨリ八十七年ニ至ル十年間其書記長ニシテ千八百八十八年ヨリ九十一年マテ其ノ會長タリキ、即チ國際法協會年報中初メノ六冊ハ「リヴィエール」氏ノ編纂ニ成リシモノニシテ最モ有益ノ記事ヲ集ム、氏ハ又此ノ協會ノ機關タル「國際法及比較法制雜誌」ヲ起シ、大ニ國際法ノ進歩普及ヲ賛ケタリ。氏好テ瑞國ノ新聞雜誌ニ貴重ノ論文ヲ寄セ、氏ノ訃ヲ齎ラセシ「ヂユヂーヴ」新聞ノ如キ、國際法上ニ渉ル難件アル毎ニ氏ノ筆ヲ煩シタルコト多シト言ヘリ。

氏カ畢生ノ力ヲ振ヒ前後幾種ノ著作ニ散敷セル學說ヲ總合シタルモノヲ昨年世ニ公ニシタル「萬國公法原則」佛文二卷トス、此ノ書ハ永ク斯學ノ致權タルヘク其ノ著者ヲ以テ「グロシユス」ヨリ起テ「ブルンチユリ」ニ至ル大家ノ列ニ置クコトヲ誤ラサルモノナリ、余一昨年三月ヲ以テ氏ヲ「ブルスセル」ニ訪ヒタルトキ氏既ニ病蓐ニ在リテ相見ルコトヲ得ス、昨年ニ至リ遙ニ該書二冊ヲ寄贈セラル、余之ヲ珍重シ常ニ坐右ヲ離タサルナリ。氏ノ文章ハ簡結ニシテ明瞭ニ、寸毫ノ迂曲ナク又汎意ナシ、然レトモ決シテ冷淡乾燥ナリトセス怜悧ナル哲理上ノ分析ト豐富ナル歷史上ノ識見トヲ加味シテ簡明文字ノ裏ニ深淵ノ資源アルヲ表證セリ。

氏ノ學海ニ於ケル赫赫功勳ハ終ニ國家ノ公然認識スル所ト爲レリ、現世ノ二強國タル英吉利及露西亞ハ一致シテ氏ヲ指名シ、千八百九十二年露ノ巡洋艦カ北太平洋ニ於テ英ノ膃突獵船六艘ヲ捕獲シタル事件ニ對スル損害賠償ノ仲裁裁判官ト爲シタリ、單獨ノ學者ニ委任スルニ此ノ如キ重要ノ權利ヲ以テス。是レ實ニ非常ノ名譽ニシテ又此ノ學ニ於ケル氏ノ信用ノ極メテ厚キヲ證スルモノナリ、氏ハ此ノ事件ノ審理ニ熱心從事シツツアリシカ病痾ノ爲メ重任ヲ果スコト能ハス中途ニシテ他界セリ、惜イカナ。

リヴィエー氏カ學者トシテ如何ニ社會ニ重セラレタルヤハ以上ノ記事ヲ以テ之ヲ知ルコトヲ得ヘシ、余輩ハ之ニ多少ノ蛇足ヲ添加スルコトヲ敢テセサルナリ

抑モ國際私法ハ疑問ノ淵叢ナリ、難問紛說ノ一大學園ナリ、特ニ國際私法ナル觀念自體ニ於テスラ又國際私法ノ基礎タル根本原則ニ於テスラ學說未タ歸一セサルモノアリ、學者各其ノ觀察點ノ異ナルヨリシテ之ニ對スル見解亦互ニ相異ナレリ、即チ第一ニハ國際私法ノ性質如何ニ關シテ學者間ノ異論

ハ輙チ起ル、曰、國際私法ハ國際法ノ一部ナリト、曰、國際私法ハ國際法トハ全然別異ナル他ノ法則ナリト、國際私法ハ國際法ノ一部ナリト爲ス學者ハ國際私法ヲ以テ國際法ト同シク世界萬國ニ對スル唯一無二ノ原則ナリト曰フヘク、國際私法國際法別異論ヲ唱フル學者中ニモ亦國際私法ハ世界萬國ニ對シテ唯一無二ノ原則ナリト曰フ者アリ、或ハ國際私法ハ各國私法ノ渉外關係ノ部分ヲ指スモノトシテ各國私法ノ同一ナラサルト同シク、國際私法モ亦各國互ニ相異ナルモノナリトノ結論ヲ爲ス者アリ、學者或ハ更ニ進テ國際私法ハ單ニ私法ノミニ限ラス、各國國法ノ全部ニ跨レル外國個人ノミニ關スル規定ナリト解スル者アルニ至ル、次ニ第二ニハ國際私法ノ目的ニ關シテ學者間ノ異論ハ輙チ起ル、甲ハ曰、國際私法ハ法律ト法律トノ牴觸ヲ決定スルモノナリ、換言スレハ國際私法ノ定ムル所ハ一國ノ私法ト他國ノ私法トノ關係ナリト、乙ハ曰、然ラス、法律ハ凡テ人ト人トノ關係ヲ定ム、國際私法ト雖亦然リ、故ニ國際私法ハ法律ト法律トノ關係ヲ定ムルモノニ非スト、次ニ第三ニハ國際私法ノ基礎ニ關シテ學者間ノ異論ハ輙チ起ル、即チ外國法律ノ適用如何ヲ定ムルニ當リ立法者若クハ學者ノ據ル所ノ羅針盤タルヘキ國際私法ノ根本原則ニ關シテ幾多ノ主義ハ互ニ相紛爭セリ、曰、スタチュ說、曰、法律關係本據探討主義、(サビニー)曰、屬人法主義、(伊太利學派)曰、法廷地法主義、(ウエヒテル)曰、法律關係發生地法主義、(シェフヲル)曰、住所地法主義、(アイヒホルン)曰、屬人屬地兩主權一方犧牲主義、(ピーイエ)曰、一般原則主義、(アッセル氏之ニ屬ス)等是ナリ而シテ此等三箇ノ問題ノ如キハ國際私法研究者ノ上ルヘキ初日ノ日程トシテ、國際私法ノ根幹トシテ、國際私法ノ極メテ初歩トシテ又極メテ簡單ナル要素トシテ起ル所ノ論難タリ、然ラハ研究ノ日程益〻進ムニ從ヒ、國際私法ノ細節ニ渉リテモ紛爭ノ叢起スルコト知ルニ難カラサルナリ、夫レ國際私法ハ斯クノ如ク難問多キ學科ナリトセハ、之ヲ研究スル者博ク渉リ遠ク遡リ、以テ其蘊奧ニ達セサルヘカラス、豈一二巻ノ教科書ヲ通讀シテ自ラ足レリトスルヲ許スヘケンヤ、果シテ然リトセハ余輩カ尠クトモ斯學ニ於ケル一書トシテ教權《オートリテー》ヲ有スルアッセル、リヴィエー丨ノ斯書ヲ譯出シ以テ邦語ニ於ケル參考書ノ一部ヲ增益スルハ豈無用ノ業ナリト云ハンヤ、之カ發刊ニ當リ聊カ所思ヲ述ヘ以テ序言ト爲ス

明治卅三年八月

譯　者　識　ス

原序

斯書ノ原著ハ國際私法要論(Schets ran het internationaal Privaatregt)ト題シ千八百七十九年海牙ニ於テ和蘭語ヲ以テ出版セラレ、而シテマクス、コーン氏ノ手ニ成レル獨逸語ノ譯文ハ其ノ翌年伯林ニ於テ發兌セラレタリ

斯書ノ目次ヲ一瞥スルトキハ、何人ト雖モ余カアッセル氏ノ原著ヲ以テ佛語ヲ解スル公衆ノ用ニ供セント欲シタル企望ノ轉タ止ムヘカラサリシコトヲ覺ルヘシ、其ノ節目ト其ノ立論トニ依リ、斯書ハ佛國ニ於テ貴重セラルル教科用ノ各書トハ著シク其ノ趣ヲ異ニスルヲ見ルヘシ、余ハ敢テ佛國ノ教科諸書ヲ貶黜スル者ニ非スト雖モ、斯書亦此等ノ諸書ト相併ヒテ佛國法曹ノ書龕中ニ坐席ヲ爭フノ權利アルモノナルコトヲ

信ス、之ニ加フルニ斯書ハ佛國ニ於テ法律學士《リサンシエー、アンドロワー》ノ證明狀ヲ與ヘンカ爲メニ定メタル科程ニ好ク適合シタルモノナリトス

斯書ハアッセル氏ノ實務ト講演トノ兩樣ノ經驗ヨリ生シタル果實ナリ、著者ハ大學教授ト辯護士トヲ兼ネ、數年ノ間和蘭王國外務省顧問ノ要職ヲ遂行セリ、著者ハ各種ノ國際會議ニ於テ自國ノ政府ヲ代表セリ、而シテ斯書ノ特ニ傑出セル所ハ、其ノ法律ノ原則自體ニマテ遡リタルニ拘ラス、著者ニ接近シタル實務上ノ要點ヲ脫漏セサルニ在リ、著者ハ一般ニ現行法理(Lex lata)ト將來法律タラシムヘキ理論(Lex ferenda)トヲ混同セサルコトニ留意セリ、而シテ余ハ法律牴觸ヲ論シタル學者特ニ其ノ著名ナル學者ノ著述ニ於テスラ讀者カ屢ゝ遭遇スルコトヲ免レサル望洋ノ嘆ト疑問ノ叢トハ、斯書ニ於テ見ルコ

トナカルヘシト信ス

讀者中或ハ著者カ新學説ト自已ノ企望トニ渉ルコト多キニ過クト評スル者アルヘシ、新學説ハ余之ヲ註脚中ニ批評セリ、著者ノ企望ニ至リテハ曾テサビニー氏ノ云ヘルカ如ク、國際私法ハ今日尚發達ノ運ニ在リテ法律又ハ條約ト名クル鞏確ナル基礎ヲ缺如ス、故ニ之ヲ補足スルカ爲メ外交家及立法者ヲシテ行動セシムルノ途ヲ拓クノ必要アリ、余ハ之ヲ以テ學者ノ當ニ務ムヘキ本領ナリト信ス、回顧スレハ已ニ十年、現時伊太利王國外政ノ主宰者タル大法律家マンチニー氏カ議長トシテジュ子ーブニ開キタル國際法協會ニ於テ承認セラレタル左ノ決議アリ、請フ余ヲシテ之ヲ再誦セシメヨ

國際法協會ハ、各開明國ヲシテ一致ヲ以テ國際私法ノ一樣

ニシテ且拘束力アル規則ヲ承認セシメ、此ノ規則ニ従ヒテ各締盟國ノ諸官廳及特ニ裁判所カ人、財産、行爲、相續、訴訟手續及外國判決ニ關スル問題ヲ決定セシメンカ爲メニ條約ヲ爲スノ有益ナルコトヲ認メ、特ニ某種ノ事項ニ付テハ條約ヲ爲スノ必要ナルコトヲ認ム、而シテ此等ノ條約ヲ爲スニ付テモ締盟國ヲシテ各其ノ法典及法律ヲ完全ニ一樣ナラシムルノ必要ナキノミナラス、此ノ如キハ却テ文明ノ進歩ニ障碍ヲ設クルモノニ非スンハアラス、然レトモ各國立法權ノ獨立ヲ傷ケサル限リハ、豫メ此等ノ條約ヲ以テ牴觸シタル諸法律中ノ孰レヲ某種ノ法律關係ニ適用スヘキカヲ決定シ置カサルヘカラス、此ノ如クニシテ始メテ時アリテカ調和セサル各國法律ノ衝突、國家ノ私利ト僻見トヨリ

起ル危險ナル勢力、及判例又ハ學說自體ノ不確定等ニ終リヲ置クコトヲ得ン

千八百七十四年以降斯學ノ進歩シタルコトハ論スルマテモナシト雖モ、次ニ記スル所ノローラン氏ノ語ハ余カ常ニ同感ニ堪ヘサル所ナリ、曰ク

國際民法ノ講程ニ一歩ヲ進ムル毎ニ吾人ハ條約ノ必要ヲ感セスンハアラス、條約ノ存セサル限リハ斯學ハ一ノ理論タルニ止マリ、判事ハ斯學ニ對シテ其ノ意ノ向フ所ヲ爲サンノミ」ト

讀者若シ斯書ヲ以テ和蘭語ニ於ケル原著ニ比照セハ、其ノ順序及論旨ニ於テ多少ノ差異アルコトヲ見ルヘシ、余ハ總論及民法牴觸ニ關スル第一編中ニ於テ、讀者カ過多ナリト思惟セ

ラルヘキ程ノ註脚ヲ加ヘタリ、余ハ總論及アッセル氏カ頗ル簡短ニ論述シタル親族法ノ本文中ニスラ多少ノ文字ヲ附加シタリ、而シテ他ノ一方ニ於テハ本文中ニ於ケル二三ノ說明、又ハ理論ニシテ特ニ和蘭法ノミニ關シ佛國讀者ニ直接ノ利益少キモノヲ註脚中ニ編入セリ

アッセル氏ハ、余カ氏ノ著者ニ加ヘタル變更ヲ承認セリ、故ニ斯書ハ原著ノ第幾版トシテ再閱、修正、增補セラレタルモノノ如ク看做サルルコトヲ得ヘシ

千八百八十四年五月

アルフォンス、リヴィエー

凡例

一　譯者ハ忠實ニ原文ニ從ハンコトヲ力メタリ原文ハ極メテ簡潔ニシテ普通ニ行ハルル法律註釋書ト異ナリ一回ノ通讀ノミヲ以テハ容易ニ其眞意ヲ會得シ難キ箇所少カラス然レトモ今猥リニ之ヲ敷衍解說セス是レ敷衍解說ハ時ニ原著者ノ眞意ヲ誤リテ表示スルノ虞アレハナリ

二　原著卷末ニハ第一ニ國際私法ニ多少ノ關係ヲ有スル歐米諸國間ノ條約及其ノ日附ヲ擧ケ第二ニ國際私法ニ關スル著者及書名ヲ揭ケ共ニ詳細ニ涉レリ是レ進テ研究セントスル者ニ對シテハ大ニ引用ノ便ヲ與フルモノナリ然レトモ我邦學問界ノ現狀ニ於テハ未タ之ニ依リテ便益ヲ享クヘキ人甚タ多カラスト認メタルヲ以テ全ク省略ニ從ヘリ

三　本文註脚中ニモ引用書名ヲ揭ケタレトモ是レ亦前項ト同一ノ理由ニ依リテ省略ニ從ヘリ又註脚中原著者若クハ註脚者ノ本國ノミニ關スル說明ニシテ一般ノ問題ニハ利益ナシト認メタルモノモ亦之ヲ省略セリ但此ノ後ノ點

ニ於ケル省略ハ甚タ多カラストス

四　書中(1)(2)(3)……等ノ下ニ於ケル文字ハ註脚者ノ説明ニシテ〔　〕中ノ文字ハ譯者ノ挿入セシ所ニ係ル

五　獨逸民法ハ原著ノ成リシ際未タ公布セラレサルモノニ係ルヲ以テ原著者ハ之ニ論及セストモ讀者參照ノ便ヲ圖リ獨逸民法ニ於ケル國際私法ニ關スル總則的(即チ我法例第三條以下ニ該當スル規定)ヲ附錄トセリ

國際私法要論目次

第二十九章 海商……二六六

第三十章　破産及支拂猶豫……二八七

附錄

國際私法要論目次終

國際私法要論

和蘭安特塾大學教授兼外務省顧問 トビー、ミケル、シャルル、アッセル 原著
白耳義ブリュクセル大學教授 アルフォンス、リヴィエー 增註
法學士 入江良之 譯述

總論

第一章 國際私法ノ觀念及其ノ目的

一 定義及語源。國際私法。國際刑法。分類。

相異ナリタル國及相異ナリタル地域ニ屬スル人人ノ間ニ於ケル法律關係ニ關シ、若クハ外國ニ於テ爲シタル行爲ニ關シ、又ハ一國ノ領域內ニ於テ他國ノ法律ノ適用如何ヲ問題トスル總テノ場合ニ關シ、孰レノ法律ヲ適用スヘキカ〔準據法〕

ヲ決定スル諸原則ノ全體ヲ名ケテ國際私法ト曰フ

二人以上ノ人、其ノ本國內ニ存在スル物件ニ關シ、其ノ本國內ニ於テ一ノ法律行爲ヲ爲ストキハ、彼等ハ此ノ行爲ニ關シテハ全ク其ノ本國ノ法律ニ依リテ支配セラルルモノトス、然レトモ當事者若シ同國ニ屬セサルトキ、若クハ當事者外國ノ領域內ニ於テ結約スルトキ、若クハ當事者ノ爲シタル行爲カ外國ノ領域內ニ存在スル物件ニ關スルトキ、諸國ノ法律互ニ其ノ規定ヲ異ニスル場合ニ於テハ、孰レノ法律カ其ノ行爲ヲ支配スヘキヤノ疑問ヲ生スヘシ、是ニ於テカ法律ノ牴觸ナルモノ起ル、是レ學者ノ多數カ國際私法ヲ呼ヒテ法律牴觸論ト謂フ所以ナリ、而シテ余輩カ茲ニ異ナリタル國ノ法律ニ付テ云フ所ノモノハ、同一ノ國內ニ於ケル各地方ノ法律ノ相異ナル場合ニモ之ヲ適用スルコトヲ得ヘシ、此ノ後ノ場合ニ付テノ研究ハ容易ナルカ故ニ、舊時ニ於テモ伊太利、佛蘭西、獨逸及和蘭等ノ學者好ミテ之ヲ研究シタリキ(1)

學者時トシテ國際私法中ニ刑法ノ牴觸ヲモ包含セシムルアリト雖モ、余輩ハ之ヲ誤レルモノト信ス、即チ國際刑法ノ原則ハ別種ノ原理ニ基クヲ以テ特別ニ論究スヘキモノトス、故ニ余輩ハ此ノ書ニ於テ之ヲ除キ、單ニ原則的私法、即チ民法及商法ト、手續的私法、即チ民事訴訟法トニ限リテ之ヲ論述セントス、而シテ第一編ニ民法ヲ說キ、第二編ニ訴訟法ニ及ヒ、第三編ニ商法ニ渉ラント欲ス、蓋シ商法ヲ訴訟法ノ後ニ置クハ後ニ商法ノ或部分ヲ知ルカ爲メ豫メ訴訟法ヲ知ルノ有益ナルヲ以テナリ

(1) 故ニ舊時ニ於テハ「スタチュ」（地方法）ノ牴觸ト云ヘリ國際私法學ニ於テハ今日尙「スタチュ」ナル語ヲ法律ナル語ト同義ニ使用ス

ユウベル氏ハ、其ノ有名ナル著書ニ題シテ「法律ノ牴觸」ト曰ヒ、ヘルト氏ハ其ノ書名ヲ「法律ノ衝突」ト題シ、ポールポエット氏ハ「地方法律及其ノ競爭」ト云ヘル題名ヲ取リ、ローデンブルヒ氏ハ「地方法律ノ牴觸ヨリ起ル法律」ト題セリ、抑モ國際私法ト云ヘル題號ハ、一般ノ國際法ナルモノアリテ、其ノ中ニ「法律牴觸ノ原理」ト「萬國公法一名國際公法」トヲ包含スルモノナルコトヲ想見セシムルニ似タリ、然レトモ此ノ觀念ハ正當ニ非ス、何トナレハ一方ニ於テハ萬國公法、他方ニ於テハ國際私法及國際刑法ハ共ニ是レ別異ナル規律ニ從

フモノナルヲ以テ之ヲ概括シテ一團ト爲スハ不可ナリ、又國際私法ヲ以テ國際公法ノ一部ナリト爲スモ亦謬見ナリ、フエリクス、シヤフテル諸氏、其ノ他獨英米佛伊等ノ學者ハ單ニ「國際私法」ト稱シ、又ハ他ノ名稱ヲ併用セリ、特ニ「法律ノ牴觸」ナル題號ト併用スルヲ見ル、ウエヒテル氏ハ「法律ノ衝突」ナル語ト併稱シ、ストーリー氏ハ「法律ノ牴觸」ナル語ト併稱セリ、國際法協會ハ其ノ調査委員ヲ設クルニ當リ又ストーリー氏ト同一ノ題號ヲ與ヘタリ、サビニー氏トグルベル氏ハ「法律ノ適用ニ關スル場所ノ限界」ト稱セリ、今日ハ殆ト廢物ニ屬シタル國際間好意主義ノ學説ハ外國法律ヲ認容スト主張スル理由ヨリシテ斯學ニ與フルニ「好意《コミライ》」ナル名稱ヲ以テシ、今尚ロバートフイリモーア氏ノ之ヲ用フルヲ見ル、ハリソン氏ハ「フォルトナイトリー」雜誌一八七九」「部落間ノ法律《インテルミニシパルロー》」ト稱スヘシト發言シ、ホルランド氏ハ「域外私法又ハ刑法」ナル題目ヲ按出セリ、而シテロモナッコー氏及ローラン氏ハ之ヲ國際民法ト稱セリ、是レ好題目ナリト雖モ商法及訴訟法ヲ包含セサルヲ遺憾トス

第二章　沿革ノ概略

一　羅馬法。野蠻人。封建制度。屬人主義及屬地主義

相異ナリタル國若クハ相異ナリタル地域ニ屬スル人人カ互ニ關係ヲ有スル時代アラハ、其ノ必然ノ結果トシテ生スル法律ノ牴觸ヲ法理ニ據リテ決スルノ必要ヲ多少感セスンハアラス、然レトモ國際私法カ專門學科トシテ認メラレタルハ實ニ最近ノ事ニ屬セリ

余輩ハ羅馬帝國ニ於テ、其ノ州郡又ハ地方ノ法律牴觸カ據リテ以テ決セラレタル諸原則ヲ十分ニ知悉スルニ由ナシ、ジュスチニヤン帝ノ法律全典(Corpus Juris)ト雖モ正確ニ法律牴觸ニ關スル明文ヲ含マサレハナリ

中古ノ初、日耳曼人ノ侵入後ニ於テハ屬人法主義ヲ以テ法律上ノ大則ト爲セリ、即チ各人ハ如何ナル土地ニ住スルモ其ノ本國法ニ依リテ支配セラレタリ、故ニクロビス及シャルルマーギュ帝國ノ各部ニ於テ「フラン、サリヤン」、「リピウエール」、「ゴート」、「ビュルゴンド」等ノ各種族ハ各其ノ本國法ニ從ヒ、羅馬人ハ亦羅馬法ニ從ヘリ

(1)然ルニ各箇人カ各所ニ移散シ又各箇人間ニ婚姻アルヲ以テ屬人法ノ適用ハ非常ノ混雜ヲ惹起シタルナルヘシ要スルニ、此ノ時代ハ國際私法進化史ニ著大ナル影響ヲ及ホシタルモノニ非スト信ス

封建時代ハ根本的改革ヲ國際私法ニ及ホセリ、中古ノ下半期ニ於テ種族ノ分界ハ封建制度ノ前ニ消滅シ、而シテ屬地法ノ原則行ハルルニ至レリ、仍テ爾後或人カ支配ヲ受クヘキ法律ノ孰レナルヤハ其ノ人カ或地方組合若クハ或市町村ニ屬スルトノ事實ニ由リテ決セラルルコトト爲レリ(2)

然レトモ屬地法ノ如キ原則ハ一般ニ且絕對的ニ適用スルヲ得サルコトハ明瞭ニシテ、一定ノ權利ハ其ノ性質上各人ニ附隨シテ其ノ國境外ニ及フヘキコトヲ認メサルヲ得サルモノアリ、故ニ「スタチュ」原理一名區別法說(Theorie des statuts)ナル學說ヲ生シ、中古ノ法學者ハ大體ニ於テ殆ト一致シテ之ヲ唱道スルニ至レリ

(1)　僧族ハ羅馬人ト看做サレタリ

屬人法主義ハ、侵略ノ結果トシテ生シタルモノトス、何トナレハ古代日耳曼

人ノ眼中ニハ外國人ハ外國人トシテハ無權利ナリシカ故ナリ屬人法主義ハ、現時種種ノ異ナリタル形相ヲ以テアルヂェリー、土耳古帝國印度等ノ諸國ニ行ハル

(2) 學者或ハ屬地法主義ハ、領域内ニ於ケル一切ノ人及一切ノ物ニ領域地ノ法律ヲ適用スルニ在リト云フハ誇大ノ言ナリ、中古ノ終期ニ於テスラモ決シテ然リシニ非ス

三　註釋派及後註釋派。十六、十七、十八世紀ニ於ケルスタチュ學派

此等ノ學者ハ、一般ニ註釋派若クハ後註釋派ト名ケラレタルモノニシテ、凡テノ法律凡テノ地方法《スタチュ》、凡テノ習慣等凡ソ一國内ニ現行スル成文法ノ淵源ヲ三種ニ別チ、之ニ人事法、物件法及混合法ノ名ヲ與ヘタリ(1)人事法トハ主トシテ人ノ身分能力ニ關スル法律、地方法《スタチュ》及習慣ヲ稱シ、物件法トハ財産特ニ不動産ニ關スルモノヲ稱シ、而シテ混合法トハ同時ニ人及財産ニ關スル法律、地方法《スタチュ》及習慣ヲ稱シタリト雖モ、此ノ點ハ學者ニ因リテ一定セス(2)

此ノ法律三分ノ説ハ、既ニバルトール、バルド、アルベリック、ド、ロスシャート及其他ノ註釋派ノ唱道スル所ニシテ、十六世紀ニ於テ發達シ益〻精確ト爲リ、以テ今世紀ニ及ヒ、今日現行ノ主要ナル諸法典モ之ヲ認容シ若クハ之ヲ假定セリ、然レトモ眞ニ法律ノ牴觸ヲ決定スルニ適當ナル精確鞏固ノ諸般ノ原則ヲ確立センカ爲メニハ此ノ三分主義ハ其ノ適用上不確定ニシテ且異説多キ點ニ遺憾ナクンハアラス(3)

十六世紀、十七世紀及十八世紀ニ於テハ、學者ハ註釋派ノ定メタル基礎ニ從ヒテ研究ヲ續行セリ、特ニ十七世紀ヨリ「スタチュ」説ノ原理ヲ特別ノ問題ト法理ノ細節トニ應用シ、時トシテハ甚シキ空理ニ陷ルヲ免レサリキ、然レトモ同一ノ國内ニ於テ數多ノ現行法(地方法《スタチュ》)アリシコトハ自ラ學問上特ニ研究スヘキ材料ト機會トヲ與ヘタリ、而シテ當時歐洲ノ各國ハ概ネ斯ル狀態ニ在ラサルハナク、特ニ和蘭ノ合衆諸邦ハ地方ノ自治甚タ盛ニシテ互ニ相接近シタル多數ノ重要ナル都市ニ屬スル市民間ノ關係甚タ繁劇ナルカ爲メ斯學ノ研究モ亦隨テ盛況ヲ致シタリ(4)

今其ノ盛名ヲ轟シタル學者ヲ擧クレハ、十六世紀ニ於テハヂュムーレン及ダルジャトレーアリ、白耳義人ビュルゴンヂュス、ブールゴアンキュ、和蘭人ロデンブルヒ、ポール、ポエット、ジャン、ポエット、ユルリック、ユウベル(ユウペル)氏ノ勢力ハ特ニ英國ニ盛ナリ)アリ、獨逸人ニ在リテハヘルト等ヲ擧クヘク、又十八世紀ニ於テハブイエー、フローラン、ブールノア等是ナリ(5)

(1) 註釋派ノ學者、例ヘハアルベリック、ド、ロシャートノ「スタチュ」(Statuts)ナル文字ヲ解スルヤ、普通法ト相對シテ特別法、地方法ト云フカ如キ一般ナル原來ノ意義ヲ與ヘタリ、而シテ人事法、物件法及混合法ナル專門語ハ十六世紀ヨリ起リタルモノニ似タリ

(2) 混合法ナル觀念ノ一部ハ法律行爲ニ關スル原則特ニ土地ハ行爲ヲ支配ストノ原則トシテ發達シ來レリ、學者或ハ人事法、物件法ト併稱シテ手續法ト唱フルモノアリ

(3) 物件法ト人事法トヲ決定スル標準ヲ定ムルハ頗ル困難ナリ、ストーリー氏ハ之ヲ以テ學者カ相嬉戲スル空論的詭辯ニ過キストセリ、バルトール

氏カ引用スル標準ハ、學者カ思慮ナク屢〻舉クル所ノモノナレトモバルド氏ハ之ヲ排斥セリ、バルトール氏ハ曰ク、例ヘハ長子ノ特權ニ關スル法律ニ付テ云ハンニ、若シ法律ニ於テ「長子ハ相續ス」ト云フトキハ是レ人事法ト看做スヘク、若シ法律カ「不動產ハ長子ニ歸ス」ト云フトキハ物件法ト看做スヘキモノナリト、是レ遁辭的解釋ニシテ後ノ學者ノ苟モ爲スヲ屑トセサル所ノ說ナリ

(4) フェリクス氏曰ク、和蘭ノ法學者ハ吾人ノ爲メニ荊棘ヲ開拓セリト

(5) ローラン氏ハ、前三世紀ノ學者ヲ總稱シテ「スタチュ」學派ト稱セリ

四　近世

法律牴觸學ニ付テ近世ト云フヲ得ヘキハ僅僅半世紀前ヨリ起算スヘキノミ、此ノ時代ハ佛蘭西及獨逸ニ於ケル二箇互ニ其ノ趣ヲ異ニセル著述ニ依リテ開始セラレタリ、巴里ニ住セル獨逸人辯護士ジャンジャック、ガスパル、フェリクス氏ハ、千八百四十年以降自己カ數年前ニ創始シタル內外法律經濟雜誌ニ於テ「各國法律ノ牴觸」ニ關シ頗ル有名ナル一篇ヲ揭ケタリ、氏ハ千八百四十三年ニ於テ之ヲ二

巻トシテ世ニ公ニセリ、然ルニ又千八百四十一年ニ於テ他ノ獨逸人チウビンゲン大學總長シヤルルジヨルジ、ウエヒテル氏ハ、獨國民法實用雜誌ニ於テ、「私法ニ於ケル法律ノ牴觸」ニ付テノ嘆美スヘキ研究ヲ世ニ公ニスルコトヲ試ミタリ、其ノ他同年フランクフォールノ辯護士シエフ子ル氏ハ用意周到ナル一小冊子ヲ著シタリ、米國人ストーリー、英國人ハージ、ナーブル人ロッコーハ是ヨリ數年ノ前ニ於テ同シキ題目ニ付キ大ニ名聲アル著書ヲ公ニセリ、爾來此等ノ著書、特ニウエヒテル及フエリクス二氏ノ著作ニ依リ、又商業及工業ニ付テ國際間ノ關係ハ夥シク發達シタル結果トシテ漸次國際私法ヲ深ク攻究シ、特ニ一箇獨立ノ專門學科トシテ之ヲ研究スルニ至レリ、而シテ法學ノ此ノ部門ニ付テ種種ノ重要ナル著作ハ絶エス増加スルノ隆運ニ向ヘリ

第三章　國際私法學現時ノ狀態

五　各國ニ於テ國際私法學ノ現狀ヲ代表スル主要ナル著書　獨逸及墺地利、北米、英吉利及蘇格蘭、白耳義、西班牙、佛蘭西、伊太利、和蘭、瑞西、國際私法雜誌、國際法及比較法律雜誌、國際法協會及其年報、國際

法ノ改正及編纂協會

國際私法ニ於テハ成文法ノ淵源甚タ少キニ由リ各國ニ於テ國際法ノ現狀ヲ代表スル主要ナル學問上ノ著作ヲ知ルハ一層肝要ナルコトナリトス、余輩ハ本章ニ於テ其ノ著書ノ全體ニ付キ國際私法ヲ論述シタル者ヲ各國ニ分チテ列擧セン

○獨逸國及墺地利國

余輩ハ曩ニウエヒテルノ研究ヲ紹介セリ、此ノ研究ハ千八百十八年ニ創刊シ、今日尙盛ニ刊行セラルル民法實用雜誌ノ第二十四卷及第二十五卷ニ於テ、千八百四十一年及千八百四十二年ニ涉リテ公ニセラレ、而シテ獨逸及外國ニ對シテ大ニ影響ヲ及ホシタリ、ウエヒテルハ此ノ研究ニ於テ國際私法ノ舊說ニ深刻ナル批評ヲ加ヘ、「スタチュ」學派ノ學說ニ付キ理論上ノ缺點ヲ指摘セリ

次ニ擧クヘキハシヤフネルノ「國際私法ノ發達」ト名クル著書ナリ（一八四一年フランクフオールル出版）此ノ書ハ氏カ妙齡二十六歲ノ作ニ係リ、ウイリヤム、バーツノ紀念ニ供シタルモノニシテ、獨逸風小册子ノ體裁ニ倣ヒタルモノナリシカ、法

律史ト比較法律トニ付テ數多ノ成文的材料ヲ掲載セリ次ハサビニーノ「現今羅馬法ノ系統」ナリ(一八四〇年乃至一八四九年ニ發刊セラレ、八卷ヨリ成ル)全部ハグヌー氏ニ依リテ千八百五十一年乃至千八百五十五年ニ佛譯セラレ、其ノ國際私法ヲ論述シタル第八卷ハグスリー氏ニ依リテ英譯セラレタリ此ノ民法ノ大家ハ本書ニ於テ其ノ稱シテ「法律關係ノ上ニ法規カ有スル主權ノ時及場所ニ於ケル限界」ト名クルモノヲ論述セリ、彼レハ此ノ書ノ序言ニ於テ、羅馬法ハ國際私法ニ付テハ則ルヘキ部分ノ甚タ狹隘ニ過クルヲ論證シ、又國際私法ニ於テハ學說未タ全ク定マラスシテ學術發生ノ時期タルコトヲ宣言セリ、曰ク學者ノ意見及裁判所ノ判例ハ國際私法ノ原則ニ付テ一致セサルヤ甚シ、獨逸派佛蘭西派英派及ヒ米派ハ相互ニ駁擊ヲ逞シウセリト而シテ數十年後ノ今日ト雖モ猶サビニー氏ノ若カク述ヘタル時代ト相異ナラスト云フモ恐クハ誣言ニ非サルヘシ

サビニーノ著書「ハ法律牴觸ニ關スル著作中最モ著名ニシテ價値アルモノノ一ナリ、現今世上ニ續出セラルル國際私法ノ著述中ニモサビニー氏ヲ模範トセハ

却テ價値ヲ增スヘカリシト思惟セラルルモノ少カラス

バールノ國際私法及刑法ハ千八百六十二年ハノーブルニ於テ出版セラレタリ、此レカ英譯ハ千八百八十三年ニ現ハレ、ギール、スパイ氏ノ手ニ成レリ、此ノ書ハ精細、深邃、整齊ニシテ非常ニ富贍ナル材料ヨリ成ル、而シテ著者ノ自說ヲ述フルヤ必ス先ツ其ノ歷史上ノ沿革論ト著者ニ先チタル學說ノ批評トヲ揭ケ、特ニ實體法ニ關シテハ特別ノ注意ヲ與ヘタルカ如シ、バールハ此ノ他ミウニッヒノ「四期評論」ト名クル雜誌ノ第七卷(一八六三年)ニ於テ國際私法ノ原則ニ付テノ研究ヲ公ニシ、又ホルツエンドルフ氏ノ百科全書中第三版ニ於テ「國際私法」ト題セル精密ナル一篇ヲ記述セリ(一八八二年)

墺國ノ法律家ニシテ妙齡ヲ以テ夭折シタルド、ドミン、ペトリウシエウエック氏ハ、千八百六十一年ヲ以テ「國際法典正義」ヲ公ニセリ、此ノ書ハ太タ著名ナラサリシト雖モ精確ニシテ簡潔ナル編次、明晰ナル論理及練熟シタル議論ヲ以テ超絕セリ、此ノ書ノ第二部ハ「國際私法」ト題シ、民法、訴訟法及刑法ヲ論述セリ

ウエスク、ド、ピエトリンゲン著「墺匈國現行國際私法要義」第二版(ウイエンヌ一八七

八年)ハ特ニ換句國ノ現行國際私法ヲ論セリ

○北亞米利加合衆國

ストーリー「法律牴觸論釋解」(一八三四年乃至一八七二年第七版)此ノ大家ハ第一版ノ序言ニ於テ、當時法律牴觸事項ノ全體ニ渉リテ編成セラレタル著作ナキニ由リ彼レハ此レカ一切ノ事項ヲ集收シテ之ニ秩序ヲ與ヘタル旨ヲ述ヘタリ

此ノ秀逸ナル著書カ重要ナル根據ヲ英國及北米合衆國ノ普通法(Common law)ニ取リシハ歐洲大陸ノ法律家ヲシテ直接ノ利益ヲ多少減セシメタルカ如シ、若シ然ラサリセハ各國ニ於ケル國際私法ノ著述中ノ首魁タルコトヲ得タルナルヘシ

ウ井リヤム、ビーチ、ローレンスカベンリー、フィートン氏著「國際法要義及國際法進步史」ニ對スル註解(第一卷ヨリ第四卷ニ至ル、ライプチッヒ、ブロックハウス出版、一八六八年乃至一八八〇年)千八百七十三年發行ノ第三卷ハ、「民刑立法權」ナル題目ノ下ニ國際私法ノ最モ重要ナル部分ヲ論述セリ、論述ノ順序ハ毫モ秩序ナシト

雖モ其ノ說明ハ大ニ人ヲシテ發明セシムルニ足ルモノアリ、著者ハ法學者兼外交家及史學家ニシテ、原理ト實例トヲ能ク調和シ、立法ト判例トノ多數ヲ詳密精確ニ記述セリ

ホアートン「法律牴觸論」一名「國際私法論」（フィラデルフィー、一八七二年、第二版一八八一年）此ノ重要ナル著書ハ、余輩カ數〻引用スル所ノモノナリ

ホアートン氏ハ、尙他ノ大著書ヲ公ニセリ、「法律ノ性質起原及沿革、國際公法及私法、憲法及地方法解說」ト名ク（フィラデルフィー一八四四年）氏ハ其ノ第五卷中凡ソ四十葉ニ涉リテ國際私法ノ說明ヲ爲シ、其ノ中ニ外國人ノ引渡ニモ論及セリ

尙茲ニ記載スヘキハ、デー、デー、フィールド氏ノ「國際法典略纂」ナル有名ノ著述是ナリ（其ノ第一版ハニウヨルクニ於テ一八七二年ニ出版セリ）ガン大學敎授アルベリック、ローレン氏ハ之ヲ佛文ニ譯シ、「外交家政事家及國際法學者ニ建議シタル國際法典草案及附錄外國人引渡、歸化、人法、物法、戰時法等重要ナル事項ニ關スル現行國際法摘載」ト題セリ（巴里及ヒガン一八八一年）ピエラントニー氏ハ之ヲ伊太利語ニ譯セリ

此ノ書ノ第二部ハ國際私法ト題シ、私權(身分、所有權、債務)及司法事務ヲ含メリ、著者ハ第一版ノ序言ニ於テ左ノ言ヲ爲セリ、曰ク

余ハ此ノ書ヲ以テ完全ナル法典ナリト爲ス者ニ非ス、又法典ノ大綱ヲ完全ニ載錄セルモノト爲ス者ニ非ス、是レ單ニ一草案ニ過キサルモノナリ、余一己ニ於ケル觀念ノ全體ナリ、此ノ草案ハ完全ニシテ且細密ナル修正ヲ待ツモノナリト

○英吉利

バーヂュ「殖民地法及外國法相互間及其ノ英國法トノ牴觸ニ關スル解義」四卷(倫頓一八三八年)

著者ハ其ノ同國人ノ多數ト同シク主トシテ特別問題ヲ解釋スルニ勉メタリト雖モ、英國及其ノ殖民地現行諸般ノ法律ヲ記述シ、而シテ此ノ法律ト外國法律トノ間ニ比較的ノ對照ヲ爲シシヲ以テ此ノ書モ亦有用ナラストセス、細目ノ論述モ亦完全ナリ、然レトモ此ノ著書ハ數多ノ點ニ於テ陳腐ニ屬スル所アルヲ免レス、故ニ讀者ハ注意シテ參考スルヲ要ス

サー、ロバートフィリモール「國際法釋解」(一八五五年乃至一八六一年出版)、第二版第四卷ハ(一八七一年乃至一八七四年)「國際私法」一名「國際好意論《コンミツテー》」ト題セリ(第三版ハ一八八八年)是レ實務家兼理論家トシテ有名ナル法學者ノ著述ナリ

ウエストレーキ「國際私法論」一名「英國及其ノ法系ニ於テ實行スル目的ニ於ケル法律牴觸論」(倫頓一八五八年)之ト較〻同一ナル題名ヲ以テ其ノ實全ク改作ヲ經タル新著ハ千八百八十年ヲ以テ世ニ公ニセラレタリ、此ノ書ハホルツエンドルフ氏ニ依リ獨逸文ニ飜譯セラレタリ、(伯林一八八四年)本書ノ拔萃ハ「國際私法ニ於ケル英派學說」ト題シ、國際法雜誌ニ轉載セラレタリ、ウエストレーキ氏ハ此ノ雜誌ノ指揮者ノ一人タリ、此ノ拔萃ハ又國際私法雜誌ニモ再揭セラレタリ、其ノ沿革的且哲理的ナル緖論ハニース氏ニ依リテ譯セラレ、國際法雜誌第十二卷ニ載セラル

倫頓ニ於テ辯護士ノ職ニ從事シタル此ノ著者ハ英國法學ノミニ限レル特別問題ヲ以テ第一ニ置クコト其ノ多數ノ同國人ノ如クナラサルニ似タリ、是レ氏カ研究ノ方針トシテ氏ハ歐洲大陸ノ法律ニ關シ正當ニシテ且該博ナル見解ヲ取

リタルニ由レルモノト信ス

○白耳義國

ローラン「國際民法」（八巻ブリクセル及巴里一八八〇年乃至一八八一年）此ノ著書ト共ニブロシエル氏カ國際法雜誌第十三巻ニ於テ「ローラン氏著國際民法論ト國際私法ノ基本タル諸原則トニ關スル研究」ト題シタル記載ヲ參觀スヘシ、國際私法ノ歴史ハ始メテ詳細ニローラン氏ニ依リテ示サレタリ、又多數ノ疑問ハ氏ニ依リテ其ノ根底ニ遡リテ論議セラレタリ、屢々技葉ニ渉リ法律學以外ノ見解ヲ加ヘタルハ聊カ缺典タルノ憾ナシトセス

ローラン氏ハ此ノ他白耳義王國ノ司法大臣ノ請求ニ應シ「民法修正草案豫稿」ヲ編成セリ、著者ハ國際私法ニ付キ那拿翁法典ノ不完全ナル部分ヲ此ノ著書ニ於テ補足セリ、其ノ前加章ノ第二節ハ「人及財產ニ關スル法律ノ效力」ト題シ十六箇條ヨリ成ル、緖論及說明ハ實ニ一巻ヲ成セリ（草案豫稿第一巻ブリクセル一八八二年）

○西班牙國

西班牙國ハ僅僅數月以來國際私法ノ概括的且創意的著者ヲ有スルヲ見ル、此ノ書ハ著者ノ考案ニテハ甚タ廣汎ナル著作ノ緒論タリ、マニウエル、トーレス、ガンポス著「國際私法原理」一名「西班牙民法ト歐米域外法トノ關係」是ナリ

○佛蘭西國

フエリクス「國際私法論」(巴里一八四三年、シャルル、ドマンジャー氏ニ依リテ其ノ四版出ツ、一八六六年)余輩ハ歐洲大陸ニ於テ國際私法ヲ實形的ニ論述シタル嚆矢トシテ大ニ勢力ヲ有スル此ノ著作ノ起源ヲ曩ニ說明セリ、フエリクスハ成文法ノ詳細比較法學及各國ノ實際ニ心ヲ致セリ、此ノ著ハ實際家ニ與フルニ有益ナル材料ノ多數ヲ以テセリ、然レトモ其ノ主義ニ於テハ不完全ナル點アリテ「スタチュ」學派ノ舊態ヲ襲フニ過キタリ、ドマンジャー氏カ博學ニシテ而モ判斷ニ富メル註釋ヲ以テ其ノ多數ノ點ニ付キ改良正誤ノ勞ヲ執リタルニ拘ラス此ノ著書ハ既ニ陳套ニ屬セリ

其ノ第一卷ハ人事法及物件法ヲ論述シ、「人事法及物件法カ人及物ニ對スル效力」ト題セリ、又第二卷ハ「人ノ行爲ニ關スル法律」ト題シ、契約、處分、司法手續、證據、囑託《コンミツシヨン》

處分《ロガトアル》、訴訟前若クハ判決前ニ爲シ得ヘキ保全處分若クハ假處分、證書及判決ニ附屬シタル手續(訴訟印紙稅及登錄稅、證書若クハ判決ノ登記及記入等)判決及證書ノ外國ニ於ケル執行、執行方法、不法行爲等ニ關スル全體ヲ包含セリ、尙此ノ卷中ニ於テフエリクス氏ハ國際刑法ノ全體ヲ論述シ、國際刑法ヲ以テ國際私法ノ一部ト看做シ、此ノ卷ノ附錄トシテ外國ニ於テ行ヒタル婚姻ニ付テ二章ヲ附加シタリ、訴訟手續ニ關スル各論ハ實ニ此ノ書中ノ壓卷トス、而シテ外國法律ノ援用ニ至リテハ一般ニ精確ナリ、ドマンジャー氏ハ尙之ヲ補述シタリシカ、此ノ書第四版出版後各國ニ於ケル法律上ノ修正尙少カラサリキ

マッセー氏「商法及其國際法ト私法トニ對スル關係」(六卷巴里一八四四年及其ノ翌年、第二版四卷一八六一年乃至一八六二年、第三版一八七四年)本書第二卷ノ一章ハ「箇人的國際關係」一名「國際私法」ト題セリ、著者ハ外國人ノ佛國ニ於ケル權利及義務ヲ說明シタル以下ハ殆トフエリクス氏ノ順序及分類ニ從ヘリ、唯其ノフエリクス氏ニ異ナル點ハ、マッセー氏ハ其ノ題目ニ付テ特ニ殆ト佛法ノ點ヨリ觀察シタルノミニシテ比較法律ノ研究ニ涉ルコト稀ナルニ在リトス然レトモ先ツ

其ノ原則ヲ述ヘテ之ヲ說明シ、後ニ細目ニ渉リテ論述スル研究法ニ關シテハマッセー氏蓋シフェリクス氏ヨリ優ニ一歩ヲ出テタリ、又フェリクス氏ト同シク特ニ訴訟手續ニ付テ最モ心ヲ用ヒタルノ迹アルヲ見ル

バルド氏ハ千八百八十年ボルドーニ於テ「スタチュ說原理」一名「佛民法ニ從ヒタル物件法及ヒ人事法ノ原理」ナル書ヲ公ニセリ、此ノ書ハ著者ノ精思ト能文トヲ顯セリ、又此ノ書ハ佛國民法第三條ニ由リテ現行セラルル原則、即チ佛國民法編纂者カ遵由シタル法律ノ區別ニ嚴正ニ依據シタル點ニ於テ他ノ著書ト其ノ趣ヲ異ニセリ、著者結論シテ曰ク

我カ民法法典ハ、簡略ニ古來ノ慣例ニ遵由シ、法理ノ進化發達ヲ停止シ、解釋者ノ自由ヲ束縛セリ、故ニ余等ハ主トシテ佛國ノ立法者カ理會シタル所ノ「スタチュ」說原理ヲ說明スルコトヲ勉メタリ、批評家若シ余等カ說明ヲ以テ本世紀ノ始期ニ成リタル法律、即チ佛國民法ノ嚴正ナル說明ナルコトヲ忘レ、國際私法ノ現狀ヲ論述シタルモノト爲ストキハ、余等ノ意見ハ遂ニ非難ヲ免ルルコト能ハス云云

此ノ書ノ標題ニ依ルモ、バルド氏ハマッセー氏ト同シク其ノ題目ヲ主トシテ佛國法律ノ點ヨリ觀察シタルコトヲ知ルヲ得ヘシ

里昂府カトリック法科大學及トールーズ法學士會院ハエル、ヂュラン氏ノ一書ニ賞牌ヲ與ヘタリ、佛國ニ於ケル外國人ノ身分ニ付テノ沿革的研究ヲ前加篇トシ、外國人ニ關スル諸條約文ヲ後加篇トセル氏ノ著作ニ係ル國際私法論即チ是ナリ(巴里一八八四年)著者ハ其ノ大部分ヲ沿革ノ研究ニ供セリ、而シテ其ノ目次中ニ刑法ヲ包含セシメ、又外交條約ヨリ生スル特權ヲ特別ニ一章トシテ論述セリ、諸條約ヲ掲載セル附錄ハ此ノ書ヲシテ實用上有益ナラシメタリ

○伊太利國

ロッコー「外國人ニ關スルシシール王國法律慣習論」、此ノ有名ナル著書ハ曾テポルタリース伯カ無形學及政治學學士會院ニ提示シタルニ由リ倏然宏大ナル勢力ヲ得タルモノナリ、此ノ書ノ著作以降伊太利ニ於ケル法律文學ハ國際私法ニ關シテ最モ富贍ナルモノノ一ニ數ヘラル、而シテ其ノ功ハ主トシテ之ヲマンチニー氏ノ著作ニ、氏ノ教授ニ、氏ノ學問的感化力ニ、及氏ノ實際的行爲ニ歸セサルヲ

得ス

余輩ハ特ニ著目スヘキ著書トシテ最近公ニセラレタル三大著作ヲ左ニ掲ケン
トス

フィオレー「國際私法」一名「民事及商事ニ關シ相異ナリタル法律ヨリ起ル牴觸ヲ決定スヘキ諸原則」（フロランス一八六九年）プラヂユ、フオデレー氏ノ註脚ヲ加ヘタル佛譯ハ千八百七十五年ニ巴里ニ於テ出版アリ、又ガルシヤ、モレノ氏ノ手ニ成ル西班牙語ノ飜譯ハマドリッドニ於テ千八百七十八年ニ出版セラル

ロモナッコー「國際私法論」（ナープル一八七四年）美文ハ精確ニ利用セラレ、著者獨得ノ學說ハ明白ニ說明セラレタル良書ナリ

ブルウザ氏カ「カザノバー氏國際法」第三版ニ加ヘタル註解二卷（フロランス一八七六年）其ノ第二卷第三十一章ヨリ第三十四章ノ註釋中ニ於テ、ブルウザ氏ハ國際私法ノ根本原則ニ關シテ自己ノ學說ヲ敷衍セリ

○和蘭國

和蘭ニ於テハ國際私法ノ全體ヲ論述シタル著書トシテハ和蘭語ヲ以テ刊行セ

ルアッセル氏ノ此書ノ原著アルノミ、然レトモ亦多クハ國際私法中或事項ニ關シテ少壯學者ノ手ニ成リタル數多ノ著書アリテ、ローデンブルヒ及ポエットノ鄕國トシテ國際私法ノ研究ヲ續行セリ、而シテ本書中此等ノ著書ヲ援用スル場合アルヘシ

○瑞西國

シャルル、ブロシェル氏ハ千八百七十一年以降國際法雜誌ニ於テ「國際私法原理」ト題スル一篇ヲ公ニセリ、千八百七十六年氏ハ又「國際私法原理及應用新論」ヲ公ニセリ、又千八百八十二年及千八百八十三年ニ於テ氏ハ佛國成文法ノ原則ニ依リタル「國際私法講義」全二卷ヲ公ニセリ(巴里及ジュネーブ)其ノ第一卷ハ佛民法第一卷第二卷及第三卷第一章ニ關シ、其ノ第二卷ハ佛民法第三卷ノ殘部及爲替手形ニ付テノ學說ニ關シ、而シテ其ノ第三卷ニハ司法組織論、訴訟手續及破產ヲ論述ス、此ノ著書ノ序文ニ於テ著者言ヘルアリ、曰ク

余輩ハ新境涯ニ入リシモノト信ス、蓋シ國際私法學ニ於ケル從來ノ問題ハ立法的及外交的行動カ漸次盛ニ其力ヲ發揮スルコトヲ得來レルニ隨ヒ之ニ適

應スヘキ研究法ノ變更如何ノ問題ナリキ、而シテ余輩ハ民法ニ關シテ著作シタリシ諸家カ十分ニ此ノ要求ヲ充シタリト云フヲ得スト斷言スルヲ憚ラス、此等ノ著作ヲ讀ム者ハ屢〻其ノ立法論ナルヤ現行法理論ナルヤヲ知ルニ苦シメリ、立法論固ヨリ必要ナリ、何トナレハ立法的及外交的行動ニ基礎ヲ供シ、又斯學ニ於テ致一ノ觀念ヲ興起セシムヘキ唯一ノ方便ナレハナリ、然レトモ法律及外交ノ事業《ウーブル》ヲ解釋センカ爲メニハ第一ニ法律及條約ノ明文ヲ基礎トスル現行法理論ヲ重シトセサルヘカラサルハ亦明ナリ、余カ所謂余輩ノ進入スヘキ新境涯トハ是レ之ヲ謂フナリ

ト余輩ハ尚茲ニ二箇ノ雜誌ヲ掲ケサルヘカラス、是レ其ノ編者ノ思想ニ依ルト同シク編者ノ國籍ヨリ觀察シテ世界的性質ヲ有スル所ノ雜誌ナレハナリ

第一ハ千八百七十四年以降巴里ニ於テ出版セラルル「國際私法雜誌」ト名クルモノニシテ、エド、クリュネー氏及ドマンジャー氏ノ主宰ノ下ニ成ルモノナリ

第二ハ「國際法及比較法律雜誌」ト名クルモノニシテ、現時アルンツ、アッセル、ウェストレーキ、リビエー及編輯主任ニース諸氏ノ主宰スル所ナリ、此ノ雜誌ハ千八百

六十九年アッセル、ウエストレーキ、ローレンツ、ジャクメン諸氏ノ創設ニ係ルモノニシテ、千八百七十八年マテハ專ラローレンツ、ジャクメン氏ノ支配スル所タリ此ノ他千八百七十三年ニ於テ、國際法協會ヲ創設シタルハ是レ亦現時白耳義國內務大臣タルローレンツ、ジャクメン氏ナリ、同會ハ一ノ學會ニシテ集會的研究ノ組織ニ依リ國際法ニ一ノ鞏固ナル基礎ヲ與ヘントスルニ在リ、疑モナク國際私法ハ同會ノ事業ノ第一ニシテ、而モ其ノ事業タル各國相異ナリタル民法及刑法ノ間ニ於ケル牴觸ヲ一樣ニ裁斷センコトヲ確ムル目的ヲ以テ國際條約ニ依リテ認容セラルヘキ一般ノ原則ヲ確立セントスルニ在リトス、此ノ協會ハ今日ニ至ルマテ八會議ヲ經タリ、卽チ千八百七十四年ニジュネーブ、千八百七十五年ニラヘー、千八百七十七年ニツーリユツヒ、千八百七十八年ニ巴里、千八百七十九年ニブリクセル、千八百八十年ニオクスフォルド、千八百八十二年ニチユレンツ、千八百八十三年ニミユニッヒニ集會セリ、其ノ會議錄、報告書及決議ハ國際法協會年報ニ於テ其ノ全部ヲ公ニセラル、該年報ハ千八百七十七年以來積テ六卷ニ達セリ之ト異ナリタル性質ヲ有スル學會モ同シク千八百七十三年ブリクセルニ於テ

創立セラレ「國際法改正及編纂協會」ト名ケラル、此ノ會ハ毎年倫頓ニ於テ年會報告書一卷ヲ公ニセリ

第四章　國際私法ノ淵源

六　法律及判例

各國法典ノ多數ハ國際私法事項ニ關スル規定ヲ設クルコト甚タ鮮シ、故ニ法律ノ牴觸ヲ決定セントセハ今日ト雖モ尚多數ノ場合ニ於テ判例及時トシテハ立法ノ精神ニ依ラサルヲ得ス、是ニ於テカ法典既ニ制定セラレタルノ結果トシテ慣習ハ法律ノ效力ヲ失ヒ、隨テ判例モ學說ト同シク法律ノ淵源タラスシテ僅ニ法律解釋ノ補助物タルノ價値ヲ有スルニ過キサルハ各國今日ノ狀態ナルニ拘ラス、國際私法ハ立法者カ細末ニマテ涉リテ規定シタル他ノ法律ノ各部ト奇異ナル反對ヲ現スコトヲ知ルヘシ

國際間ノ法律ノ牴觸カ據リテ以テ決セラルヘキ多少ノ原則ハ諸法典中法律ノ適用ニ關スル總則ノ規定中ニ於テ屢〻之ヲ見ル、即チ佛國民法第三條、普國普通法

典總則第十四條乃至第四十二條ノ各條、和蘭法典總則第六條乃至第十條各條ノ如シ

近來ノ制定ニ成リタル二法典ハ國際私法ノ大原則ヲ注意ヲ以テ掲載セリ、即チ伊太利民法(一八六五年)ハ其ノ法律ノ公布、解釋及ヒ適用ニ關スル總則第六條乃至第十二條ノ各條ニ於テ、又アルジャンテン共和國民法(一八六九年發布、一八七一年一月一日施行)ハ前加章第六條乃至第十四條ノ各條ニ於テ之ヲ掲載セリ

前述伊太利法典ノ各條ニ於テ讀者ハ同法典ノ主任起草者ノ一人タルマンチニー氏ノ筆法ヲ容易ニ認ムルコトヲ得ヘシ、此ノ各條中ニハ著名ナル伊太利學派ノ首領カ屢〻唱道シタル觀念及原則ノ躍如タルヲ見ル、アルジャンテン法典ニ至リテハ是レ亦數多ノ點ニ於ケル顯著ナル成功ヲ法學ノ大家ウェレス、サルスフィールド氏ニ歸セサルヲ得サルナリ〔帝國法例第三條以下獨逸民法參看〕

七　國際條約

國際私法ノ數多ノ原則ハ、國際條約ノ形式ヲ以テ定メラレタルモノアリ(1)各國間ノ重要ナル條約ニ就テ之ヲ看ルヘシ

(1) 千八百七十四年二月五日セーヌ府裁判所ノ判決ニ付テドマンジャー氏ハ各法典ノ條項ハ必ス法律ニ依リテノミ變更スルコトヲ要スルモノニシテ外交條約ニ依リテハ之ヲ變更スルコトヲ得サルカトノ問題ヲ調査セリ載セテ國際私法雜誌ニ在リ

マンチニー氏ノ國際私法改革事業ハ千八百六十七年以來ノ企圖ニ係リ今尙完結セス氏カ曾テ議長ト爲リジュネーブニ開會セル國際法協會ノ會議ニ於テ、氏ハ各國ノ民事及刑事ノ法律ノ牴觸ニ付キ一樣ナル決定ヲ確保スル目的ヲ以テ國際條約ノ形式ニ依リ各國ヲシテ一定ナル國際私法ノ一般ノ原則ヲ承認セシムルノ利益ナルコトヲ詳說シタル報告書ヲ提出セリ

和蘭王國ハ前項ト同一ノ方針ニ付テ發案ヲ爲セリ、而シテ當時ノ外務大臣グリック、ド、ヘルウィチン男爵ハ、民法ト民事裁判ノ執行トノ關係ニ付テ之カ草案ノ起稿ヲ爲セリ

第五章　外國法律ヲ適用スルニ付テノ法理

八　國際間好意說。サビニー氏ノ原則

舊學說ニ依レハ、原則トシテ一ノ國家ノ領域內ニ於テ國家ハ常ニ外國ノ法律ヲ認メサルハ自由ニシテ、其ノ國法カ或點ニ付テ外國法ニ依據スヘシト爲シタルモノト雖モ是レ國家カ爲シタル國際間ノ恩惠、禮讓若クハ好意タルニ過キストセリ、加之舊學派ハ曰ク、國際間ノ合意若クハ國法ニ於ケル明文アルニ非サレハ判事ハ外國法ヲ適用スルノ義務ナシ、此ノ場合ニ於テ判事若シ外國法ヲ適用セハ、是レ亦判事ノ好意ナリト謂ハサルヘカラスト

以上ノ說ニシテ果シテ正鵠ヲ得タルモノトセハ、國際私法ナルモノハ極メテ薄弱ナル基礎ノ上ニ立ツモノト謂ハサルヘカラス、豈誰カ他人ニ對シテ好意若クハ恩惠ヲ表スルノ義務アランヤ、加之以上ノ法理ヲ推ストキハ孰レノ國ノ法律ヲ適用スヘキカハ判事ノ好ム所ニ隨ヒテ任意ニ選擇スルヲ得ルコト屡〻ナラントス、而シテフエリクスモ亦蓋シ此ノ說ヲ唱フル者ナリ、卽チ曰ク

外國法カ、一國ノ領域內ニ生スルヲ得ヘキ效力ハ絕對的ニ其ノ國民ノ明示若クハ默示ノ承諾アルニ由ル

ト此ノ見解ハ各國ノ立法者ハ外國法律ノ適用ヲ一定ノ場合ニ制限スルノ權利アリトノ意義トシテ見レハ正當ナリ(1)然レトモ或外國法律ノ適用ヲ判事ニ許シ又ハ命スル所ノ成文法ナキニ拘ラス判事カ其適用如何ヲ定ムルニ當リ遵由セサルヘカラサル指針的大原則アルコトハ之ヲ認メサルヘカラサルナリ、フェリクス又曰ク

立法者、行政官廳、裁判所及學者等カ外國法ノ適用ヲ認容スルハ是レ必要的義務アルカ故ニ非ス、又其ノ履行ヲ請求セラルヘキ義務アルカ故ニ非ス、唯國際間相互ノ利益及便宜ト云フノ見解ヨリシテ然ルモノナリ

ト言辭ニ拘泥スルトキハ此ノ説ハ間接ニ全ク國際私法全體ヲ否認スルモノト謂ハサルヘカラス、元來國際私法學ノ本領タルヤ彼ノサビニー氏ノ云ヘル如ク各種ノ法律上ノ事實ニ付キテ其ノ性質上孰レノ法律カ之ヲ支配スルヤヲ研究シ、而シテ其法律ノ自國法タルト否トヲ區別セスシテ適用スルニ在リテ存スレハナリ(2)

要スルニ余輩ハ左ノ二箇ノ理由ニ因リテ好意説ヲ排斥スル者ナリ

第一、余輩ハ判事カ法律ヲ適用スルニ當リ、恩惠又ハ好意ニ因リテ適用スヘキ内外國法ヲ選擇スル權能ヲ判事ニ許スヘキモノニ非スト信ス、若シ判事ハ外國法ヲ適用スルノ義務ナシトセハ又之ヲ適用スル職權アリト云フヲ得サルヘキナリ

第二、判事ハ單ニ自國ノ法律ニ限リ適用スルノ義務アリト信スルハ是レ全ク謬見ナリ、凡ソ訴訟ハ通則トシテ新ニ權利ヲ創設スルモノニ非スシテ、既存ノ權利ヲ認定セシムル爲メノモノナリトス、然ルニ若シ判事ハ如何ナル場合ヲ問ハス唯其ノ訴訟ノ起リタル國ノ法律ノミヲ適用スル義務アルモノトセハ、是レ以上ノ原則ヲ否認スルモノナリ

(1)　單純且嚴格ナル理論トシテハ獨立自主ノ邦國ハ絕對的ニ孤立シ、其ノ領域內ニ於テハ一切ノ外國法ノ適用ヲ禁止スルヲ得ルコト明ナリ、然レトモ是レ單ニ理論ニ止マルモノニシテ此ノ如キハ開明世界ニ從來存在シタルコトナキ事態ヲ夢想スルモノナリ、バール氏ノ曰ヘル如ク今日ニ於テハ外國法律ノ適用ハ國際法上ノ眞正ナル義務ニ基クルモノト云フヘシ、余輩

ハ舊時ニ於ケル好意ヲ施スヘキ各國ノ本分ハ、現時ニ於テハ法律上ノ義務ナルモノニ變質シタルモノト謂フモ過言ニ非スト信ス

(2) サビニー氏曰ク、余輩ノ見解ノ基礎ハ相互ニ關係ヲ有スル國家ノ間ニ於ケル國際法ノ組合ト云フノ一點ニ歸著ス、此ノ國際法組合ナルモノハ時代ト進歩トノ結果トシテ或ハ基督教ノ共同ノ文化ニ因リ、或ハ其ノ文化ヨリ生シタル實益カ世界ノ各部ニ及ヒタル效果ニ因リ、漸次一般ニ認メラレタルモノナリ、此ノ如クニシテ獨立諸國ノ法律ノ牴觸ヲ決定スルニ當リ、主トシテ一國内ニ於ケル特別法律、地方的法律ノ牴觸ヲ支配スル原則ヲ應用スルコトト爲ルニ至レリ、即チ此ノ二種ノ牴觸ハ共ニ之カ決定ノ方法ヲ同シウスルモノナリ云云

英米法學者ノ國際私法ニ與ヘタル功勞ハ大ナリ、而シテ彼等ハ國際私法ハ國法ノ認容ニ基クコトヲ主張シ、國際私法ヲ以テ國法ノ一部ト看做セリ、ウエストレーキ氏ハ國際私法ニ定義ヲ下シテ曰ク、國際私法ハ國法ノ一部ニシテ世上ニ於テ相異ナリタル法律ヲ有スル相異ナリタル地方的裁判權ノ

存在スルトノ事實ヨリ生スルモノナリト、ホアートン氏モ亦之ニ類似ノ定義ヲ與ヘ且附加シテ曰ク、國際私法ハ法律ナリ、故ニ拘束力アリ、然レトモ英國及米國ニ於テノミ拘束力アリ、而シテ此ノ拘束力タルヤ法典ニ明記セラルルカ爲メニ然ルニ非スシテ、英米普通法ノ他ノ部分ト同シク各訴訟事件ノ狀態ヨリ生スル論理的結果トシテ確認セラルルモノナリト

九　外國法律適用ノ義務的性質

故ニ余輩ハ假令外國法ヲ適用スヘシトノ明文ナシト雖モ、判事ハ一般ノ法理ヲ斟ミ、如何ナル法律ニ依リテ其ノ訴訟ヲ裁判スヘキヤヲ審査シ、而シテ其ノ法律ヲ適用スルノ義務アルモノト思考ス

訴訟及法律上ノ事實ノ性質、當事者ノ國籍及住所、契約地、債務履行地等其他凡テノ事情ハ各特殊ノ場合ニ於テ孰レノ土地ノ法律カ適用セラルヘキヤ〔準據法〕ヲ判事ニ示スヘシ

此等ノ事情ニ付キ適用スヘキ法律〔準據法〕ヲ定ムルニ關シ議論ヲ惹起スニ至ルヘキハ論ヲ竢タス、而シテ之ニ關スル法律及條約ナキニ由リ判例ニ於テモ學說

ニ於テモ各國間ニ一致ヲ見ルコト亦甚タ難シ、隨テ正當ナル原則ニシテ能フヘキ限リ且望ムヘキ限リハ一致セシムルニ足ルヘキモノヲ發見シ之ヲ他日立法上若クハ條約上認メラルヘキ規定ノ編纂ニ導クハ實ニ吾人ノ急務ナリト謂ハサルヘカラス

第六章　判事ハ如何ニシテ外國法ヲ適用スヘキカ

一〇　分類

外國法ノ適用ハ「國法ノ適用ト同一ナル方法及同一ナル條件ニ依ルヘキヤ」トノ一般ノ問題ハ數多ノ特別問題ヲ包含セリ、即チ

判事ハ當事者カ援用セサルトキト雖モ外國法ヲ適用セサルヘカラサルヤ、即チ判事ハ職權ヲ以テ外國法ヲ適用スヘキヤ

外國法律ノ規定ニ付キ疑義若クハ反對論アルトキハ判事ハ如何スヘキヤ

判事ハ外國法アリトノ擧證ハ之ヲ援用スル當事者ノ責任ニ歸セシムヘキヤ、

果シテ然リトセハ此ノ證據ハ事實ノ證據ニ關スル規定ニ依リテ取扱ハルヘキヤ

上告破毀ノ制度ヲ設ケタル國ニ於テハ、外國法律ニ違背シ若クハ之カ適用ヲ誤リタルトキハ破毀ノ理由ト爲ルヘキヤ

以上ノ諸問題ニ對シ精確ニ答ヘントセハ各國ノ訴訟法及裁判所構成法ヲ參酌セサルヘカラス、仍テ余輩ハ唯一般ノ原則ヲ述フルニ止メン、即チ法律ニ於テ反對ノ規定ナキ限リハ準據スヘキモノト信スル原則ヲ以下ニ説述セン

一 判事ハ職權ヲ以テ外國法ヲ適用スルコトヲ要ス

判事ハ職權ヲ以テ外國法ヲ適用スヘキヤ、余輩ハ然リト答ヘント欲ス(1)抑モ判事ノ職務ハ訴訟ノ各箇ヲ支配スル所ノ法律〔準據法〕ニ依リテ其ノ訴訟ヲ裁判スルニ在リ(第八號參照)而シテ判事ノ職權カ當事者ノ申立テタル方法ノミニ制限セラレタルト否トニ關シテハ茲ニ問フ所ニ非ス、判事ハ凡テノ場合ニ於テ其ノ適用スヘキモノト思考スル法律ノ上ニ其ノ判決ヲ基カシムルヲ要ス、故ニ當事者ノ援用セサルトキト雖モ外國法ヲ適用スヘキ場合ニハ其ノ判決ハ外

國法ニ基カサルヘカラス、而シテ假令當事者ノ申立テタル方法ノミニ制限セラレタル場合（帝國民訴第二三一條第一項ノ場合ノ如シ）ニ於テモ判事ハ常ニ其ノ國法ニ從ヒテ其ノ方法ヲ調査考覈スルヲ要ス

適用スヘシト思料スル所ノ法律ニ從ヒテ其ノ方法ヲ調査考覈スルヲ要ス

(1)　パール、ローラン諸氏ノ如シ、而シテ之ヲ今日ノ通說ナリト云フモ不可ナシ、然レトモドマンジャー氏ハ今日尙判事ハ職權上外國法律ヲ適用スルノ義務ナキコト明白ナリト主張セリ、數多ノ學者ハ訴訟手續ヨリ見ルトキハ外國法律ハ一ノ單純ナル事實ナリト爲シ、當事者ノ一方ヨリ之ヲ援用スルニ非サレハ判事ハ之ヲ適用スヘキモノニ非ストセリ、是レ英米法學者ノ見解ニシテウエストレーキノ說ヲ然リトス

折衷說ニ於テハ判事ニ外國法律ヲ適用スヘキ義務アリトセスシテ、之カ適用ヲ爲スコトヲ得トセリ

二　判事ハ外國法律ヲ查覈スルヲ要ス

外國法ニ關シ疑義若クハ反對論アルトキハ判事ハ如何スヘキヤ、曰ク判事ハ裁判スルノ職務ヲ有ス、判事ハ其ノ裁判ヲ求メラレタル法律上ノ事實ハ外國法ニ

依リテ決定スヘキモノナリト思料シタリトセハ、判事ハ外國法ニ對シテモ亦自己カ常ニ國法ニ對シテ立ツ所ノ地位ト同一ノ地位ニ立ツモノトス、故ニ疑義アル場合ニ於テハ外國法ノ規定ニ付キ十分ニ調査スルヲ要ス

若シ當事者ニ於テ外國法アルコトヲ證明シ得サリシトキハ判事ハ如何スヘキヤ、學者或ハ此ノ場合ニ於テハ判事ハ外國法ヲ適用セサルコトヲ得ト說キ、此ノ方針ニ於ケル判例ヲ擧クル者アリ(1)然レトモ余輩ハ此ノ說ヲ正當ナリト爲ス理由ナキニ苦シム、勿論實際上甚シキ困難ヲ生スルコトアルヘシト雖モ余輩ハ此ノ說ニ於テ法理上ノ理由ヲ發見スルコトヲ得サルナリ

(1) 獨逸商事高等法院ノ判例ニ曰ク、法律關係ノ性質上外國法律ニ從フヘキトキハ判事ハ自己ノ知ル限リハ外國法律ヲ適用スルヲ要ス、判事ハ自己ノ研究ニ由リ若クハ當事者ノ提出シタル證據ニ依リ其ノ心證ニ於テ十分ナリト爲ストキハ外國法ヲ知リタルモノトス、判事ノ知ラサル外國法律ノ原則ニ付テハ之ヲ援用スル當事者ヲシテ證明セシメ、若クハ職權ヲ以テ必要ナル調査ヲ爲スコトヲ得、然レトモ判事ハ此ノ如キ義務アルニ非ス、判事

ハ自己ノ知ラサル外國法律ヲ以テ自己ノ國法ト同一ナリト推測スルコトヲ得、然レトモ當事者ハ反對ノ證據ヲ以テ此ノ推測ヲ打破スルコトヲ得ルカ故ニ判事ハ此ノ推測ニ從ヒテ決セサルヘカラストノ義務ナシトス、「裁判官ハ法律ヲ知悉ス」(Jura novit curia)トノ格言ハ、外國法律ノ事項ニ付テハ之ヲ援用スルコトヲ得サルナリ(一八七一年二月一四日判決)

一三　外國法律ノ證據

外國法ヲ援用スル者ニ之ヲ擧證スルノ責任アリヤ、余輩ハ外國法援用者ニ恰モ係爭事實ナルカノ如ク外國法ノ存在スルコトヲ擧證スルノ責任アリト云フヲ得サルモノト思考ス(1)當事者ハ法理上ノ演繹ニ依リテ其ノ法律ニ對スル見込若クハ解釋ノ正當ナルコトヲ主張スレハ則チ足レリ、而シテ判事ハ通則ニ從ヒ職權ニ依リテ其ノ主張ニ付テ判斷スルヲ要ス

人或ハ曰ハン外國法律ノ明文ハ少クトモ法定ノ方式ニ從ヒテ證明スルヲ要スル一ノ事實ナルヘシト

然レトモ外國法ハ國法ト同シク證明ヲ要セサルモノナリ、茲ニ外國法アレハ其

ノ存在ニ關スル擧證ナシト雖モ判事ハ其ノ明文若クハ意義ニ付テ自己ニ必要ナル眞實ヲ得ントセハ數多ノ方便ヲ有スルモノナレハナリ、即チ二三ノ諸國ニ於テハ司法大臣公正ノ效力ヲ有スル宣言書ヲ發スルコトアリ、其他ノ諸國ニ於テハ辯護士、公證人若クハ司法官吏ヲシテ係爭點タル法規ノ如何ヲ證明セシムルコトアリ

要スルニ本問題ニ付テハ事實ノ證明ニ關スル規則ハ適用スヘカラス、隨テ判事ハ外國法ヲ解釋スルニ於テ全ク自由ナリト結論スルヲ要ス

(1) 反對論者トシテハフェリクス氏及英米學者是ナリウエストレーキ氏曰ク、外國法律若クハ外國法律ト英米法律トノ相異ハ一ノ事實ナレハ、其ノ存否ニ關スル證據ニ付テ裁判ヲ與フヘキハ陪審官ニシテ判事ハ唯孰レノ國ノ法律ヲ適用スヘキカヲ陪審官ニ知ラシムルノ義務アルノミト外國法律ハ慣習ト同視スヘキモノニ非ス、慣習ハ一ノ事實若クハ數多ノ事實ノ全體ニシテ、其ノ存否ニ關シテハ事實ノ證據トシテ認メタレタル方法ニ依リテ證明セラルルコトヲ要ス、又擧證ナキトキハ外國法律ハ國法ト一

致セリトノ英米法律ノ推測ハ理由アルモノニ非ス

一四　外國法律ニ違背シ又ハ之カ適用ヲ誤リタルコトハ破毀ノ理由ト爲ルヘキカ

上告破毀ニ關シテハ(1)佛國、白耳義、和蘭ノ如ク破毀ヲ以テ判例ノ一致ニ依リ法律ノ統一ヲ補完スル目的ヲ有スルモノト爲スモノナルトキハ、余輩ハ外國法ニ違背シ又ハ之ヲ不當ニ適用シタルコトハ破毀ノ理由ト爲ラストス思考ス、是レ此ノ事項ニ關スル佛國法理ノ根本的觀念ヨリ生スル自然ノ結果ナリト信ス、上告ノ基礎ト爲スヘキ區別ノ標準ハ、其ノ法律ニ關スルカ事實ニ關スルカノ點ニ在ラスシテ、寧ロ一方ニ於テハ國法ノ適用ニ關スルコトト他ノ一方ニ於テハ國法以外ノ一切ノ法律若クハ事實ニ關スルコトトニ就テ標準ヲ取ルヘキモノトス

(1)　千八百六十一年四月十五日ノ佛國大審院判例ニ曰ク、判例ノ一致ニ依リテ佛國法律ノ統一ヲ維持センカ爲メニ設ケラレタル大審院ハ、外國法律ノ適用ヲ誤リタルコトカ佛國法律ニ違背スル結果ヲ生スルニ非サレハ其ノ誤謬ヲ訂正スル職權ヲ有セス云云

千八百七十六年七月十八日同判例ニ曰ク、外國ノ公文書ノ解釋ヲ誤リタルコトノ結果トシテ佛國ノ法規ニ違背ヲ來スヘキトキハ上告ヲ許スヘキモノトス

千八百五十五年五月十一日ノ白耳義大審院判例ニ曰ク、上告ノ理由トシテ援用セラレタル法律ハ、外國法律ナルニ由リ、而シテ大審院ハ外國法律ノ解釋ヲ誤リタルコトカ白耳義法律ニ違背シタル結果ヲ生セサル限リハ、外國法律ニ違背シタルカ爲メニ裁判所ノ判決ヲ破毀スルヲ得サルニ由リ云云」

ドマンジャー氏ハ外國法律ノ適用ヲ誤リタルコトハ上告ノ理由タルヘキコトヲ述ヘテ千八百六十四年二月二十三日ノ佛國大審院判例ヲ援用セリ

第七章　外國人ノ地位

一五　公權及私權

余輩カ近世ノ法理ニ適合スト認ムル原則ハ左ノ如シ、曰ク

公權即チ行政及ヒ立法ニ參與スルノ權ハ國民ニノミ認メラルヘキモノナリ、

然レトモ私權若クハ民權ニ至リテハ外國人ト國民トノ間ニ毫モ區別ヲ立ツヘキモノニ非ス(1)

夫レ司法裁判ノ處分ニ依リテ箇人ノ自由ナル發達ヲ奬勵スルコトハ、國家ノ最大要務タリ、而シテ若シ私權ヲ完全ニ享有スヘキ者ハ自國民ニノミ限ルコトトセハ、國際關係ノ日ニ益〻繁多ニ赴クニ拘ラス私權ナルモノハ孰レノ國ニ於テモ十分ニ之ヲ行使スルヲ得サルニ至ルコト明ナリ、故ニ寧ロ此レカ反對トシテ人ノ國籍如何ヲ問ハス行爲ノ性質及行爲地ノ性質ニ從ヒ、以下ニ說明スル諸原則ニ據リ法律ノ適用ヲ爲サヽルヘカラス、而シテ右ト同一ノ原則ノ結果トシテ人ノ本國法ニ從フ場合アルコトヲ妨クルコトナシトス

(1) 私權ヲ分チテ民法上ノ權利及自然法上ノ權利ト爲ス區別ハ排斥スヘキモノナリ

一六　內外國人間ノ不平等ヲ辯疏スル理由。相互主義

私權ニ關スル問題ニ付テ內外國人ノ間ニ存スル不平等ヲ左ノ二箇ノ理由ヲ以テ二箇ノ異ナリタル觀察點ヨリ辯疏シ得ヘシト信スル學者アリ

第一ハ內國人ヲシテ外國人ヨリモ保護セラレタル地位ニ在ラシムルハ國家ノ利益ナリト云フニ在リ、余輩ハ信ス此ノ如キ理由ハ偶マ以テ學者ノ政治上及經濟上ニ於ケル見解ノ狹隘ニシテ且例外ノ場合ヲ除ク外今日ニ存立スヘカラサル外人嫌忌ノ思想ヲ表スルニ過キサルコトヲ

第二ハ不平等ヲ以テ外國ニ於ケル本國人ヲ外國法ニ對シテ保護スル爲メニ有益ナル武器ナリトスルノ見解ナリ

然レトモ今日ニ在リテハ外國人ヲ私權ノ享有ヨリ除斥セソカ爲メニ最早此ノ論法ヲ援用スル者ナク、假令之アリトスルモ極メテ稀ニシテ、今日ニ於テハ外國人及內國人ノ平等ヲシテ相互主義ニ歸スルコトト爲レリ、佛國民法第十一條、普國民法總則第四十一條乃至第四十三條、墺國法典第三十三條是ナリ、或ハ平等ヲ通則ト宣言シテ此レカ例外ヲ規定スルコトアリ、例ヘハ和蘭法典總則第九條ノ如シ〔帝國民法第二條參看〕

相互主義ヲ取ル諸國ニ於テモ外國法カ其ノ國民ト他國人トノ間ニ區別ヲ立ツルコトナシト雖モ、之ヲ他國ノ法律ニ比シテ或點ニ於テ不當ナル規定ヲ有スル

モノナルトキハ相互主義ヲ適用スルコトナシ、而シテ此レカ報復ノ條件ハ國內ニ對スル法律ニ於テ之ヲ定ムルモノトス

一七　伊太利法典ノ規定

伊太利法典第三條ハ、私法事項ニ付キ內外國人ノ間ニ單一ニシテ純粹ナル平等主義ヲ認メタリ、マンチニー氏ハ此ノ問題ニ關シテ和蘭法典ヲ讃美シテ次ノ如ク說明セリ(1)、曰ク

那拿翁法典ニ附著シタル外國人嫌忌ノ感情ヨリ遠ク離レタル我カ伊太利新法典ハ、外人私權享有ノ條件トシテ外交條約ノ存在ハ勿論、單純ナル相互主義ト雖モ之ヲ必要トセスト定メタリ、望ムラクハ余輩ニ如何ナル權利ヲモ與ヘサル國民ニスラ私權ヲ許容シタル此ノ高尙ナル立法ノ先例ハ、文明各國立法者ノ模範タランコトヲ、蓋シ各國中唯和蘭ノミ十分ニ右ト同一ナル讃辭ヲ求ムルコトヲ得ンノミト

(1) オクスフォルドニ開キタル國際法協會ハ左ノ決議ヲ爲セリ

國際法協會ハ、次ニ揭クル原則カ各國ノ民法中ニ一様ニ採用セラレ、且此ノ

原則ヲ維持スヘキコトヲ國際條約ニ於テ保障セラレンコトヲ企望ス、而シテ其ノ國際條約ニハ尙第一條ヲ補完スル爲メ左ノ條項ヲ包含スルコトヲ要ス

締盟國各自ハ凡テ締盟國ノ承認ヲ經スシテ此ノ原則ニ新ニ例外ヲ加ヘサルコトヲ約ス

今日尙例外ヲ設クル諸國ハ、自己ノ國內法律ヲ能フヘキ限リ速ニ此ノ原則ト調和セシメンコトヲ約ス

第一條　外國人ハ其ノ國籍若クハ其ノ宗教ノ如何ヲ問ハス內國人ト同一ノ私權ヲ享有ス、但現時ノ法律ノ明文ヲ以テ定メタル例外ノ場合ハ此限ニ在ラス

而シテ此ノ決議ニ先チタル討議ニ於テ、國際法協會ハ私權ナル語ヲ解シテ政權ヲ除ク外ナル一切ノ權利ナリト決定セリ

ホルランド氏ハ私產權(Droit du domaine privé)ナル語ヲ建議セリ

第一編 民法牴觸論 一名 國際民法

第一部 身分及能力

第八章 身分及能力

一八 屬人法

人ノ身分及能力ニ關スル法律ハ到ル所其ノ人ニ追隨スト云フ原則ハ、今日一般ニ認メラルル所ナリ(1)然レトモ此ノ原則ニ所謂身分及能力ニ關スル法律トハ、其ノ人カ國民ト爲レル本國ノ法律ナルヤ、將タ其ノ人ノ住所ヲ有スル國ノ法律ナルヤノ點ニ付テハ學者間ニ頗ル議論アリ、余輩ハ之ヲ第二十號乃至第二十三號ニ於テ研究セント欲ス

身分及能力ニ關スル法律トハ、嫡出子及私生子ノ資格、成年及未成年、婚姻及無配偶ノ身分、離婚、親子、親權、養子、自治產、後見、夫權、妻ノ權利等ニ關スル法律ヲ云ヒ、之ヲ約言スレハ各人カ其ノ親族ニ對スル法律關係ヲ規定スル諸法律及各人カ能力者ナルヤ否ヤ、及如何ナル程度ニ於テ各人カ法律行爲ヲ爲ス能力ヲ有スルヤ

ヲ規定スル諸法律ヲ稱ス

身分及能力ハ其ノ人ノ到ル所ニ追隨スト ノ原則ハ、國籍法即チ或國ノ臣民若クハ公民ト云フカ如キ資格ニ關スル法律ニ適用スヘキモノニ非ス、如何ナル國ト雖モ其ノ國法ニ依レハ國民タルヘキ者カ他國ニ住スルト否トニ拘ラス他國ノ法律ノ效力ニ依リテ他國ノ國籍ヲモ有スルニ至リタルコトヲ理由トシテ之ヲ外國人ト認定スルモノハアラサルナリ(2)〔帝國國籍法第二〇、二一、二三條參看〕仍リテ國籍ノ得喪問題ニ關シテハ各國ニ共通スル規定ノ必要最モ多シトス即チ一人カ二箇以上ノ國籍〔重國籍〕ヲ有シ、若クハ一モ國籍ヲ有セサルコト〔無國籍〕ナカラシメンカ爲メニハ唯此ノ共通ナル規定ニ依ラサルヘカラサレハナリ(3)

(1) 佛國民法第三條　人ノ身分及能力ニ關スル法律ハ、假令外國ニ居住スルトキト雖モ佛國人ヲ支配スルモノトス〔帝國法例第三條第一項參看〕

此明文ハ有形人ニ限レル規定ナリ、之ニ類似シタル原則ヲ法人ニ適用スルコトヲ要スルカ、換言スレハ或營造物カ其ノ所在國ニ於テ法人ト認メラレタルトキハ、法人タル性質ハ到ル所之ニ附隨スヘキカ、積極論ハフェリクス、パール、プロシェル諸氏之ヲ主張ス、千八百五十四年一月十二日佛國參事院ノ意見ニ曰ク、公益ニ關スル外國ノ營造物ニシテ適法ニ法人ヲ組成スルモノハ、佛國ニ存在スル動產、不動產ニ付テノ贈與及遺贈ヲ受クル資格ヲ有スト、之カ反對說ハローラン氏ノ主張スル所ニシテ英米ニ於テ採用セラル、ブイールド氏曰ク、會社《コルポレーションス》及其他ノ法人ハ、之ヲシテ存立セシムル管轄權ノ區域外ニ於テハ存立セサルモノトス、此等ノ法人ハ此ノ權力ニ由リテ與ヘラレタル能力ノ外有スルコトナシト〔帝國民法第三六條參看〕

(2) フェリクス氏曰ク、或人ノ屬スル國ノ法律ハ、其ノ人カ內國人ナルカ外國人ナルカヲ決スルモノトス、ト、ドマンジャー氏ハ之ヲ以テ遁辭ニ過キスト爲シ、且曰ク如何ニシテ或人カ屬スル國法ニ於テ其ノ人カ外國人ナルコト、即チ其ノ人ハ其ノ國ニ屬セサルコトヲ決定スルコトヲ得ヘキヤ、故ニフェリクス氏ノ考ニ於テハ單ニ何某カ佛人ナルヤ否ヲ知ラントセハ佛法ヲ參照スルヲ要シ、何某カ英人ナルヤ否ヲ知ラントセハ英法ヲ參照スルヲ要スト云フニ過キサルヘシト

(3) 國際法協會ノ決議ニ曰ク

嫡出子ハ其ノ父ノ國籍ニ隨フ、嫡出子ニ非サル子ハ父子ノ關係ニ付キ法定ノ證明アリタルトキハ其ノ父ノ國籍ニ隨ヒ、若シ然ラスシテ母子ノ關係ニ限リ法定ノ證明アリタルトキハ其ノ母ノ國籍ニ隨フ、子ノ父母不明ナルトキ、若クハ子ノ父母ノ國籍不明ナルトキハ、其ノ出生地ノ屬スル國ノ國籍ニ隨ヒ、出生地不明ナルトキハ其ノ所在地ノ屬スル國ノ國籍ニ隨フ、妻ハ婚姻ニ因リテ其ノ夫ノ國籍ヲ取得ス、ト〔帝國國籍法第一條以下第四條第五條ノ一及第十八條參看〕

一九 此ノ原則ノ沿革

以上ノ屬人法ノ原則ハ、舊時ニ在リテハ今日ノ如ク一般ニ認容セラレサリキ、舊時ニ於テハ種種ノ區別ヲ設ケ又其ノ例外ヲモ設ケタリシカ、今日ハ殆ト一般ニ此等ノ區別等ヲ排斥セリ(1)人ノ身分及能力ハ、其ノ人カ所在ヲ移轉セリトノ單純ナル事實ノ爲メニ變更スヘキモノニ非スト云フヲ以テ今日ノ定說トス(2)

此ノ原則ハ單ニ契約及遺言ノ能力ニ適用スヘキノミナラス尙動產、不動產及諸種ノ物權ニ關スル凡テノ行爲ニ要スル能力ニモ適用スヘキモノトス(3)而シテ此ノ原則ノ適用ニ付テハ、一般ノ無能力ト一定ノ行爲ニ關スル特別ノ無能力トノ間ニ區別スル所ナシ(4)

近來ニ至ルマテ學者ハ身分ト身分ヨリ生スル法律上ノ效果トノ間ニ區別ヲ設ケ、此ノ區別ニ依リテ或行爲ヲ爲ス者ノ成年、未成年ヲ知ルカ爲メニハ屬人法ニ從フヘク、成年及未成年ノ效果ヲ知ルカ爲メニハ行爲地若クハ訴訟地ノ法律ニ從フヘシト論スル者アリ、然レトモ是レ獨斷的區別ニシテ排斥セサルヘカラス(5)

(1) 屬地主義ハ尙オヂエー氏ノ辯護スル所タリ、氏ハ千八百二十七年ニ於テ結約ノ能力ヲ規定スル外國法律ノ適用ヲ論シ、且結論シテ曰ク、凡テノ外國人ハ、假令居所ヲ有セサル者、若クハ單ニ行旅中ニ在ル者ト雖モジユデーブ府ニ於テ結約シタルトキハ、ジユデーブ府ノ人事法ニ從ヒテ判決セラルヘキモノトス、但其ノ外國人ノ屬スル國ト、ノ間ニ明文ヲ以テセル相互條約アリテ、外國人自國ノ能力ニ關スル法律ニ從ヒテ判決スルコトヲ明約シタル場

合ハ此ノ限ニ在ラス云云

(2) ポチエー氏オルレヤンノ慣習ヲ論スル章ニ曰ク住所ヲ變更シタルトキハ其ノ人ハ其ノ去リタル住所地法ノ支配ヲ免レ其ノ得タル新住所地法ノ支配ニ服從スト、ヘルト兩ポエットロ、ーデンブルヒ、ブールゴアンギュ等モ亦住所ノ變更ニ因リ支配スヘキ法律ノ變更スルコトヲ認メタリ

バージストーリー、メルレン及之ニ先チテユルリック、ユウベルハ「原住所地」(domicile d'origine)ノ法律ハ其ノ人ノ身分及能力ヲ永久的ニ支配スル旨ヲ主張セリ

此等ノ舊時ノ法學者ト余輩トハ本問ニ付テ其ノ歸結ヲ同シウセサルコトニ注意スヘシ何トナレハ余輩カ認メテ其ノ人ノ屬人法ト爲スモノハ其ノ人ノ本國法ニシテ(第二〇號第二一號)國籍ノ變更ハ身分及能力ヲ變更スル結果ヲ生スルコトハ疑ナキモノナレハナリ

(3) 舊時ニ於ケル多數ノ學者ハ不動産ニ關シテハ其ノ所在地法ヲ適用セリ

(4) 舊時ニ於テハ一般ノ能力及無能力ニハ屬人法ヲ適用シ、特別ノ無能力ニハ行爲地若クハ契約地ノ法律ヲ適用セリ

(5) 此ノ區別ハヘルト氏ノ爲シタルモノニシテ、ウエヒテル氏及ミッテルマイエル氏ノ再説スル所ナリ、サビニー氏ハ此ノ説ヲ以テ獨斷的ニシテ且理由ナシト爲セリ、那拿翁法典主義ノ國ニ於テハ、同法第三條ニ於ケル「身分及能力」ナル一般的文字ヲ用ヒタル結果トシテ此ノ區別ハ全然排斥セラレタルモノナリ

二〇　屬人法トハ何ソ。國籍及住所

屬人法トハ本國若クハ國籍地ノ法律ナルカ、將タ住所地ノ法律ナルカトノ問題アリ、余輩ハ此ノ問題ニ付キ初ニ學説ヲ述ヘ、次ニ各國ノ成法及判例ニ於テ採用シタル決定ヲ示サント欲ス(1)

學説數種アリ、サビニー氏ハ舊時學者ノ多數ニ於ケルカ如ク住所地法主義ヲ採レリ(2)ストーリー氏其他ノ英米ノ學者及殆ト獨逸學者ノ總體ハ此ノ學説ヲ主張ス(3)佛ノドマンジャー氏モ亦然リ(4)

本國法主義ハ、那拿翁法典ノ採ル所ニシテ、特ニ近世ノ伊太利學派ハ之ヲ宣言シバールル氏モ亦此ノ學說ニ左袒スルモノノ如シ(5)

(1) フェリクス氏ハ各人ノ住所地及其ノ國ノ領域地若クハ本國ナル語ハ之ヲ互用スルコトヲ得ト爲シ、常ニ此ノ二語ヲ同意義ニ用ヒタリ、ドマンジャー氏ハ之ニ注意ヲ加ヘテ曰ク、若シフェリクス氏ノ說ニ依レハ、人ハ其ノ屬スル國ノ領域地內ニ非サレハ住所ヲ有スルヲ得サルニ至ラン、是レ余輩ノ全ク首肯スル能ハサル所ナリト、至論ト謂フヘシ、然レトモドマンジャー氏ハ更ニ注意ヲ加ヘ、大多數ノ場合ニ於テハ住所地ノ法律ハ同時ニ其ノ人ノ屬スル國ノ法律ナルヘシト云ヘリ、蓋シ各人ノ住所ヲ移轉スルコトノ多數ナルニ拘ラス本國ヲ離ルル者ヨリモ本國ニ住スル者ノ常ニ多キコトハ明白ナリトス、ローラン氏カ事實上國籍ト住所トハ通常混同セリト云フハ合理ノ說トス、ワッテル及アイヒホルン其他ノ學者モ亦本國ト住所トヲ混同セリ而シテ又一方ヨリ見ルトキハ、古代ニ於テハ國籍ノ問題ハ今日ト同シク重要視セサリシコトハ疑フヘカラサルナリ

(2)　此ノ學說ハ獨逸ニ於テハ眞正ノ慣習法ノ效力ヲ得タリトス

(3)　ホアートン氏ハ英米法ニ於テ住所地法ヲ固執セサルヘカラサル理由ヲ合理的ニ述ヘ、結論シテ曰ク、余輩ハ屬人法ノ基礎トシテ住所ヲ取ルヘク國籍ヲ取ルヘカラストス主張セサルヲ得スト

ウエストレーキ氏曰ク、英國ニ於テ屬人法ヲ認容スル場合ニ於テハ住所ニ從ヒテ屬人法ヲ定ムヘク、政治上ノ國籍ニ從ヒテ之ヲ定ムヘカラスト

(4)　ドマンジャー氏曰ク、余輩ハ住所ヲ以テ國籍ノ上ニ置クヘキモノト信スト、バリイエー氏モ此ノ說ニ左袒シ、メルレン氏モ亦此ノ說ヲ取レリ

(5)　特ニエスベルソン氏、フィオレー氏、ブルウザ氏モ亦然リトス、ロッコー氏ハ住所地說ヲ取レリ

伊太利派ノ原則ハローラン氏ノ熱心ニ辯護スル所ナリ

エフ、モムセン氏ハ將來ニ於ケル獨逸帝國法典ハ本國法主義ヲ採ルヘク、住所地法主義ヲ採ルヘカラサルコトヲ希望シ、而シテ此ノ希望ハ既ニ手形法ニ於テ行ハレタリ(第二三號參照)ヘフテル氏モ寧ロ國籍地法ニ傾クルモノ

ノ如シ

千八百八十年オクスフォルドニ開キタル國際法協會ハ左ノ決議ヲ爲セリ、曰ク

人ノ身分及能力ハ、其ノ人カ國籍ヲ有スル國ノ法律ニ從フ

人ノ國籍不明ナルトキハ、其ノ身分及能力ハ其ノ住所地ノ法律ニ從フ

同一ノ國内ニ於テ相異ナリタル民法ノ共存スルトキハ、其ノ外國人ノ身分及能力ニ關スル問題ハ、其外國人ノ屬セル國ノ國内法ニ從ヒテ之ヲ定ムヘシ

右第三項ハ較ゝ明瞭ヲ缺クモノニ似タリ、アルンツ及ウエストレーキ兩氏ノ起草セル草案ニ於テハ本項ヲ存セス、而シテ第一項ノ明文ハ次ノ如シ、曰ク

人ノ身分及能力ハ、其ノ人カ國籍ヲ有スル國ノ法律ニ從ヒ、若シ同一ノ國内ニ相異ナリタル民法ノ存スルトキハ、其ノ人ノ原住所地ノ法律ニ從フ

故ニアルンツ氏ハ斯ル場合ニ付テノ原則ヲ置ケリ、例ヘハ蘇格蘭法ハ英蘭法ニ異ナレリ、然ルニ蘇格蘭出生ニシテ倫頓ニ住スル人ノ能力ハ佛國ニ於テ如何ニ之ヲ定ムヘキヤトノ問題是ナリ、而シテ國際法協會ハ之カ決定ヲ國内法ニ一任セシコトヲ議定セシナリ

マンチニー氏ハ千八百七十四年ジュネーブニ開キタル國際法協會ニ左ノ決議案ヲ提出セリ、曰ク人ノ身分及能力、親族ノ關係及是ヨリ生スル權利義務ハ其ノ本國ノ法律即チ其ノ者カ國民ノ一部ヲ成ス國ノ法律ヲ適用シテ判決スルコトヲ要ス、而シテ同一ノ國ニ相異ナリタル民法ノ共存スル場合若クハ國籍ヲ有セス又ハ二箇以上ノ國籍ヲ有スル人ニ關シテハ身分能力其他以上ニ記載シタル事項ハ住所地法ニ從ヒテ補完的ニ支配セラルルモノトス

タイヒマンヌ氏ハ曰ヘリ、此ノ原則カ何レノ時マテ維持セラルルヤノ疑問ハ姑ク之ヲ措クモ、現時ニ於テハ民法ニ於テモ國籍主義ヲ援用スルヲ慣習トスト、而シテ茲ニ注意スヘキハ以上マンチニー氏ノ決議案ハ僅僅ノ多數

ニ依リテ可決セラレタルコト、米國人タル會員ハ一名モオックスフォルド會議ニ出席セサリシコト、及英人會員ノ出席者ハウエストレーキ氏一人ニシテ、氏ハ將來制定スヘキ法律トシテ國籍主義ニ同意シタルモ、其後千八百八十二年英國社會學進歩協會ニ氏カ提出シタル意見書ニ據レハ、氏ハ此ノ主義ヲ英國ニ採用スルハ尚實行シ得ヘカラサル所以ヲ認メタルコト是ナリ

二　本國法主義ノ理由及其ノ駁論

本國法主義ノ學說ニ於テ主張スル重要ナル理由ハ左ノ如シ

（イ）住所ナル觀念ハ精確ヲ缺ケリ、或人ノ住所即チ主要ナル居所、其ノ業務ノ中心〔生活ノ本據〕ナルモノハ那處ニ在ルカ、之ヲ決スルニハ屢〻困難ニ遭遇スヘシ或ハ同一ノ人ハ二以上ノ住所ヲ有スル能ハサルカトノ疑ヲ生スヘキ場合ナキニ非スト云フニ在リ

然レトモ國籍ノ觀念ト雖モ同シク不精確ニシテ各國成法ノ一樣ナラサル爲メ屢〻決定シ難キ牴觸ヲ生スルコトアリ、既ニ前ニ述ヘタル如ク實際一人ニシテ二箇以上ノ國籍ヲ有シ、又ハ一モ國籍ヲ有セサル人ヲ生スルコトアルヲ奈何セン

（ロ）　事實上凡テノ人ハ其ノ生レタル國ノ國民タルヲ通常一般ノ原則トス、身分及能力ニ關スル法律ハ其ノ國ノ氣候土地其ノ他其ノ國體及其ノ人種ノ特質ト密接ノ關係ヲ有セリ、仍テ其ノ國ニ生レタル人ハ永久其ノ國ノ法律ノ支配ヲ受クルコトハ望マシキコトナリト云フニ在リ

住所地法主義ハ之ニ答ヘテ曰ク、身分ニ關スル凡テノ法律ハ皆以上ノ如キ特性ヲ有スルモノニ非ス、加之例ヘハ外國ニ歸化スルカ如ク其ノ國籍ヲ變更スルコトヲ得ルニ由リ假令本國法主義ヲ認ムト雖モ、其ノ所生國ノ法律ニ從フコトヲ得サル場合少カラスト〔帝國法例第三條參看〕

二二　或制限ヲ附シテ國籍地法主義ヲ可トスルノ決定

以上ノ二主義ト二學説ノ中孰レヲ可トスヘキヤハ容易ニ決定シ得ヘキ問題ニ非ス、然レトモ今日歐洲大陸ノ實況ヨリ見ルトキハ、國籍地法主義ニ對スル駁論ハ住所地法主義ニ對スル駁論ヨリモ價値少キニ似タリ、是レ余輩ノ國籍地法主義ヲ採ル所以ナリ〔帝國法例第三條第一項、第四、五條、第一三條以下第二四條參看〕然レトモ國籍地法主義モ絶對的ニ適用セラルヘキニ非ス、即チ二國ノ互ニ相異

ナリタル成法ニ於テ牴觸アル場合ニハ、國籍地法主義ハ以テ決定ヲ與フルコトナシ、例ヘハ或人カ二箇ノ國籍ヲ有シ、又ハ一モ國籍ヲ有セサル場合ノ如シ、此ノ場合ニ於テハ住所地法ヲ適用セサルヘカラス、一國內ニ現行セル數多ノ小區域地ノ法律(州法又ハ地方法)ノ牴觸アル場合モ亦然リトス(1)〔帝國法例第二七條參看〕

本問ノ事項ニ付テ最モ望ム所ハ國際間ノ協議ニ依リ屬人法ノ問題ヲ國籍地法住所地法ノ孰レカ一方ニ決定セラレンコト是ナリ、而シテ之ト同時ニ住所竝ニ國籍ナル觀念自體ヲ一樣ニ確定セラレンコトヲ希望ス

(1) 北米合衆國、英吉利、獨逸諸國等是ナリ

二三 各國法律ノ一斑

各國成法ニ關シテハ其ノ一樣ナラサルコト亦學說ニ讓ラサルナリ

國籍地法主義ハ那拿翁法典之ヲ採用セリ(同法典第三條)(1)故ニ此ノ主義ハ那拿翁法典ノ行ハルル諸國民ノ屬人法ヲ構成シ、尙伊太利法典(總則第六條)和蘭法典(總則第六條)及索遜民法モ此ノ主義ヲ採レリ、但索遜民法ニ於テハ外國人ノ能力

ハ其ノ外國人サックスニ於テ結約スルトキハ索遜法ニ依リテ之ヲ定ムル旨ノ規定ヲ附セリ(2)住所地法主義ハ英國、北米(3)普魯西(4)及墺地利ニ行ハル、然レトモ墺國法典ニ於テハ墺國民ハ到ル所墺國法ニ從フヘク、唯外國人ノミ住所地法ヲ適用スヘシト規定セリ(5)獨逸普通爲替法第八十四條ニ於テハ手形義務ノ能力ハ國籍地法ニ依リテ之ヲ決定スル旨ヲ規定セリ、瑞西法及スカンヂナーブ法モ亦然リトス(6)アルジャンチン法典ハ住所地法主義ヲ採レリ(7)

(1) ドマンジャー氏ハ反對説ヲ主張シ、バイーユ氏モ亦然リ(第二〇號參照)

(2) 索遜法典第七條第八條

(3) 第二〇號參照

(4) 普國普通法典第二三條以下第二七條

(5) 墺國法典第四條及第三四條

(6) 嗹馬法典第八四條、瑞西聯邦義務法典第八二二條ハ手形義務ノ能力ハ外國人ニ對シテハ其ノ屬スル國ノ法律ニ依リテ之ヲ定ム、瑞西國人ノ能力ハ其ノ外國

ハ其ノ内國ニ住スルト外國ニ住スルトヲ問ハス此ノ法典ノ定ムル所ニ依

ルト規定セリ

(7) 總則第六條第七條、此ノ原則ハ政府ノ理由書ニ於テ辯護ヲ爲セリ

〔帝國法例第三條、第二七條、第二八條、第二九條參看〕

二四 屬人法ニ對シ法律ヲ以テ定メタル例外

各國ノ成法ニ於テハ、或ハ契約ヲシテ有效ナラシメンカ爲メ、或ハ外國人ニ對シテ內國人ヲ保護スルカ爲メ、第十八號ニ揭ケタル原則ニ例外ヲ規定セリ、即チ或場合ニ於テハ契約ヲ有效ナラシムルニ最モ利益アル法律ニ從フヘシト爲スモノ是ナリ、普魯西普通法典、墺國法典、獨逸爲替法、瑞西義務法典等ノ如シ(1)サビニー氏曰ク、余輩ハ此ノ屬人法ノ原則ニ對スル例外ヲ非理トハ認メサレトモ之ニ左袒スルヲ得ス、何トナレハ能力ナルモノハ結約地ノ如何ニ拘ラス常ニ同一ナル法律ノ支配ヲ受ケ一定不變ナルヲ要スルモノナレハナリ、論者ハ此ノ例外ヲ以テ外國人ト結約スル內國人ノ利益ヲ保護スルカ爲メナリト云フト雖モ、裏面ヨリ之ヲ見レハ外國人ヲ害スルモノニシテ又外國人ノ權利ヲ否認シタルモノト謂ハサルヘカラス、余輩ハ將來ニ於テハ國際間ノ規則ヲ內外國人ノ平等ニ基

カシメ、以テ以上ノ例外的規定ヲ除却セサルヘカラサルモノナリト信ス

(1)　普國法典第三十五條ニ曰ク、外國人カ國內ニ存在スル物件ニ關シ國內ニ於テ結約シタルトキハ、其ノ結約能力ニ關シテハ契約ノ效力ニ最モ利益ナル法律ニ從ヒテ判決セラルヘキモノトス

墺國法典第三十五條ニ曰ク、外國人カ國內ニ於テ爲シタル契約ニ由リテ外國人カ第三者ニ權利ヲ與ヘ、而シテ第三者カ相互的ニ外國人ニ對シテ義務ヲ負擔セサルトキハ、其ノ契約ハ其ノ外國人カ臣民ノ資格ヲ以テ服從スル法律ト此ノ法典トノ中ニ於テ其ノ契約ノ效力ニ最モ利益ヲ與フヘキ法律ニ從ヒテ裁判セラルルモノトス

獨逸手形法第八十四條

瑞西法典第八百二十二條ニ曰ク、然レトモ瑞西國法律ニ依リ手形義務ヲ負擔スル能力アル外國人ハ、自己ノ法律ニ從ヘハ無能力ナルトキト雖モ瑞西國ニ於テハ有效ニ義務ヲ負擔スルモノトス「帝國法例第三條ノ二參看」

二五　絶對的法律

自分能力ニ關スル或規定ハ命令的又ハ禁止的性質ヲ有ス、此ノ場合ニハ外國法律ノ之ニ反スルモノハ公ノ風俗上又ハ社會ノ利益上ヨリシテ排斥セラルヘキモノトス(1)

(1) マンチニー及アッセル二氏ノ國際法協會ニ爲シタル報告ニ曰ク、外國人ノ屬人法ハ他ノ統治權ニ服從シタル領域內ニ於ケル公法若クハ公ノ秩序ニ反スルトキハ、其ノ領域內ニ於テ其ノ認容及效果ヲ受クルコトヲ得ストオックスフォルド會議ノ決議第八ニ曰ク、一國ノ法律カ他國ニ於ケル公法若クハ、公ノ秩序ニ反スルトキハ、其ノ法律ハ如何ナル場合ト雖モ他國ノ領域內ニ於テ其ノ認容及效果ヲ受クルコトヲ得サルヘシト準死、奴隸、多妻等及或國ニ於テ猶太人及背敎ノ徒ニ擬スル無能力ヲ想起スヘシ

〔帝國法例第三〇條參看〕

第二部　行爲ノ方式

第九章　行爲ノ方式

二六　土地ハ行爲ヲ支配ス

行爲ノ方式ハ其ノ行爲ヲ爲シタル地ノ法律ニ依リテ支配セラルトハ從來一般ニ唱道シ來レル原則ナリ(Locus regit actum)(1)

然レトモ此ノ格言ノ理由及範圍ニ付キ學説紛紛タリ

此ノ格言ノ理由ニ關シテ云ヘハ、余輩ハ便益及必要ヨリ生シタル格言ナリト信ス、蓋シ一ノ行爲ヲ爲スニ當リ其ノ國ノ法律ニ於テ命スル方式以外ノ方式ヲ踐ムコト能ハサル場合屢〻之アリ、例ヘハ公證人ノ設ナキ國ニ於テ公正證書ヲ作成スルコトヲ得サルカ如シ、之ニ加フルニ行爲ノ多數ハ、古代ハ勿論今日ニ於テモ判事ノ干渉ノ下ニ於テ、若クハ訴訟ノ手續ヲ利用シテ爲スモノ少カラス、斯ル場合ニ於テハ行爲地ノ法律ヲ除キ之ニ適用スヘキ法律アルコトナシ、何トナレハ訴訟又ハ非訟裁判權ノ手續ハ、其ノ判事カ職務ヲ行フ國ノ法律ニ於テ之ヲ規定スルヲ以テナリ、此ノ如ク「土地ハ行爲ヲ支配ス」トノ原則ハ、其ノ初メ裁判上ノ行爲ニノミ必要ナリシモノナリシカ、之ヲ判事ノ干渉セサル行爲ニモ推及シ、遂ニ一般ニ適用セラルルニ至レリ、而シテ特ニ本問ノ原則ハ當事者互ニ其ノ國籍ヲ異ニシ、且當事者ノ國法ハ互ニ相異ナレル方式ヲ規定シタル場合ニ最モ其ノ必要ヲ感セシメタリシモノナルヘシ

(1) 或學者ハ牽强シテ此ノ原則ヲ以テ羅馬法ニ起源シタルモノト論セリ』註釋派及後註釋派ハ契約ニ關シテ此ノ原則ヲ採用セリ、然レトモ遺言ニ關シテハ之ヲ採用スルコト契約ニ於ケルカ如ク一般的ナラサリキ、デュギウイ氏ノ說ニ依レハ、此ノ原則ヲ創始シタル名譽ハ特ニバルトールニ歸セサルヘカラス、而シテ此ノ原則ヲ佛國ニ行ハシメタルハ實ニデュムーラン氏ナリ、土地ハ行爲ヲ支配ストノ法語ハ、佛國ニ於テハ千七百二十一年一月十五日巴里法院ノ判決ニ於テ始メテ之ヲ見ル(ポンムロエ遺言事件)

二七 方式ノ種類。上述ノ原則ハ外形的方式ニ適用セラル

舊派學者ノ多數ハ、方式ニ種種ノ區別ヲ與ヘタリ

學者ハ授權的方式、內質的方式、外形的方式及執行ノ方式等ヲ區別セリ、授權的方式トハ、身分上或行爲ニ付テ無能力ナル者ニ其行爲ヲ爲スヲ得ヘキ能力ヲ與フル方式ヲ謂フ、夫權ヲ有スル者ノ許可、親族會ノ許可、裁判上ノ許可ノ如シ、此等ハ適當ニ方式ト謂フヘキモノニ非サルヤ明ナリ、內質的方式モ亦方式ニ非ス、是レ行爲ノ實質ヲ構成スルモノナリ、例ヘハ結約當事者ノ合意ノ如シ、執行ノ方式ハ行爲ノ效力ニ關セスシテ其ノ執行ノ爲メニ必要ナルモノナリ、例ヘハ執行文附記ノ如シ、此ノ方式ハ訴訟手續ノミニ關スルモノトス、而シテ外形的方式ノミ行爲ヲ爲スニ際シ、或ハ當事者ノ眞實ナル意思表示ノ方法トシテ、或ハ當事者ヲシテ意思表示ノ證據ヲ準備セシムル爲メ、約言スレハ要式ノ方式又ハ證明ノ方式トシテ踐ムヲ要スル方式ニシテ適當ニ行爲ノ方式ト謂フコト得ヘシ〔帝國法例第八條參看〕

土地ハ行爲ヲ支配ストノ原則ハ此ノ外形方式ニノミ適用セラルヘキモノトス此ノ點ニ付テハ學說殆ト一致セリ、然レトモ細微ノ點ニ至リテハ尙學說ノ岐ルルヲ見ル、即チ或學者ハ此ノ原則ノ沿革上ノ起源ニ著目シテ公正證書ニノミ其ノ適用ヲ制限シ、他ノ學者ハ土地ノ法律ハ證明ノ方式ノミヲ支配シ、要式ノ方式ヲハ支配セストシ爲セリ、然レトモ學者ノ多數ハ此等ノ制限ヲ認メス、而モ是レ正當ノ見解ナリトス

二八 或學者ノ所謂例外即チ方式ニ關スル本國法ヲ避クル意思ヲ以テ外國ニ於テ爲シタル行爲

土地ハ行爲ヲ支配ストノ原則ハ、行爲ノ方式ニ關スル本國法ノ適用ヲ免レントスル意思ヲ以テ其ノ行爲ヲ外國ニテ爲シタル場合ニ之ヲ援用スルヲ得ス、何トナレハ詐欺ハ如何ナル原則ニ對シテモ其ノ例外ト爲ルモノナレハナリ(1)トノ說多數ノ學者間ニ行ハル、然レトモ此ノ場合ニ果シテ詐欺ナルモノアルカ、一ノ行爲ヲ爲スニ當リ自己ニ最モ便宜ナル法律アル國ヲ選擇スルハ各人ノ自由ニ非サルカ、立法者ハ其ノ國民ニ或行爲ヲ禁スルコトヲ得ヘキハ論ヲ竢タサルカ故ニ以上ノ如キ場合ニハ此等ノ行爲ヲ外國ニ於テ爲スコトヲ豫見シテ特別ノ規定ヲ設クルコトヲ得ヘシ(2)而シテ其ノ特別規定カ若シ身分能力ニ關スルモノナルトキハ、行爲地ノ判事ハ余輩カ第八章ニ說明シタル原則ニ從ヒ之ヲ適用

セサルヘカラス、然レトモ其ノ規定カ身分能力以外ノ事項ニ關スルモノナルトキハ、行爲地ノ判事ハ之ニ羈束ラルルコトナク單純ニ土地ハ行爲ヲ支配ストノ原則ヲ適用スルナルヘシ、而シテ學者ノ所謂詐欺ニ關スル此ノ原則ノ例外ハ之ヲ斟酌スヘキモノニ非ストス信ス(3)

(1) ボール、ボエット其ノ他舊時及近時ノ學者(フエリクス氏モ含ム)ノ如シサビニー及ウエヒテル二氏ハ此ノ例外説ヲ駁撃セリ

(2) 例ヘハ和蘭法典ノ如シ(第三一號參照)

(3) 反對論者トシテハローラン氏アリ、曰ク抑モ方式ナルモノハ濫ニ立法者ノ定メタルモノニ非ス、立法者ハ其ノ國ノ智能上及道義上ノ狀態ニ基キ、一般ノ利益ヨリ觀察シテ方式ヲ規定シタルモノナリ、法律ノ精神ニ於テハ白耳義人ハ白耳義ニ於テ白耳義法律所定ノ方式ニ從ハサルヘカラスト之ヲ約言スレハ白耳義人カ白耳義法律ノ要件ヲ逃レンカ爲メニ外國ニ於テ爲シタル行爲ハ、詐欺ノ行爲ニシテ無效タリト云フニ歸ス、ドマンジャー氏ハ詐欺ノ結果トシテ行爲ヲ無效タラシムヘキカ、若クハ他ノ性質ノ處罰タラ

シムヘキカニ付テハ、判事ハ各場合ノ情狀ニ依リテ定ムヘキモノナリト説ケリ

二九　他ノ國ニ於ケル不動產ニ關スル行爲

或國ニ於ケル不動產ニ關シ、他ノ國ニ於テ行爲ヲ爲スニ付テモ亦茲ニ難問アリ不動產ハ一般ニ所在地ノ法律ニ依リテ支配セラルルコトハ後章述フル所ノ如シ而モ土地ハ行爲ヲ支配ストノ原則ハ亦此ノ場合ニ其ノ適用ヲ有スルモノナルヤ否ヤ(1)

此ノ問題ニ關シテハ然リト答フヘキモノナルヲ信ス、勿論所有權ノ移轉及諸種ノ物權ノ設定ニ關シテハ、不動產所在地ノ法律ノ命スル特定ノ方式ヲ踐マサルヘカラスト雖モ、是レ敢テ其ノ移轉設定ノ契約ニ關シテハ土地ハ行爲ヲ支配ストノ原則ニ依ルノ妨ト爲ルコトナシ、然レトモ余輩ハ法律ニ於テ反對ノ規定ナキ場合ニ付テ斯ク論スルノミ、故ニ例ヘハ普魯西法典ノ如キハ以上ノ所有權ノ移轉ト所有權ニ關スル契約トニ對スル區別ヲ認メスシテ、一般ニ不動產ノ所有權、占有權及ヒ收益權ヲ目的ト爲ス所ノ凡テノ契約ハ不動產所在地ノ法律之ヲ

支配スル旨ヲ規定セリ、故ニ余輩カ前ニ述ヘタル所論ニ據ルヲ得サルモノトス

(2)

(1) コクセーヂ氏ハ消極説ヲ取リ、而シテ普魯西法ハ之ニ從ヘリ

(2) 普國法典第百十五條ニ曰ク、契約カ所有權、占有權若クハ不動産ノ用益權ヲ目的トスル凡テノ場合ニ於テハ、其ノ方式ニ付テハ物ノ所在地ノ法律ニ從フト〔帝國法例第八條ノ二及第一〇條參看〕

三〇　此ノ原則ハ聽許的ナルカ。將タ命令的ナルカ

玆ニ一問題アリ、土地ハ行爲ヲ支配ストノ原則ハ命令的ナルカ將タ聽許的ナルカ、換言スレハ外國ニ於テ爲シタル行爲ハ、其ノ外國ノ法律カ命スル方式ニ從ヒタルモノナラサレハ無效ナルカ、將タ外國ニ於テ行爲ヲ爲ス者ハ自己ノ選擇ニ從ヒ其ノ本國法ニ依リテ之ヲ爲スモ有效ナルカ

學者ハ一般ニ此ノ原則ハ聽許的ノモノナリト答フ(1)其ノ理由ニ曰ク、抑モ此ノ原則ハ當事者ノ便益ノ爲メ、即チ當事者カ外國ニ於テ其ノ行爲ヲ爲スニ容易ナラシメンカ爲メニ生シタルモノニシテ一ノ恩惠ニ過キス、而シテ恩惠ナルモノ

ハ命令ニ非サレハナリト、然リ此ノ學說ハ外國法ノ適用ハ尙例外タルヲ免レサル國際私法ノ今日ノ狀態ニ於テハ認容セラルルコトヲ得ヘシトス然レトモ一層眼光ヲ開キテ法律牴觸ノ原理ヨリ考究スルトキハ、此ノ原則ヲ聽許的ノモノナリト爲スノ理由ナカルヘシ余輩ハ此ノ原則ノ生シタル起源ノ如何ヲ問フコトナク、一旦此ノ原則ヲ認メタル以上ハ之ヲシテ拘束力アラシメサルヘカラスト信ス加之此ノ原則ハ法律事實ノ確實ヲ一層增進スルモノナリ、蓋シ法律事實ノ確實ハ豫メ存立シテ、後ニ起ルヘキ當事者ノ所在遷移ノ爲メニ影響ヲ被ラサランコトヲ要ス、今茲ニ或國ノ國民カ、他ノ國ニ於テ爲シタル法律行爲ニ付キ第三國ノ判事ノ審理ヲ受ケントス、此ノ場合ニ判事ハ其ノ行爲ヲ爲シタル者ノ利益ニ於テ設ケラレタル「土地ハ行爲ヲ支配ス」トノ原則ニ違背シタル適用ヲ爲スヘキ理由アルカ、而シテ若シ同國人間ニ爲サレタル片務若クハ雙務ノ行爲ニ非スシテ、互ニ國籍ヲ異ニスル國民間ニ於ケル契約アリトセンニ、論者ノ言ヲ推セハ此ノ場合ニ於テモ亦本國法ニ從フコトヲ得ト爲ササルヘカラス、然ラハ則チ孰レノ當事者ノ本國法ニ從フヘキヤ、若シ此ノ合意ヲシテ雙務ノモノトセハ異

ナリタル二國ノ法律ニ依リテ各當事者ノ負擔スル各箇ノ義務ヲ測定セサルヘカラサルニ至ラン、豈此ノ如キ理アランヤ(2)

以上ノ問題ハ行爲ノ外形ニ關スル有效條件ニ付キ當事者間ニ爭アル場合ニノミ起ルモノトス、而シテ行爲自體ニ關シテノミ爭アル場合ニ於テハ、假令其ノ方式カ土地ハ行爲ヲ支配ストノ原則ニ適合セストモ當事者ハ尙雙方ニ於テ其ノ方式ヲ是認スルコトヲ得ヘシ、但公安若クハ判事ノ職權上適用スヘキ責アル法律ニ違背シテ其方式ヲ是認スルコトヲ得サルコトニ注意スヘシ、而シテ此ノ注意ハ蛇足ニ非ス、何トナレハ或學者ハ當事者ノ是認ハ如何ナル場合ニモ效力アルカ如キ言ヲ爲スカ故ナリ

判事ハ以上述フルカ如キ爭ヲ決スルニ當リ、外國ニ於テ爲シタル行爲ニ關スル自國法ノ規定ヲ第一著ニ參照スヘキハ論ヲ竢タサルナリ

(1)　是レ舊派學者ノ大半ノ取ル所ナリ、ボール、ボエット、ジーボエット、ローデンブルヒ、ヘルト、フエリクス、ウエヒテル、サビニー、ツァハリエー、マッセイ、パール、ブロシエル等是ナリ、而シテパール氏ハ土地ハ行爲ヲ支配ストノ原則ハ、法律

ノ一般ノ原則ノ例外ナリトノ事實ヲ理由トセリ

公正證書ニ付テハ此ノ問題ヲ生セス、土地ノ法律ニ從フヘキ義務アルコト明白ナレハナリ

私署證書ニ付テハ此ノ原則ニ强行的性質アリトハ既ニポール、ド、カストロ、デユムーラエン、メヴイウス、メルラエン、ローラン諸氏ノ主張スル所ナリ、然レトモローラン氏ハ私署證書カ一人若クハ同一ノ國籍ヲ有スル數人カ本國法ノ規定シタル方式ニ從ヒテ作成シタルモノナルトキハ例外トスルコトヲ認ム、是レ佛國民法第九百九十九條ヨリ類推シタル解釋ナリトス〔佛國民法第九百九十九條　外國ニ在ル佛國人ハ、第九百七十條ニ規定シタル如キ私署證書ヲ以テ、若クハ其ノ證書ヲ作成スル土地ニ於テ行ハルル方式ニ依レル公正證書ヲ以テ、遺贈處分ヲ爲スコトヲ得〕

二人ノ者自己ノ本國法ニ規定シタル方式ニ從ヒテ外國ニ於テ一ノ契約ヲ爲セリ、此ノ契約ハ其ノ方式ニ付テハ自己等ノ國ニ於テ有效ト認メラルヘシ、然ルニ契約ヲ爲シタル外國ニ於テハ有效ナリヤ、千八百五十三年三月九

日ノ判決ニ於テ、佛國大審院ハ此ノ問題ヲ消極的ニ決定セリ

(2)　フイールド氏國際法草案第六百十四條ニ曰ク、契約ヲ爲スニ必要ナル方式ハ、契約ノ成立スル土地ノ法律ニ於テ規定シタル方式ニ限ルモノトスト

三　各國立法ノ一斑

土地ハ行爲ヲ支配ストノ原則ハ、那拿翁法典ヲ採用シタル諸國ニ於テ一般ニ認メラル、同法典ノ編纂ニ當リテ前加篇中ノ一條ニ左ノ如ク宣言シタリ、曰ク行爲及ヒ證書ノ方式ハ、其ノ行爲ヲ爲シ若クハ證書ヲ作成スル國ノ法律ニ從フト、而シテ此ノ法文ハ確定法文ニ於テ削除セラレタリト雖モ、此ノ原則ハ毫モ排斥セラレタルニ非ス、佛國民法第四十七條、第百七十條、第九百九十九條、第千三百十七條ニハ明ニ此ノ原則ヲ採用セリ(1)

普魯西國法典第百十一條ニ於テハ、契約ノ方式ハ其ノ之ヲ爲シタル地ノ法律ニ依リテ判定ストノ明文ヲ揭ケ、次ニ隔地者間ニ於ケル契約ノ取結ニ關シテ規定シ、此レカ方式ハ證書ヲ日附シタル土地ノ法律ニ從ヒテ判定スヘク、若シ二箇以

上ノ土地カ證書ニ記載セラレ其ノ土地ノ法律各相異ナル場合、又ハ證書ナク單ニ書簡ノ交換アリタルノミナルトキハ、證書ヲシテ有效「ナラシムヘキ法律ニ從フト規定シ、第百十二條ヨリ第百十四條ニ及ヘリ、而シテ其ノ第百十五條ノ規定ニ關シテハ已ニ第二十九號ニ之ヲ說述セリ

獨逸爲替法第八十五條第三項、瑞西債務法第八百二十三條及スカンヂナーブ法ノ聽許的性質ノ學說ヲ採用シタルコトハ第二十八章ニ至リテ之ヲ述フヘシ

土地ハ行爲ヲ支配ストノ原則ハ、千八百七十五年二月六日ノ獨逸國法第四十一條ニ之ヲ採用セリ、即チ獨逸帝國ノ境域內ニ於テハ、戶籍吏ノ面前ニ於テスルニ非サレハ有效ニ結婚スルコトヲ得スト、智利國民法前加編第十八條(一八五七年一月一日)ハ激甚ナル例外ヲ規定シ、智利國內ニ於テ作ル所ノ證書ニ付キ、智利國法ニ於テ公正ノ方式ヲ要スル場合ニハ、孰レノ地ニ於テ此ノ證書ヲ作ルニ拘ラス必ス公正ノ方式ニ依リテ作ルコトヲ要スト爲セリ、又同法第千八百一條ニ於テハ智利國ニ於ケル不動產、地役、土地定期金及相續權ノ賣買ニ付テハ、公正證書ヲ要ストト爲セリ、此等ノ證書ハ如何ナル國ニ於テ何人ノ作ルヲ問ハス、若シ公正

ノ方式ニ依リテ調製セラルルニ非サレハ、智利國ニ於テハ效力ナカルヘシ

和蘭法典總則第十條ニ於テハ、土地ハ行爲ヲ支配ストノ原則ヲ認メタリ、然レトモ重大ナル例外アリ、同國民法第百三十八條及第百三十九條ニ於ケル和蘭人カ外國ニ於テ爲シタル婚姻ニ關スル例外、及同民法第九百九十二條ニ於ケル和蘭人カ外國ニ於テ爲シタル遺言ニ關スル例外即チ是ナリ(2)

(1) 何故ニ此ノ條文ハ削除セラレタルカ、ブロシエル氏曰ク惟フニ立法會議ニ於テ、此ノ條文ハ法律ニ屬スト云ハンヨリハ寧ロ學說ニ屬スルコト及此ノ條文ハ茫漠ニシテ甚タ概括的ナル文字ナルコトニ付テ爲サレタル非難ノ正當ト認メラレタルカ爲メナルヘシト

(2) 此ノ例外ニ對シ一ノ問題アリ、即チ同法第百三十八條、第百三十九條、第九百九十二條等ノ豫見シタル例外ノ場合ニ於テ、土地ノ法律ニ從ヒテ爲シタル行爲ハ常ニ無效ナルカ、而シテ其ノ行爲ヲ爲シタル土地ノ判事及第三國ノ判事ハ此ノ例外ヲ斟酌スルコトヲ要スルカトノ問題是ナリ

余輩ハ人ノ身分及能力ニ關スル方式、若クハ身分能力ニ影響スル方式ト然

ラサル方式トヲ區別スルヲ要スルコトト信ス
第一種ノ方式ニ關スル例外ハ、獨リ絶對的ニ且一般的ナリトス、故ニ和蘭人カ婚姻シタルヤ否ヤノ問題ハ、如何ナル土地ニ於テモ和蘭民法第百三十八條ニ從ヒテ決定セサルヘカラス
之ニ反シテ和蘭人カ、外國ニ於テ爲シタル遺言ハ方式上有效ナルヤ否ヤノ問題ニ付テハ、和蘭國判事ハ第九百九十二條ニ從ヒテ決定セサルヘカラス、然レトモ和蘭以外ノ諸國ニ於テハ、土地ハ行爲ヲ支配ストノ原則ニ從ヒテ決定セサルヘカラス、千八百五十九年八月四日佛國オルレヤン控訴院ハ、和蘭人カ佛國ニ於テ爲シタル自筆ノ遺言ノ場合ニ於テ、檢事ノ論結ト反對シタル判決ニ於テ此ノ方針ヲ取レリ、而シテ其ノ判決ノ理由ノ中ニ左ノ數言アリ、曰ク屬人法ハ各人ノ到ル所ニ追隨スルハ單ニ其ノ身分、成年、未成年等其ノ能力ノ範圍內ニ於テノミ然ルニ過キス云云リエーヂ控訴院ハ、千八百七十四年七月十八日ノ判決ニ於テ之ト反對ナル判決ヲ爲シ、自筆ノ遺言書ヲ無效ナリト宣言セリ〔佛國民法第九百九十九條ハ外國ニ於ケル佛國人ニ

私署ノ證書ニ依リテ遺言スルコトヲ許シタルニ反シ、和蘭民法第九百九十二條ハ外國ニ於ケル和蘭人ニ對シテ私署證書ノ方式ニ依ルヲ許サヽルニ由リ、此ノ牴觸ヲ生シタルナリ」

和蘭商法第三百十條ハ或ハ此ノ原則ヲ適用シ或ハ之ニ違背セリ、其ノ規定ニ據レハ和蘭ニ住スル所有者ニ屬スル船舶カ外國ニ於テ外國人ニ引渡サルヘキトキハ、其ノ引渡ハ其ノ土地ノ法律慣習ニ從ヒテ行ハルルコトヲ要スルモノトス、此ノ規定ヲ同商法第三百九條第二項ノ規定ト調和スルトキハ、同一ノ條件ヲ以テ〔即チ和蘭ニ住スル所有者ニ屬スル船舶ヲ外國ニ於テ〕和蘭ニ住スル人ニ爲スヘキ引渡ハ和蘭法ニ從ヒテ行ハサルヘカラス、即チ和蘭ノ公簿ニ登錄セサルヘカラストノ結論ニ至ルヘシ、是レ土地ハ行爲ヲ支配ストノ原則ニ對スル例外ニシテ、此ノ例外ハ余輩カ第二十九號ニ於テ不動産ニ付テ説明シタル原則ノ結果ナリトス

夫レ船舶ハ不動産ニ非スシテ動産ナリ、然レトモ船舶所有權ノ移轉ハ不動産物件ノ移轉ニ類似シタル方法ニ依リテ定マル、而シテ之カ登記ヲ必要ト

定メタルハ其ノ所有權ヲ公示スルコトノ必要ナルカ爲メナリ、然ルニ外國ニ於テハ登記ヲ要セスシテ引渡ヲ有效ニ行フコトヲ得ヘシトセハ、公示ノ目的ハ全ク達シタルモノニ非サレハナリ取得者若シ外國人ナルトキハ、和蘭商法ノ規定ハ適用セラレサルコトト爲リ、而シテ所有權移轉ハ公簿ニ登記セラルル必要ナキコトト爲ルヘシ

〔帝國法例第八條參看〕

第三部 債務

第十章 總論

三一 參照及分類

余輩ハ前章ニ於テ能力及方式ノ問題ヲ論述セリ、今茲ニ研究スヘキハ債務自體ニ付キ其ノ實質、其ノ內部的有效條件及其ノ效力ハ孰レノ國ノ法律ニ從フヘキカニ在リ、余輩ハ先ツ契約上ノ債務ニ關シテ述ヘ、次ニ法律又ハ適法不適法ノ行爲ヨリ生スル債務ニ關シテ述ヘント欲ス

第十一章　契約ヨリ生スル債務

三三　根本的原則。當事者ノ意思ニ從フヲ要ス。諸學說。契約地(行爲地)ノ法律。履行地ノ法律。債務者住所地ノ法律。契約地法ハ法鎖ニ關スル萬事ヲ決定シ。履行地法ハ履行ニ關スル萬事ヲ決定ス

法律ノ牴觸シタル場合ニ於テハ、契約ノ內部的效力、契約ノ眞意、履行方法、當事者ノ權利義務、義務ノ消滅等ハ、孰レノ國法ニ支配セラルヘキヤ

此ノ問題ヲ決スルニ方リテハ、第一ニ契約上ノ債務ナルモノハ當事者ノ合意ニ原因スルモノナルコトヲ認識スルヲ要ス

其ノ結果トシテ法律カ命令シ若クハ禁止シタル規定ヲ除ク外ハ、債務ノ本質ノ係ル所當事者カ自由ニ表示シタル意思ノ一致シタルモノニ在リテ存ス、故ニ此ノ點ヨリ觀ルトキハ、當事者カ或事項ニ付キ沈默ヲ守リ、法律ノ規定ニ一任シタル點ニ於テノミ法律ハ其ノ效力ヲ有スルモノトス

一ノ內國人カ、其ノ國境內ニ於テ他ノ內國人ト結約シタル場合ハ極メテ簡易ナリ

然レトモ若シ此ノ契約ヲ外國ニ於テ爲シ、又ハ結約者相異ナリタル國籍ヲ有スルトキハ、「其ノ契約ニ於テ當事者カ默任シタル法律ハ孰レノ國法ナルカ契約地ノ法律ナルカ、履行地ノ法律ナルカ、抑モ結約者ニ共通ナル屬人法ナルカ若シ契約者ハ同一ノ國籍ヲ有セサルモノトセハ債權者ノ本國法ナルカ、將タ債務者ノ本國法ナルカ

此ノ問題ニ對シテハ余輩ハ凡テ結約者ノ意思ニ係ルモノトノ答ヲ繰リ返スノ外ナキナリ〔帝國法例第七條一項〕

結約者ハ其ノ欲スル儘ニ契約ヲ締結スルコトヲ得ルモノナルニ、或事項ニ關シ之ヲ法律ノ規定ニ一任シテ一言之ニ及ハス、此ノ場合ニ於テハ結約ノ當時、結約者ハ孰レノ國法ニ一任セント欲セシヤヲ探究スルヲ要ス、而シテ此點ニ關スル學說ハ一致ヲ缺クリ

學者ノ大多數ハ契約ノ結ハレタル土地ノ法律〔行爲地法〕ニ當事者カ默任シタル

モノナリト爲セリ、故ニ當事者カ反對ノ意思アルコトノ明白ナラサルトキハ、債務ハ常ニ結約地ノ法律ニ依リテ支配セラルヘキモノトス(1)〔帝國法例第七條二項參看〕

又學者ノ大部分ハ此ノ原則ヲ認ムト雖モ之ニ例外ヲ設ケ債務カ其ノ結約地以外ノ地ニ於テ履行セラルヘキトキハ、結約ノ際當事者其ノ履行地ヲ定メタルト又ハ法律ノ規定ニ由リ其履行地ノ定マルトヲ問ハス、孰レノ場合ニ於テモ債務ハ履行地ノ法律ニ依リテ支配セラルルモノトセリ

サビニー氏ハ、一般ノ原則トシテ債務ハ履行地ノ法律ニ依リテ支配セラルルモノトセリ(2)

バール氏ハ、債務者ノ住所地ノ法律ニ依ルヘシトシ、而シテ債務カ雙務ナルトキハ、債權者ハ又自己ノ住所地法ニ羈束セラルルコトヲ要ストセリ(3)

余輩ハ一方ニ於テハ法鎖即チ債務内部ノ有效條件、其ノ實質及其ノ範圍ニ密著スル要素ト、他方ニ於テハ債務ノ履行ニ關スル全體ノモノトヲ區別シ、法鎖ニ付テハ結約地法ニ從ヒ(4)履行ニ付テハ履行地法ニ從フヘキモノト思考ス、フエリ

クス氏ハ十分ニ此ノ區別ヲ認メ、前ニ述ヘ來リシ結約地法ニ依ル原則ニ對スル例外ヲ擴張シ、左ノ如ク說ケリ、曰ク

契約ノ性質ニ從ヒ、又ハ結約地ノ法律ニ從ヒ、若クハ當事者ノ決定ニ從ヒ、契約カ其ノ成立シタル場所以外ニ於テ履行セラルヘキトキハ、契約ノ履行ニ關スル凡テノ事項、換言スレハ契約締結ヲ終リタル後ニ爲スヘキ全體ノ事項ハ履行地ノ法律ニ從フ、故ニ履行地法ハ引渡及辨濟ノ手續、讓渡サレタル土地又ハ動產物ノ數量、辨濟ノ用ニ供スル貨幣、受取證書ヲ與フヘキ義務、付遲滯及付遲滯ニ因リテ生スル損害賠償ノ義務ヲ定ムルモノトストⅤ

(1) 英米ニ於テハ契約地法ニ從フトノ說ヲ一般ニ認ムト論スル學者アリ然レトモウエストレーキ氏ノ主張スル所ヲ見ルニ、曰ク英國判例ニ於テハ絕對的ニ契約地法ニ從フコトナク、又絕對的ニ履行地法ニ從フコトナシ、英國判例ハ熟慮ノ上孰レノ國ヲ以テ問題ト爲レル事件ノ眞實ナル中心點ト爲スヘキヤヲ認ムルコトニ熱心ストサビニー氏ノ說ハ後ニ述フヘキカ如ク英米ノ法律家ニ多少ノ感化ヲ及ホシタルコトナクンハアラス、ホアート

ソ氏ノ債務ヲ論スルヤ嶄新ニシテ發明スル所アリ、サビニー氏ノ說ノ感化力ハ氏ニ於テ其ノ著シキヲ見ル

(2)　サビニー氏曰ク、履行地ハ常ニ當事者ノ意思ニ依リテ定メヲル、此ノ意思ハ明示又ハ默示ナリトス、而シテ當事者ノ意思ハ履行地ヲ定ムルト同時ニ債務ノ特別裁判權ヲ定ム、故ニ此ノ特別裁判權ハ常ニ當事者ノ任意ノ服從ニ基クモノナリト

(3)　此ノ學說ハ獨逸ニ於テサビニー氏ノ說ヲ排シテ專ラ行ハル

(4)　ロッコー氏曰ク、伊太利國ニ於テ爲シタル契約カ、外國ニ於テ履行セラルヘキ時ニ當リ、契約ノ內部的及實質的效力ヲ生スルニ必要ナル條件ニ關シ、右二國ノ法律ニ多少ノ相違アル場合ニ於テハ、其ノ效力ヲ定ムヘキ法律ハ伊太利法律ナリトス、若シ伊太利ニ於テ瑞西國ニ所在ノ或商品ノ賣買契約ヲ爲シタルニ、債務ノ原因ニ關シ、及契約ニ瑕疵ヲ與フル諸原因ニ關シ證據及自由ニ表示シタル意思ノ公正的證明ニ關シ、右二國ノ間ニ法律ノ相違アル場合ニ於テハ、伊太利法律ニ於テ效力ヲ有スル契約ハ、瑞西ニ於テ效力ヲ

有スヘシ、而シテ其ノ契約ヲ瑞西ニ於テ爲ストキハ毫モ效力ナカルヘキニモ拘ラス、賣主ハ其ノ商品ヲ伊太利ニ送付スルノ義務アリトスト

(5) マッセー氏曰ク、辨濟ヲ約諾シタル土地ノ貨幣如何ヲ問ハス辨濟ハ常ニ辨濟ヲ爲ス土地ノ通貨ヲ以テ爲ササルヘカラスト

三四　右原則ニ對スル例外

凡ソ債務ノ本質ニ關シテハ結約地法ヲ適用ストノ原則ハ、當事者ノ意思ヲ推測シタルニ基クコト余輩ノ既ニ述ヘタル所ナリ、然レトモ數多ノ場合ニ於テ此ノ推測ハ其ノ適用ヲ止ム〔帝國法例第七條參看〕同一ノ土地ニ住スル二人ノ者カ、同時ニ他ノ土地ニ於テ結約スルトキハ、此ノ兩人ハ結約地ノ法律ヨリハ寧ロ住所地ノ法律ニ服從スル意思アリト推測スルヲ要ス、余輩カ茲ニ二人ノ者ノ住所地法ト云ヒテ本國法ト云ハサル所以ハ、茲ニ其ノ本國ヲ離レテ住所ヲ有スル者アリトセハ、其ノ國籍カ結約者ノ意思ニ勢力ヲ及ホスコト稀ナルヘキニ由ル

又前記ノ推測ハ契約カ成立シタル塲所カ全ク偶然ニノミ係ル場合ニ其ノ適用

ヲ止ム、例ヘハ二人ノ者旅行ノ途中ニ於テ結約スルカ如シ(1)

(1)　ヘルト、ハウス、フェリクス氏等ハ此ノ場合ニ於テハ契約カ完全ト爲リタル土地ノ法律ヲ適用セントセリ

サビニー氏ハ履行地ニ關シテ認メ得ヘキ當事者ノ意思ナキトキハ、債務者ノ住所地法ニ依ルヘキモノトセリ

三五　代表者ノ仲介又ハ通信ニ依リテ締結セラレタル契約

契約地法ニ從フトノ原則ハ、代表者ノ仲介ニ依リ又ハ通信ニ依リテ成リタル契約ニ適用セラルルモノトス、但此ノ場合ニ於テ最終ノ問題ハ、契約ハ孰レノ土地ニ於テ成立シタルカト云フニ歸著ス、而シテ此ノ問題ハ國內法ノ範圍內ニ屬スルモノトス(1)〔帝國法例第九條參看〕

(1)　瑞西債務法典第八條ニ曰ク、隔地者間ニ於ケル契約ハ、承諾書ヲ發送シタル時ヨリ效力ヲ生ス、明示ノ承諾ヲ必要トセサルトキハ、申込書ヲ拒マスシテ受取リタル時ヨリ效力ヲ生スト、此ノ條文ニ依レハ、契約ハ承諾ヲ與ヘタル當事者、又ハ申込ヲ拒マサル當事者ノ住所ニ於テ成立スト云ハサルヘ

カラス

三六　法廷地方ノ參酌

債務ノ實質ニ付テハ訴訟ヲ提起セラレタル國ノ法律、即チ法廷地法ハ次ノ點ノミニ限リテ參酌スルコトヲ要ス

上來述ヘタル原則ニ從ヒ、債務自體ハ他國ノ法律ニ從ヒテ支配セラルヘキ場合ニ在リテモ、法廷地境域內ノ現行法ニ於テ命令又ハ禁止シタル規定ニ背反セル原因若クハ不法ト認メラルル原因ヲ有スル債務ニ付テハ、法廷地國ノ判事ハ之カ執行ヲ宣告スルコトヲ得サルモノトス

例ヘハ或國ニ於テハ、法律ハ賭博ノ負債ニ對シテ訴權ヲ許サヽルカ如シ、是レ其ノ法律ニ於テ賭博ニ關スル負債ノ請求ハ風俗ニ害アリト認ムルニ由ル、故ニ假令賭博ノ債務ニ對シ訴權ヲ許容スル國ノ法律ノ下ニ其ノ債務ハ成立シタリトスルモ、佛蘭西白耳義ノ如ク其ノ訴權ヲ許サヽル國法ヲ有スル國ノ判事ハ、此ノ種ノ債務ヲ認ムルコトナカルヘシ、此ノ學說ハ學者カ一般ニ唱道スル所ナリ〔帝國法例第三〇條參看〕

以上ト相反對シテ結約地法ニ於テ禁シタル債務ヲ法廷地法ニ於テ許容スル場合ニ關シテハ、サビニー氏ノ説ニ從ヘハ債務ノ實質ヲ支配スル土地ニ現行スル强行法ニ依レハ其ノ債務ハ無效ナルモ、訴訟地ノ法律ニ無效ヲ認メサルトキハ判事ハ其ノ無效ヲ宣告スルヲ得ストセリ、氏曰ク一般ニ論スレハ、或債務ニ一定ノ土地ノ法律ヲ適用スルコトハ當事者カ其ノ土地ノ法律ニ任意ニ服從シタリトノ推測ニ基因スルカ故ナリ、然ルニ其ノ土地ノ法律ハ明ニ其ノ債務ヲ無效ト爲スモノナルトキハ、當事者ハ其ノ法律ニ服從シタルモノト認ムル能ハサルカ故ナリト

バール氏ハ結約地ノ法律ニ於テ禁シタル債務ハ到ル所ニ於テ無效ナラサルナシト爲セリ、氏曰ク何トナレハ債務カ有效ナルカ爲メニハ、其ノ土地ノ法律カ命シタル方式ニ從ヒテ締結セラルルコトヲ要スルヲ原則トス、然ルニ或行爲カ禁止セラレタル土地ニハ之ニ對スル方式ハ存在セス、隨テ上ノ原則ハ全ク適用スルコト能ハサルニ至ルト、余輩ハ此ノ論斷ニ同意ヲ表スル能ハス、抑モ禁止セラレタル行爲ハ、其ノ方式ニ付テハ或ハ法律ニ規定セラレ、或ハ當事者ノ隨意ニ任

スル所ノ行爲ノ一種ナリトス、パール氏自己ノ引例ニ依ランカ、例ヘハパール氏ハ佛國刑法第四百二十一條第四百二十二條ニ依レハ、契約ノ當時ニ於テ賣主ニ處分權ナキ公債證書ノ賣買ハ無效ナリト云ヘリ、然ルニ若シ此ノ如キ賣買ヲ取引所ニ於テ爲シタリトセハ、此ノ賣買ハ法律カ規定シタル方式ニ依リタルモノニ非スヤ、即チ此ノ行爲ハ正ニ佛國商法第百九條ニ適合シタル行爲ナリト雖モ、法律カ特別ノ理由ニ因リテ效力ヲ認メサル賣買ナリトス

〔佛國商法第百九條、 賣買ハ左ノ諸件ヲ以テ證明スルモノトス
公正證書、私署證書、當事者ノ適法ニ署名シタル仲買人若クハ仲立人ノ明細書又ハ計算書、往復書簡、當事者ノ帳簿、裁判所ニ於テ人證ヲ許ス場合ニ於ケル人證〕

然レトモ余輩ハサビニー氏ノ說ニモ同意ヲ表スル能ハス、氏ノ說ハ訴訟地法ニノミ從フヘシト云フニ歸著ス、此ノ說ハサビニー氏自ラ强行法ト名ケタル法律、即チ或ハ國家ノ秩序又ハ善良ノ風俗若クハ結約者ノ利益ノ爲メニ或行爲ニ對シテ法律上ノ效力ヲ拒絕スル所ノ法律ニ付テ、其ノ性質及目的ヲ誤認セルヨリ

生シタルモノナリ、抑モ此ノ強行法律ハ、其ノ現行セラルル國內ニ於テ二箇ノ異ナリタル方向ニ對シテ法力ヲ有ス、即チ一ノ法力ハ判事ノ權力ヲ制限スルト同時ニ他ノ法力ハ各人ノ自由ヲ制限ス、故ニ此ノ法律ニ違背シテ其ノ國內ニ於テ締結セラレタル債務ハ無效ト爲サザルヘカラス、然ルニ其ノ後ニ至リ偶然ノ事情ヨリ結約地ト異ナリタル法律ヲ設ケタル國ニ於テ爭訟ノ起リタリトノ事情ヨリシテ原來無效ナリシ行爲ニ法律上ノ效力ヲ付與スルコト能ハサルモノナリ

又上述ノ場合ト表裏シテ強行法ノ現行セラルル國ノ判事ハ、外國ニ於テ締結セラレタル債務ニ對シテモ亦其ノ強行法ヲ適用スルヲ要ス、何トナレハ判事ハ其ノ國法カ公ノ秩序又ハ風俗ニ害アリト認メタル所ノ行爲ヲ認容スルノ職權ナケレハナリ、然レトモ彼ノ禁止法ノ效力カ明文上若クハ其ノ規定ノ性質上國內ニノミ限ラレタル場合ハ以上述フル所ニ據ラサルモノトス例ヘハ利息ノ最高率ヲ定メテ其ノ以上ノ利息ヲ契約スルコトヲ禁シタル法律ノ如シ、此ノ如キ法律ハ立法者カ自國ニ於ケル經濟的狀態ノミヲ觀察シテ設ケタルモノニシテ、純

粹ニ國境內ニノミ行ハルヘキ性質ヲ有スルモノナレハナリ

三七　債務ノ效力及債務ヨリ生スル偶然ノ結果

數多ノ學者ハ契約ノ效力ト契約ノ偶然ノ結果トヲ區別セリ、フエリクス曰ク、契約ノ效力ハ行爲ノ性質自體若クハ行爲ニ依リテ設定セラレタル權利ノ行使ヨリ生ス、換言スレハ積極的ニ當事者カ創設セント欲シタル權利及義務是ナリ、契約ト分離スヘカラサル權利及義務是ナリ、尙換言スレハ契約ニ明示又ハ默示ニ含マレタル權利義務ナリ、契約ヨリ直接又ハ間接ニ生スル權利義務ナリ而シテ此等ノ權利義務カ滿期タルト或事實ノ到來ヲ待ツ所ノ一ノ希望タルトヲ問フコトナシ、偶生ノ結果ハ之ニ反シテ法律カ其ノ行爲又ハ權利ヲ執行スルニ際シテ生セシムル權利若クハ義務ナリ、偶生ノ結果ハ契約自體ノ成立ト同時ニ成立シタルモノニ非スシテ、契約以後ノ出來事ヨリ生シ、當事者カ契約ヲ執行スル偶然ノ場合ニ伴フモノナリト(I)

此ノ說ヲ爲ス者ハ契約ノ本質ヲ支配スル法律ハ契約ノ效力ヲ支配シ、契約ノ偶生ノ結果ハ其ノ偶生ノ結果ヲ生セシメタル事實ノ起リタル土地ノ法律ニ依リテ支配セラルト唱フ、フェリクス氏ハ契約ノ效力ノ例トシテ賣渡物件ノ引渡、代價ノ支拂、追奪擔保ノ訴權及契約ノ條款ニ因リ又ハ條件ノ不履行ニ因リ、若クハ半額以上ノ缺損ニ因リタル賣買ノ解除其他利息ニ付テノ債務、履行ノ時期、債務者間ニ於ケル連帶問題、受取證ノ方式等ヲ示シ、偶生ノ結果トシテ詐欺、過失若クハ債務者ノ遲滯等ヨリ生スル損害賠償又ハ此等ノ事實ヲ理由トスル物ノ返還無效ナル契約、瑕疵アル契約若クハ取消シ得ヘキ契約ノ追認、履行方法等ヲ列擧セリ

余輩ハ此ノ問題ニ關シテハ以上ノ如キ區別ヲ立ツヘキモノニ非ストス、唯債務ヲ支配スル法律ハ債務ヨリ生スル法律上ノ總テノ結果ヲ支配スヘク、其ノ結果ハ直接タルト間接タルト債務ノ效力タルト偶然ノ結果タルトヲ問フヲ要セサルモノト思考ス、但曩ニ履行ニ關シテ述ヘタル所ハ本問ト無關係ニ觀察スルヲ要スヘキハ論ヲ竢タサルナリ

契約ノ問題ニ於ケル法律ノ適用ハ結約者ノ意思ヲ推測シタルニ基ク、而シテ契約ノ效力ト契約ノ偶生ノ結果トノ區別ヲ爲スヘシトノ主義ヲ取レル學者ハ、偶

生ノ結果ヲ以テ當事者カ豫想セサリシモノト思考セリ、然レトモ余輩ハ寧ロ其ノ反對ヲ以テ却テ眞實ヲ得タルモノト思考ス、即チ結約者ハ契約ニ際シ、債務者ノ不履行、懈怠若クハ遲滯ヲ特別ニ豫想スルモノニシテ、若シ明約ヲ以テ所謂偶生ノ結果ナルモノヲ定メサリセハ、此ノ點ニ關シテモ債務ヲ支配スル法律ニ從ハンコトニ一致シタルモノト推測シテ可ナリ、余輩ハ當事者カ後ニ生スヘキ偶生ノ結果ニ關シテハ其之ヲ生シタル土地ノ法律ニ從ハントノ意思ヲ表示セサルニ拘ラス、其ノ之ヲ生シタル土地ノ法律ニ服從セサルヘカラストスル理由ノ何故ナルヤヲ知ルニ苦シムナリ

無效ナル契約瑕疵アル契約若クハ取消シ得ヘキ契約ノ追認確認ニ關シテハ以上ノ結論ニ異ナリ、此ノ場合ニ適用スヘキ法律ハ追認地ノ法律ナリトス、何トナレハ事實上追認地ニ於テ始メテ有效ナル契約ノ眞正ナル成立アリシモノナレハナリ

終ニ履行方法ニ關シテハ契約ハ履行地法ニ依リテ支配セラルトノ原則ノ正當ナルハ疑ヲ容レス、其ノ理由ハ余輩之ヲ第三十三號ニ述ヘタリ而シテ余輩ノ理

由トスル所ハ、履行方法カ契約ノ偶生ノ結果ニシテ契約ノ効力ニ非サルカ故ナリト云フニ非サルコトニ注意スヘシ

(1) メルレンソ曰ク、契約ニ際シテ生スト雖モ、契約自體ト分離スヘカラサル原因ヲ有セサルモノハ、契約ノ效力ニ非スシテ契約ノ偶生ノ結果ト看做スヘキモノトスト

三八　防禦方法及抗辯。特ニ消滅時效

此他フエリクス氏ノ學説ニシテ尙攻撃シ置クヘキ點アリ、氏ノ説ニ從ヘハ債務カ孰レノ土地ノ法律ニ依リテ支配セラルルヲ問ハス法廷地法ニ於テ許容セラレタル防禦方法ハ常ニ之ヲ對抗スルコトヲ得ヘシト云フニ在リ訴訟手續ニ關スル防禦方法若クハ抗辯ニ付テハ、法廷地法ヲ適用スヘキハ論ヲ竢タスト雖モ、其ノ以外ノ抗辯ニ付テハ何レノ土地ノ法律ヲ適用スヘキヤハ抗辯ノ性質ニ因リテ之ヲ定メサルヘカラス、而シテ或抗辯カ性質上訴訟手續ニ屬スルヤ否ヤヲ辨別スルハ常ニ必スシモ容易ナルモノニ非サルナリ特ニ抗辯ノ一タル消滅時效ノ問題ニ關シテハ學者間ニ論議紛紛タリ、一部ノ學

者ハ曰ク、消滅時效ハ原告ノ法律ニ依リテ支配セラルルモノトス、何トナレハ資産ノ要素タル債權ハ、其ノ債權者自己ノ法律ノ力ニ依ルニ非サレハ之ヲ其ノ資産ノ主體ヨリ剝奪スルコトヲ得サルモノナレハナリト、他ノ學者ハ消滅時效ハ債務者ニ與ヘラレタル一ノ恩惠ニシテ、其ノ恩惠タルヤ決シテ債權ヲ消滅セシムルモノニ非ス、唯抗辯トシテ其ノ債權ニ對抗セラルルモノナルカ故ニ債務者ノ住所地法ヲ適用スヘキモノナリトノ說ヲ唱フ(1)

尙他ノ學者ハ前說ニ注意ヲ與ヘテ曰ク、此ノ如キ學說ヲ許容セハ、債務者ハ時效成就ニ要スル期間ノ最モ短キ國ニ移住シテ其ノ債權者ヲ害スルコトヲ得ルニ至ラント、故ニ此種ノ學者ハ當時ニ債務者カ有セシ住所地法ニ從フヘシト主張セリ(2)

又他ノ學者ハ消滅時效ハ辨濟地ノ法律ニ從フヘシト主張ス、トローロン曰ク、其ノ理由ハ極メテ單純ナリ、抑モ消滅時效ナルモノハ債權者ノ怠慢ニ對スル責罰《ペーヌ》ナリト云フヲ得ヘシ、而シテ債權者ハ孰レノ土地ニ於テ此ノ怠慢ヲ爲シタルカト問ヘハ、是レ疑モナク債權者カ辨濟ヲ受クヘキ土地ニ於テ爲シタルモノナリトストト(3)然レトモ消滅時效ハ之ヲ責罰ト同視スルコトヲ得サルナリ終ニ數多ノ學說ハ、獨逸舊學派學者ノ大半及英米ノ判決例ト一致スルモノニシテ、消滅時效ヲ以テ其ノ本質上訴訟手續ニ屬スルモノニシテ訴訟上ノ利益ト看做シ以テ訴訟地法ニ從フヘキモノト主張セリ(4)此ノ學說モ亦正當ニ非ス、何トナレハ消滅時效ノ實體法ノ一部ナルコトハ疑問ノ外ナレハナリ(5)

余輩ハサビニー氏ト共ニ消滅時效ハ債務自體ト同一ノ法律ニ依リテ支配セラルルモノナリト思考ス(6)、何トナレハ消滅時效ハ債務消滅ノ方法ノ一ニ位スレハナリ、即チ當事者ハ結約ニ際シ、時效ノ點ニ付テモ契約ノ其ノ他ノ點ニ於ケルト同シク結約地法ニ從フコトニ一致シタルモノナレハナリ、仍テ消滅時效ノ期間ハ一般ニ結約地法ニ依リテ定マルヘキモノナリトス(第三三號參照)(7)

(1)　千八百七十四年四月二日和蘭國高等法院判決ニ曰ク、兇責時效ノ期間ハ債務者ノ住所地法ニ依リテ支配セラレ、義務發生地ノ法律ニ依リテ支配セラルルモノニ非スト

(2)　パルドッシュウ氏

(3) レールル氏トトローロン氏ト異ナリタル理由ヨリシテ同一ノ結果ニ歸著セシム、レールル氏ハ発賣時效ノ主タル法律上ノ基礎ハ先ニ辨濟シタリトノ推測ナリト爲スニ因ルナリ
辨濟地法説ハ、既ニバルトール、マスカルヂュス、ブールゴアンギュ等ノ主張スル所ナリ、プールノア氏ノ説ハ、債務者住所地法主義ヲ取ルカ如ク言做セトモ、亦其ノ根本ニ於テハ此ノ主義ニ屬セリ

(4) ユウベル、ポール、ボエット、ホンメール、グリウク、ミッテルマイエル、ミューレンブルヒ、リンド、ホイトリン、グント、ストーリー、パージッ、ウエストレーキ、ホアートン及英米判決例ハ此ノ主義ニ基キタルカ如シ、伯林高等裁判所千八百七十五年三月十八日ノ判決例アリ、又発賣時效ノ強行的性質ヲ擧示シタル數多ノ獨逸舊判例アリ

(5) 以上ノ諸説ニ附記スヘキハメリキヤック氏ノ説ナリトス、氏ハ消滅時效ヲ以テ一般ノ人ノ利益ニ基クト爲シ此ノ利益ノ前ニハ一私人ノ利益ハ必ス首ヲ垂レサルヘカラス、而シテ一般ノ利益トシテ最モ短キ期間ヲ必要

トス、故ニ契約ノ日ニ於ケル債務者ノ住所地法ハ最短期ヲ採リ、債權者ノ住所地法ハ然ラサルトキハ、債務者ノ住所地法ヲ適用スヘキモノナリト論セリ

(6)　此ノ説ハ既ニコクセージ及ヘルト等ノ唱フル所ニシテ、フエリクス氏ハ此ノ説ヲ以テ理論トシテハ最モ精確ナルモノナリト云ヘリ、ロッコーウエヒテル、シェフチル、ドマンジャー、フィオレー、ローラン等諸氏此ノ説ヲ採ル、ツアハリエ並ニオーブリー及ロー諸氏ノ説モ此ノ説ニ基キタルモノナリ

(7)　佛國判例ハ多少ノ變調アレトモ千八百六十九年マテハ此ノ如シ、獨逸ニモ此ノ判例アリ

パール氏ハ此ノ説及債務者ノ住所地法説トハ理論上孰レヲ可トスヘキヤヲ定ムルニ躊躇スト云ヘリ、然リ、パール氏ノ如ク債務者ノ住所地法ハ債務ヲ支配スル法律ナリト云フトキハ、以上ノ二説ハ相混一スルヲ免レサルヘケレハナリ

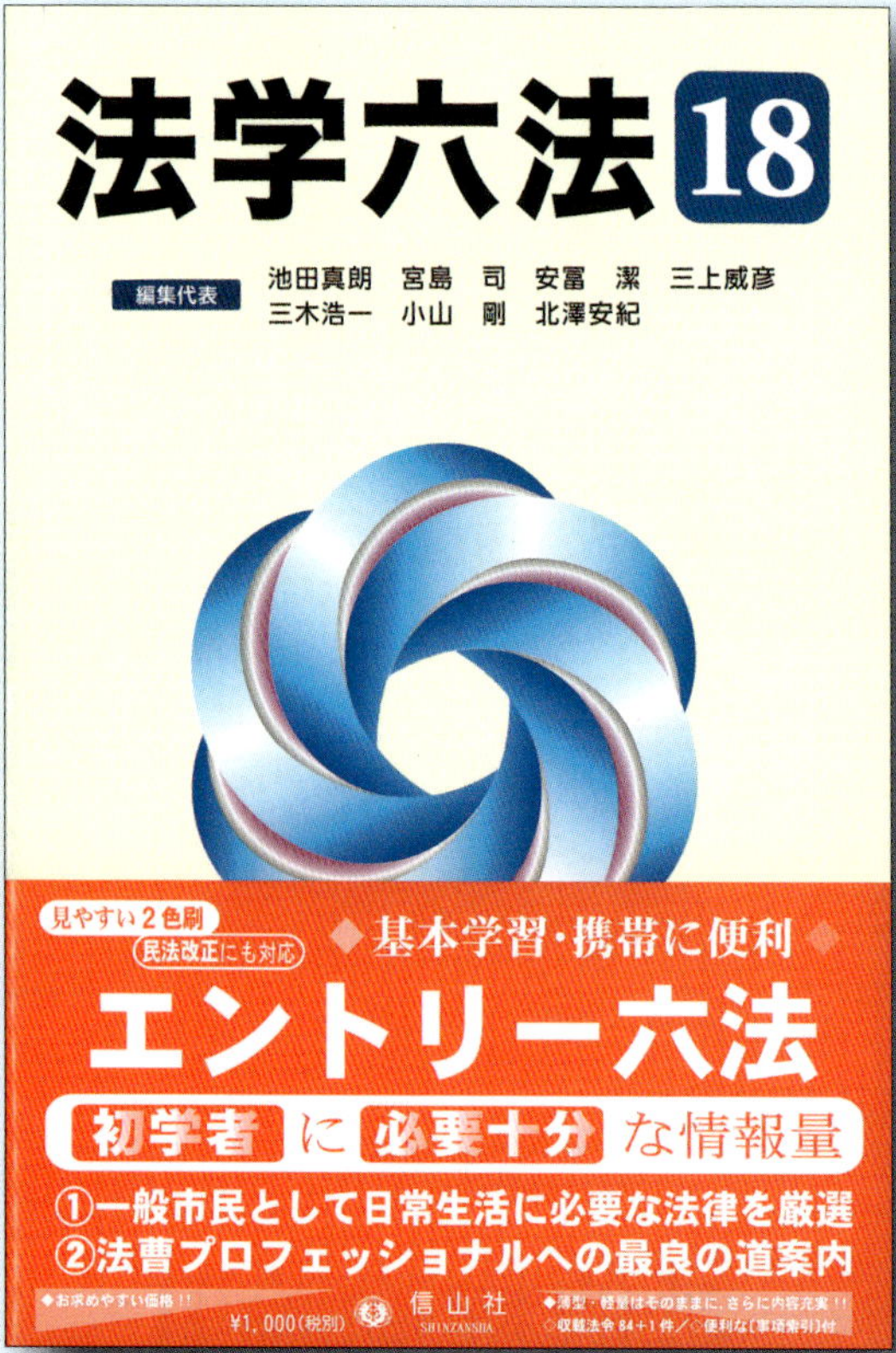
法学六法 18
編集代表
池田真朗　宮島　司　安冨　潔　三上威彦
三木浩一　小山　剛　北澤安紀
見やすい２色刷
民法改正にも対応
◆基本学習・携帯に便利◆
エントリー六法
初学者に必要十分な情報量
①一般市民として日常生活に必要な法律を厳選
②法曹プロフェッショナルへの最良の道案内
◆お求めやすい価格!!
¥1,000(税別)
信山社
SHINZANSHA
◆薄型・軽量はそのままに、さらに内容充実!!
◇収載法令84+1件／◇便利な[事項索引]付

四六・618頁・並製　ISBN978-4-7972-5748-9

定価：本体 **1,000** 円＋税

18年度版は、「民法（債権関係）改正法」の他、「天皇の退位等に関する皇室典範特例法」「都市計画法」「ヘイトスピーチ解消法」「組織的犯罪処罰法」を新規に掲載、前年度掲載の法令についても、授業・学習に必要な条文を的確に調整して収載した最新版。

信山社　〒113-0033 東京都文京区本郷6-2-9
TEL:03(3818)1019 FAX:03(3811)3580

法律学の森

潮見佳男 著（京都大学大学院法学研究科 教授）

新債権総論 I

A5変・上製・906頁　7,000円（税別）　ISBN978-4-7972-8022-7　C3332

新法ベースのプロ向け債権総論体系書

2017年（平成29年）5月成立の債権法改正の立案にも参画した著者による体系書。旧著である『債権総論 I（第2版）』、『債権総論 II（第 3 版）』を全面的に見直し、旧法の下での理論と関連させつつ、新法の下での解釈論を掘り下げ、提示する。新法をもとに法律問題を処理していくプロフェッショナル（研究者・実務家）のための理論と体系を示す。前半にあたる本書では、第 1 編・契約と債権関係から第 4 編・債権の保全までを収める。

【目　次】

◇第 1 編　契約と債権関係◇
　第 1 部　契約総論
　第 2 部　契約交渉過程における当事者の義務
　第 3 部　債権関係における債権と債務
◇第 2 編　債権の内容◇
　第 1 部　総　論
　第 2 部　特定物債権
　第 3 部　種類債権
　第 4 部　金銭債権
　第 5 部　利息債権
　第 6 部　選択債権
◇第 3 編　債務の不履行とその救済◇
　第 1 部　履行請求権とこれに関連する制度
　第 2 部　損害賠償請求権（Ⅰ）：要件論
　第 3 部　損害賠償請求権（Ⅱ）：効果論
　第 4 部　損害賠償請求権（Ⅲ）：損害賠償に関する特別の規律
　第 5 部　契約の解除
◇第 4 編　債権の保全―債権者代位権・詐害行為取消権◇
　第 1 部　債権の保全―全般
　第 2 部　債権者代位権（Ⅰ）―責任財産保全型の債権者代位権
　第 3 部　債権者代位権（Ⅱ）―個別権利実現準備型の債権者代位権
　第 4 部　詐害行為取消権

〈編者紹介〉
潮見佳男（しおみ・よしお）
1959 年　愛媛県生まれ
1981 年　京都大学法学部卒業
現　職　京都大学大学院法学研究科教授

新債権総論 II

A5変・上製　6,600円（税別）　ISBN978-4-7972-8023-4　C3332

1896 年（明治29年）の制定以来初の
民法（債権法）抜本改正

【新刊】
潮見佳男著『新債権総論 II』
　第 5 編　債権の消滅 / 第 6 編　債権関係における主体の変動
　第 7 編　多数当事者の債権関係

〒113-0033　東京都文京区本郷6-2-9-102　東大正門前
TEL:03(3818)1019　FAX:03(3811)3580　E-mail:order@shinzansha.co.jp

信山社
http://www.shinzansha.co.jp

三九　契約上ノ債務ニ關シテ各國成法ノ異同

國際私法ノ點ニ於ケル契約上ノ債務ノ內部的效力及實質ニ關スル成文法ハ極メテ少數ナリトス

普魯西法典(第二五六條第二五七條)ハ重ヲ契約ヲ以テ定メタル履行地ノ法律ニ置ケリ、墺國法典ハ結約地ノ法律ニ準據スヘシト爲シ、索遜法典第十一條ハサビニ｜氏ノ學說ヲ採用シ、和蘭商法第四百九十八條ハ余輩ノ採レル標準ニ據リタルモノノ如シ

伊太利王國民法ハ其ノ總則第九條末項ニ於テ一般ノ原則ヲ揭ケ、反證ノ擧ルマテハ各當事者ハ債務カ結約セラレタル土地ノ法律ニ從フコトヲ默諾シタルモノナルコトヲ認メタリ、而シテ當事者雙方共ニ同一ノ國籍ヲ有スル外國人ナルトキハ其ノ本國法ニ從フノ意思アリタルモノト看做セリ(1)

(1) 伊國法ノ法文ハ單ニ債務《オブリガーシヨン》トノミ記載セラレタルモ、契約上ノ債務ナルコト明白ナリ

伊國立法委員ノ一人ハ、第二ノ規定(當事者雙方同國籍ノ場合)ハ不當ナリト

論斷セリ、而シテ此ノ論斷ハ至當ナリ（第三四號參照）委員會ハ之ニ答ヘテ茲ニ推測シタル當事者ノ意思以外ノ意思アリトセハ之ヲ證明スルノ道アルカ故ニ敢テ妨クル所ナシト云ヘリ、然レトモ是レ毫モ攻擊ニ對スル正面ノ答辯ニ非ス、何トナレハ法律ハ常ニ最モ適當ナル事實ヲ推測スヘキモノナラサルヘカラス、然ルニ伊國法ノ規定ハ然ラサルコトカ攻擊ノ要點ナレハナリ、況ンヤ論者ニ於テ本國法ニ從ハシムルコトノ理由トスル所ハ人ノ身分及能力ニ付テハ正當ナルヘシト雖モ本問ニ於テハ毫モ關係スル所ナキニ於テヲヤ〔帝國法例第七條及第一二條參看〕

第十二章　法律ヨリ生スル債務

四〇　法定ノ債務。準契約〔事務管理、不當利得〕。犯罪。準犯罪〔不法行爲〕。事實發生地法

余輩ハ法律ヨリ生スル債務ナル一般的題目ノ下ニ、純然タル法定ノ債務(1)準契約、犯罪、準犯罪ヨリ生スル債務ヲ包含セシム、而シテ此等ノ債務ニ付テハ債務ノ

原因タル事實カ起リ若クハ債務ノ原因タル地位カ生シタル土地ノ法律ニ從フヘシト云フヲ學者間ノ通説トス、何トナレハ此等ノ債務ノ原因トシテハ單ニ法律ノ規定ノ存スルヲ要スルノミニ非ス、又或行爲若クハ或不行爲若クハ法律カ債務ノ發生スヘキ結果ヲ附著セシメタル或地位ノ存スルコトヲ要スレハナリ而シテ此ノ場合ニ於テハ當事者ニ一定ノ意思アリトノ事實又ハ意思アリトノ推測ハ不必要ニシテ債務ハ直チニ命令セラルルモノナリ、故ニ事實發生地以外ノ法律ヲ適用スルコトノアルヘキ道理ナシ(2)

然レトモ二三ノ學者特ニ著名ナル學者ノ中、民事上ノ犯罪ヨリ生スル債務ニハ受訴裁判所所在地ノ法律ヲ適用スヘシト爲ス者アリ、サビニー、ウエヒテルノ諸氏是ナリ、此等ノ學説ハ刑法ヨリ生スル理由ヲ援用スルモノナレトモ余輩ノ首肯スル能ハサル所ナリ、蓋シ或行爲ハ其ノ行爲ヲ爲シタル土地ノ法律ニ依レハ民事上ノ犯罪ナリ、故ニ民事上ノ債務ヲ發生ス、而シテ假令法廷地法ニ於テハ此ノ行爲ニ責任ナシトスルモ尙判事ハ民事上賠償ノ責任アリトノ言渡ヲ爲サヽルヘカラス、而モ此ノ場合ニ於テ判事ハ敢テ外國刑法ヲ適用シタルニ非サルナ

リ

(1)　血族若クハ姻族ノ關係ヨリ生スル扶養ノ義務、所有權ノ法律上ノ制限ヨリ生スル各種ノ義務、佛法ニ於ケル後見等是ナリ(佛國民法第一三七〇條)

(2)　法定ノ債務、準契約上ノ債務、準犯罪ヨリ生スル債務ニ付テ、學者ハ殆ト本文ノ原則ニ一致セリ

後見ヲ負擔スル義務ハ公法ニ屬シ、後見人ト爲ルヘキ人ノ本國法ニ依リテノミ之ヲ命セラルルモノトス然レトモ是レ敢テ外國人ニ後見ヲ命スルコトヲ妨ケサルナリ

船舶ノ衝突ニ付テハ第百十二號第百十三號ヲ參照スヘシ

所有權ニ對スル法律ノ制限ヨリ生スル義務ニ關シテハ、事實發生地法ハ同時ニ所在地法タルコトヲ注意スヘシ

扶養ノ義務ニ付テハ血族若クハ姻族及其血族若クハ姻族ナリト主張スル者ノ本國法ニ從ヒテ之ヲ定ム、然レトモ巴里控訴院ハ公ノ秩序ニ關スル利益ノ爲メ外國人タル夫ヲシテ其ノ妻ニ養料ヲ與ヘシムルコトヲ强要スル

コトヲ得ト判決セリ〔帝國法例第二一條參看〕
有名ナル「パンデクテン」學者ムエレンブルヒ氏ハ一般ニ債務者ノ住所地法ニ從フト主張セリ
ロードラン氏ハ其ノ民法修正草案豫稿ノ第一條ニ記シテ曰ク、準契約ニ對シテハ若シ當事者カ同一ノ國籍ヲ有スルトキハ屬人法ニ從フ、若シ當事者カ相異ナリタル國籍ヲ有スルトキハ準契約ノ成立シタル土地ノ法律ニ從フト

(3) 此ノ問題ハ損害賠償ニ付テノ問題ナリ、若シ眞正ナル民事上ノ刑罰ナリトセハ、其ノ刑罰タルヤ法廷地法ノ定メタル區域ヲ超越スルヲ得サルモノトス

文學上技術上若クハ工業上ノ製作物ノ贋造ハ、國際私法ニ於テ民事上ノ犯罪〔不法行爲〕ヨリ生スル債務ノ重要ナル淵源タリ、而シテ之ニ關シテ數年以降國際條約ヲ結ヒ、若クハ國際間ノ協議ヲ爲シタルコト少カラス、國際法協會ハ文學技術及工業上ノ製作物ニ關スル創作者ノ權利ノ調査ニ關スル委

員會ヲ設ケ、クリュ子ー、リヨンカン及ルノー、ゴールドシュミット、マルカルドセン、ラブレー、ピエランドニー、ロスコウスキー諸氏之カ委員ト爲リ、クリュ子ー、マルカルドセン二氏ハ文學上及技術上ノ製作物ニ關スル報告者ニシテリヨンカン氏ハ工業上ノ製作物ニ關スル報告者タリ

此ノ事項ニ關スル問題ニ於テハ、文學者及技術家ハ各種ノ危險ナル誇張説ヲ爲スカ故ニ法學家ハ最モ注意ヲ加ヘテ研究スルコトヲ要ス、又此ノ事項ノ問題ニ付テハ所有權ナル名稱ヲ排斥シテ用ヒサルヲ可トス、是レ此ノ名稱ハ少クトモ佛國若クハ羅甸諸國以外ニ於テハ從來既ニ學問上非難セラレタルモノナルカ故ナリ

エー、ピカール氏ハ人權物權債權ノ外ニ智能權（Droits intellectuels）ナル一種ノ權利ヲ認ムヘキコトヲ主唱セリ

系統ヲ探索スルコトヲ禁セラレサル國ニ於テハ、數多ノ學者ハ私生子ニ養料ヲ與フル義務ヲ以テ民事犯罪ヨリ生スル義務ト看做シ、隨テ一説ニ於テハ共臥地（Lex loci concubitus）ノ法律ニ從フヘシトシ、他説ニ於テハ養料ニ關

スル ノ訴ヲ受ケタル法廷地法ニ從フヘシト論シ、又父若クハ母ト主張セラレタル者ノ屬人法ヲ適用スヘシト主張セリ、獨逸ニ於テハ右ノ各說ニ對スル判例アリ、養料ニ關スル訴訟ハ誘拐ヨリ生スル損害賠償ノ訴訟ノ如ク直接若クハ間接ニ系統ノ探索ヲ包含スルトキハ、那拿翁法典ヲ施行スル國ノ裁判所ニ於テハ却下セラルヘキモノトス

〔帝國法例第一一條及第二一參看〕

第四部　物

第十三章　物

四一　所在地法

諸種ノ物權ハ物ノ所在地ノ法律ニ從フ、此ノ原則ハ從來ノ學者一般ニ之ヲ認メタリ(1)

然レトモ今世紀ノ半ニ至ルマテハ學者ハ一般ニ此ノ原則ヲ單ニ不動產ノミニ制限シタリ

此ノ制限ハ理由ナキモノナレトモ、各種ノ原因ニ基キテ生シタルモノトス其ノ主要ナル原因トモ云フヘキモノハ、特ニ不動産ハ國土ノ一部若クハ永久ニ國土ニ附著シタルモノナルヲ以テ、之ニ對シテハ國法ノ適用ヲシテ精確且完全ナラシムヘキ價値アルカ故ナリ、而シテ封建ノ制度ハ一層此ノ傾向ヲシテ盛ナラシメタリ、之ニ加フルニ社會ノ或程度ニ於ケル狀態ニ在リテハ、不動産ノ所有權ハ著シキ價値ヲ有シ、立法者ヲシテ物件法ノ中ニハ殆ト動産アルコトヲ忘却セシメタルノ觀アリ、試ニ看ヨ今日ニ於テモ數多ノ諸國ハ、土地所有權ノ移轉及土地ニ關スル租税ニ對シテハ精細ナル規定ヲ爲シ、此等ノ事實ヲ證明シ且之ヲ公示スルカ爲メニ登記簿等ノ設アルニ非スヤ、故ニ土地ニ關スル法律ニシテ政治的理由ノ影響ヲ受ケサルモノ殆ト稀ナリ、若シ不動産ニ適用スルニ國法以外ノ法律ヲ以テセハ、法律ノ牴觸ハ立地ニ生シ、其ノ弊ヤ國家ノ大制ハ爲メニ破壞セラルルニ至ルヘシト思考セラレタリ、是レ學說ニ於テモ成文法ニ於テモ不動産事項ニ關シテハ異口同音ニ所在地法ノ主權ヲ宣言シタル所以ナリ、但後ニ論述スヘキ相續法及親族法ニ關スル場合ハ必スシモ然ルニ非ス動産ニ關シテハ之ニ異ナリ、學者ハ右ト同時代マテハ僅少ノ例外ヲ除ク外ハ同シク異口同音ニ其ノ所在地ヲ以テ重シト爲サス、偏ニ其ノ本主ノ屬人法ニ從フ旨ヲ唱道セリ、蓋シ動產ハ本主ノ手中ニ存在スルモノト看做シタルカ故ナリ、羅馬法ニ曰ク「動產ハ人ニ從フ」ト(Mobilia Personam Sequuntur)英人曰ク「動產ニ所在地ナシ」ト(Personal property has no locality)(2)

(1) バルトール氏及ダルジャントレー氏、其ノ他古代及近世ノ諸學者ハ此ノ原則ニ付テ一致セリ、然レトモ此ノ原則ノ理由ニ至リテハ各其ノ説ヲ異ニセリ

此ノ原則ニ從ヘハ、或物カ融通物ナルヤ否ヤ、或物カ無主物ナルヤ又ハ先占ニ服スヘキヤ否ヤ、所有權ハ如何ニシテ移轉セラルヘキヤ、即チ引渡ニ依ルヘキヤ、若クハ單純ナル契約ニ依ルヘキヤ、取得時效ノ必要條件如何、取戻權ハ行使シ得ヘキヤ、若クハ如何ニシテ行使スヘキヤ等ヲ決定スルハ物ノ所在地ノ法律ニ從フヘキモノトス(第四四號參照)

之ニ反シ或人カ取得又ハ讓渡ノ能力ヲ有スルヤ否ヲ決定スルハ、其ノ本國

法ニ從フヘキモノナリ(第一九號參照)但所在地ノ强行法ニ從フヲ要スル場合アルハ論ヲ竢タス(第二五號參照)
所在地法ハ、又地役權、用益權、永借權、地上權、質權、抵當權ニ關スルモノヲ支配ス

(2)　學者ハ原則ニ付テハ一致スト雖モ原則ノ理由ニ至リテハ一致セス、ロ一デンブルヒ及ポーール、ポエット等ハ此ノ原則ノ理由トシテ動産ハ所有者カ其ノ業務ノ中心即チ生活ノ本據ヲ有スル所ニ在リト看做スカ爲メナリト云フ、是レ擬制的屬地法說ナリ、ヂュムーレン、ブーールノアノ說モ亦同シ、ダルジャントレーハ動産ニハ所在地ナシト云ヘリ、ブーイエハ曰ク、動産ハ所有者ノ一身ニ附著シタルモノナリトノコトハ擬制ノ一種ニ屬スト、然ラハ是レ屬法人說ナリ、ポチエモ亦動産ニハ毫モ所在地ナシ、故ニ人ニ從フモノナリト云ヘリ、フエリクス氏ハ曰ク、屬人法ハ有體、無體ノ動産ヲ支配ス、故ニ屬人法ハ動産ヲ支配スル點ニ關シテハ物件法ナリ、即チ動産ハ此ノ屬人法ノ支配スル土地ニ存在スルモノト看做ス所ノ擬制ニ由ルモノナリト

四二　動産ニ於ケル所在地法ノ適用

動産モ亦不動産ト同シク所在地ノ法律ニ從ハサルヘカラストノ原則ヲ主唱シタル榮譽ハ、特ニ之ヲウエヒテル、サビニー二氏ニ歸セサルヘカラス

ウエヒテル氏ノ說ニ於テ此ノ原則ノ理由トスル所ハ、凡テ立法者ハ其ノ國土ノ領域內ニ存在スル所ノ物ノミヲ目的トシテ規定ヲ設クルモノナリ、然レトモ亦領域內ニ存在スル物ノ動產タルト不動產タルトヲ區別スルコトナク其ノ規定ノ目的ト爲シタルモノナリト云フニ在リ、サビニー氏ハ凡テ或物ヲ取得シ、又ハ所持シ若クハ或物ノ上ニ物權ヲ行使セントスル者ハ、其ノ法律關係ニ付テハ其ノ物ノ所在地法ニ任意ノ服從ヲ爲スモノト看做セリ(1)

近世ニ於ケル多數ノ學者ハ以上ノ新學說ヲ採リ、最早動產不動產ノ間ニ區別ヲ設クル者ナシ(2)

然レトモサビニー氏モ一方ニ於テハ一定ノ場所ニ繼續シテ存在スヘキ性質アル動產例ヘハ家具ノ如キ動產ト他方ニ於テハ斯ル性質ヲ有セサル動產例ヘハ旅客ノ手荷物若クハ船舶ノ積荷ノ如キ常ニ所在地ヲ變換スヘキ動產、及以上二

種ノ中間ノ種類ニ屬スル動産トノ間ニ區別ヲ設ケ、此ノ中間ノ種類ニ屬スルモノハ、場合ニ因リ或ハ一定ノ場所ニ存在スル動産ト看做シ、或ハ然ラサル動産ト看做スヘキモノト爲シ、而シテ此ノ中間ノ種類ニ非スシテ兩極端ニ屬スル動産ニ付テハ次ノ如ク論セリ、曰ク或物カ多少ノ長期間ニ於テ一定ノ場所ニ存在スヘキ性質ヲ有スル場合ニハ其ノ所在地法ヲ適用スヘシ、若シ以上ノ如キ性質アリト云フヲ得サル場合ニハ所有者ノ住所地法ヲ適用スヘシ、然レトモ後ノ場合ハ唯例外ノ場合タルニ過キスト

以上ノ新學説ヲ以テ今日尙各國ノ法律及判例ノ採用スル所ト爲レル彼ノ舊主義ニ對比セシカ、新學説ノ一層正義ニ適合シ、又物ノ性質ニ適合シ、又數多ノ點ニ於テ取ルヘキ價値アルコトヲ知ルニ足ルヘシ

蓋シ動産ハ人ニ從フトノ原則ハ其ノ意義ニ於テ明瞭ヲ缺ケリ、人ニ從フトハ、所有者タル人ニ從フト解スヘキカ、將タ占有者タル人ニ從フト爲スヘキカ、學者ハ一般ニ所有者タル人ニ從フト解スルカ如シ、然レトモ本問ニ關シテ屢〻決定スヘキ必要アル問題ハ其ノ何人カ所有者ナルカヲ知ルニ在リ、且其ノ所有者タルコ

トハ孰レノ國法ニ依リテ決スヘキヤヲ知ルニ在リテ存スルニ非スヤ、然ラハ動產ハ占有者タル人ニ從フト解スルコソ一層滿足ナル結果ヲ得ルノ途ナリト云ハサルヘカラス

抑モ本問ニ於テ決定スヘキハ物ノ法律上ノ地位ナリトス、物ノ法律上ノ地位トハ、其ノ物ト特定シタル人トノ關係ニ於ケル物ノ地位ヲ指シテ云フニ非ス、客觀的ニ於テ何人ニ對シテモ認メラルヘキ物ノ地位ヲ指スモノナリ、是レ所謂物權ノ性質ニシテ、又物權ニハ此ノ如キ性質アルカ故ニ物權ニ關スル法律ニハ屬地的性質ヲ認ムルヲ要スルニ至ルナリ、即チ物權ニ關スル法律ハ、一定ノ國ニ於テ一人カ他ノ特定シタル人ニ對シテ有スル諸權利ヲ規定スルニ非スシテ、一人カ凡テノ人ニ對シテ一般的ニ且絕對的ニ有スル諸權利（所有者、占有者、用益者等ノ諸權利）ヲ定ムルモノナリ、故ニ此ノ所有者、占有者、用益者等カ其ノ住所ヲ他國ニ定メ若クハ他國ニ歸化シタリトノ故ヲ以テ、物權ニ關スル從來ノ法律ハ其ノ適用ヲ失ヒ、他ノ法律カ新ニ之ニ代ルヘキ理由ナキナリ

故ニ動產ニ關スル舊學派ノ學者ト雖モ、「物ハ人ニ從フ」トノ原則ニ種種ノ例外ヲ

設クルノ必要ニ迫レリ、マッセー氏曰ク
動產ハ所有者ノ住所地法ニ依リテ支配セラルトノ原則ハ、其ノ動產カ所有者トノ關係上ヨリ觀察セラレスシテ其ノ動產自體ニ付キ觀察セラレ、且第三者カ其ノ動產上ニ獲得シタル權利ニ關シテ觀察セラルル場合ニ於テハ其ノ適用ヲ止ムルモノトス、此ノ場合ニ於テハ動產ハ不動產ト同シク其ノ現實ノ所在地ノ物件法ニ依リテ支配セラルルモノトス
ト余輩ハマッセー氏ノ爲セル區別ノ境界ヲ判別スルニ苦シム、蓋シ本問ニ於ケル物權ニ關スル法律ハ、物ト所有者トノ關係ノミニ特別ニ關スルモノニ非スシテ又常ニ物ト第三者トノ關係ニモ關スルモノナレハナリ、フエリクス氏ハ舊學說ニ忠實ナル人ナリ、然レトモ舊學說ノ原則(物ハ人ニ從フ)ニ重大ナル例外ヲ置ケリ、フィールド氏モ「動產ハ所有者ノ一身ニ附隨シタルモノト看做ス」トノ原則ヲ設クト雖モ氏ハ之ニ附加シテ曰ク、而シテ所有者カ其ノ動產ノ所有權ニ關シテ爲ス所ノ凡テノ生前行爲又ハ遺言ニ依ル行爲ノ效力ハ、其ノ行爲ヲ爲シタル土地ノ法律ニ依リテノミ支配セラルルモノトスト、此ノフィールド氏ノ附記ノ理由ハ、

此等ノ場合ニハ所有者ノ住所地法ヲ適用スヘカラスト爲シタルニ基クコト明白ナリ、然レトモ物カ行爲ヲ爲シタル土地ニ存在セサルトキニ於テ、其行爲ノ物上的效果ヲ定メントスルニ當リテ又行爲地法ト所在地法ト牴觸スル場合ニ於テモ亦行爲地法ニ從フト云フヲ得サルヘシ、例ヘハ所有權ハ引渡ニ依ルニ非サレハ移轉セストノ法律ノ規定アル國ノ銀行ニ預ケ置キタル無記名證券ノ賣買ヲ佛國ニ於テ爲シタリト假定セヨ、此ノ場合ニ於テハ佛國民法第千百三十八條ニ依リテ契約シタリトノ事實ノミニテ其ノ所有權ハ買主ニ移轉スヘキヤ(佛民第千百三十八條ハ所有權ハ當事者ノ合意ニ因リ移轉シ引渡ヲ要セストノ規定ナリ)曰ク然ラス、第三者ハ引渡(即チ少クトモ賣主ヨリ預リ主ニ爲シタル適法ノ指圖)ヲ要件トスル所ノ所在地法ノ利益ヲ享クルヲ得ヘシ、是レフィールド氏ノ熟知スル所ナルヘシ、何トナレハ氏ハ其ノ後ニ於テ次ノ言ヲ爲シタレハナリ、曰ク

主權者ハ自國ノ領域内ニ於ケル凡テノ有體無體ノ動産ニ付テハ、外國ニ於テ爲シタル讓與行爲ニシテ自國ノ國法ニ適合セサルモノヲ援用スル者ニ先チテ自國ノ國法ニ適合シタル凡テノ債權者ニ優先權ヲ與フルコトヲ得ヘシ

ト故ニフィールド氏ハ第三者ヲ保護スヘキ標準ヲ物ノ所在地法ニ適合シタル所ノ債權者ニ限レリ、即チ氏ハ此ノ債權者ニ非サル第三者、例ヘハ正當ノ所有者ト爲レリト主張スル者、及其ノ他一般ニ其ノ國ノ國法ニ適合セサル者ヲ除外セリ

(1)　ペール氏ハサビニーノ任意服從主義ヲ斥シテ問題ヲ以テ問題ヲ解スルモノナリトシ、ウエヒテルノ學説ヲ敷衍シテ其ノ論理的基礎ヲ探究セリフエリクスカ動産ハ人ニ從フトノ原則ヲ採ルニ拘ラス之ニ重要ナル制限ヲ加ヘタルハ注意セサルヘカラス、フエクリス曰ク此ノ原則ハ動産カ所有者ノ身體ト密接シタル關係ヲ有セサル凡テノ場合ニ於テハ適用セサルモノトス、……凡テ此等ノ場合ニ於テハ動産現實ノ所在地法ヲ適用セサルヘカラス、何トナレハ動産ハ人ニ從フトノ擬制ハ事實上止ムカ故ナリト

(2)　ホアートン氏ハ動産所在地法説ヲ取レリ、氏ハ此ノ原則ノ變遷ヲ法律上ノ理由ニ因ルノ外尚痛快ナル經濟上及政治上ノ理由ニ因リテ疏明セリ氏曰ク、動産ハ相續又ハ婚姻ニ因ル移轉ノ目的ヲ以テ包括セラレサルトキ及通過ノ爲メ一時其土地ニ在ル場合若クハ所有者ノ身體ニ伴フ場合ニ非

サルトキハ、所在地法ニ從ヒテ支配セラルルモノトス、但凡テノ當事者カ共通ノ住所ニ屬スル人民ナルトキ、其ノ住所地法ニ依リテ拘束セラルル場合ハ之ヲ例外トストノ判例アリ、然レトモ現今一般ノ學說トシテハ動產ハ物ノ所在地法ニ支配セラルト云フニ在ルカ如シト

ウエストレーキ氏モ亦所在地法說ニ屬セリ、氏ハ結論及英國判例ノ現狀ヲ次ノ如ク約言セリ、曰ク物ノ所在地ノ裁判所ノ物ニ對スル判例ハ、動產物ノ所有權ニ關スル法律ヲ成ス、判例ナキ場合ニ於テハ動產物ノ所有權若クハ或動產物ノ上ニ於ケル凡テノ物權ノ移轉若クハ取得ハ一般ノ原則トシテ所在地法ニ從ヒテ決定セラルヘシ、然レトモ船舶カ海上ニ在ル間ニ於テ其ノ所有權カ移轉セラレ、若クハ或負擔ヲ附著〔物權ヲ設定〕セラレタリト主張スル場合ニ付テハ、其ノ所有者ノ屬人法ニ從ヒテ決セサルヘカラス、而シテ及物ノ所在地カ不意若クハ瞬間ノ事ニ屬シ、當事者カ毫モ之ニ留意スルニ遑ナカリシ場合、例ヘハ賣買若クハ負擔ヲ附著セシト爲シタル當時其ノ目的物タル商品ハ船舶若クハ第三國ニ屬スル倉庫ノ中ニ存在シタル場合ノ

如キトキハ又前述ト同樣ニ屬人法ニ依リテ之ヲ決スヘキモノトス、以上述ヘタル原則ヲ債權ニ適用スル場合ニ於テハ、債務者ヲ訴追スヘキ裁判所地ハ物件所在地ニ該當ス云云

近時ノ佛法學者ハ其ノ學說一致セス

ドモロンブ氏ハ動產ニ付テ包括的ノ場合ヲ說キ、其後ニ曰ク、動產ヲ箇箇ノモノトシテ觀察スルトキハ、最早其ノ現實ノ所在地ノ法律ニ依リテ支配セラルルコトアルノミト

オーブリー及ローー氏ハ曰ク、佛國物件法ハ、又外國人カ佛國ニ於テ占有スル有體動產及債權ニ適用セラル、但此等ノ物件自體トシテ觀察シ、相續物ノ一部トシテ觀察セサル場合ニ限ルモノトス、例ヘハ佛國民法第二千二百七十九條、第千百四十一條、第二千七十六條、第二千百十九條ノ如キハ外國人ノ取得シ若クハ占有スル有體物ヲ佛人ニ屬スル有體物ト同シク支配シ、債權ニ對シテハ第千六百九十條、第千六百九十一條、第二千七十五條モ亦然リトスト、アルンツ氏モ亦同一ノ原則ヲ採レリ

ブロシエル氏曰ク、動產自體トシテ孤立シテ觀察スルトキハ、動產ノ占有、動產ヲ以テ目的物ト爲ス特種ノ權利、及動產ニ對スル執行處分ニ關シテハ、動產ノ現實ナル所在地ノ法律ニ從フヘキモノトス云云

然ルニ他ノ一方ニ於テハ佛國民法第三條ノ採ル所ハ舊說ニ據レル理論ニシテ、此ノ理論ニ於テハ「動產ハ人ニ從フ」トノ格言ハ包括的動產ト同シク特定ノ動產ニ其ノ適用ヲ及ホスモノトセリ故ニ現行ノ法理ノ如ク動產ノ屬地主義ヲ宣言スルヲ許ササルモノナリトスル學說アリ、是レバルド氏ノ說ニシテ、氏ハ「動產ハ住所地ノ法律ニ從フ」ト主張セリ、ローラン氏ハ佛法ノ採用シタル理論ハ本國法主義ナリト云ヘリ、故ニローラン氏ハ動產ハ其ノ所有者ノ本國法ニ從フヘキモノナリト論セリ、是レ同氏ノ說ノ大本領タル本國法說ニ從ヒタルモノナリ、マッセイ氏ハ住所地法主義ヲ取リ之ニ數多ノ例外ヲ設ケタリ

茲ニ注意スヘキハ、以上ノ兩反對說ハ屢〻同一ノ結果ニ歸著スルコトアル是ナリ、バルド氏曰ク、特定ノ動產ハ法律上包括動產ト同シク住所地法ニ從フ

ト雖モ、事實上及公ノ秩序ノ理由ニ因リテ此ノ原則ノ適用セラルルコト稀ナリトス、而シテ實際ニ於テハ此ノ原則ハ例外ト爲リ、動產ハ殆ト常ニ其ノ有形的ニ存在スル土地ノ法律ニ支配セラルヘシ云云

或學者ハ動產事項ニ於テハ全ク一般ノ原則ヲ拋棄セリ、アイヒホルン氏トエル氏ゲルベル氏ノ如キ是ナリ

四三　此ノ原則ニ對スル制限

然レトモ「物ハ所在地ノ法律ニ從フ」トノ原則ハ、動產自體ノ動的性質上ヨリ其ノ不動產ニ於ケルト同シク完全ニ動產ニ適用スルコトヲ得サルコトアリ

サビニー氏ハ動產ヲ分チテ一定ノ場所ニ置カルヘキモノト、常時若クハ時時遷移スヘキモノトノ二種ト爲シタリ、此ノ分類ニ付テ茲ニ之ヲ研究セン(第四二號參照)

凡ソ法律行爲ヲ爲スニ際シ、動產物ノ所在ヲ定ムルコト能ハサルトキ若クハ動產物カ運送中ニ在ルトキハ、所在地法ヲ適用スルト否トノ問題ヲ生スルモノニ非サルコトハ余輩ノ言ヲ俟タサルナリ、此ノ場合ニハ法律行爲ノ現實ナル結果

ニ其ノ行爲ヲ支配スル所ノ法律ヲ適用スルヲ要ス運送中ニ於ケル動產ニ對シテハ學者多クハ當事者カ到達地ノ法律ニ從フ意思アリシモノト爲セリ

若シ法律行爲ヲ爲スニ際リ、當事者カ到達地ヲ知ラサル場合ト雖モ到達地法カ行爲地法ヨリモ第三者ニ與フルニ廣大ノ權利ヲ以テスルトキハ、第三者ハ其ノ動產上ノ物權ニ關シ同シク到達地法ニ依リ利益ヲ享クルコトヲ得ヘシ要スルニ凡ソ如何ナル場合ニ於テモ動產カ他國ヘ遷移シタル後ニ於テハ、其ノ遷移ノ後所在地ト爲リタル國ノ法律ニ適合シテ其ノ動產上ニ取得シタル權利ハ之ヲ敬重セサルヘカラス

此ノ旨趣ハ假令動產カ其ノ遷移以前ニ於テハ遷移以前ノ所在地法ニ支配セラレタル場合ニモ適用セラル、故ニ動的性質ハ如何ナル動產タルヲ問ハス「凡ソ動產カ遷移シ來リタル國法ニ依リ取得シタル新權利ハ動產ノ舊所在地法ニ依リ曩ニ取得シタル權利ニ優先ス」トノ結果ヲ生ス、而シテ此ノ如ク一般ノ原則ニ例外ヲ來シタル所以ノモノハ之ヲ事物自然ノ趨勢ト商事上ノ必要トニ歸セサル

ヲ得ス

動產ノ動的性質ハ又次ノ結果ヲ生ス、即チ或法律ニ於テ物權ノ保有ニ付テハ一定ノ條件ヲ必要トスル場合ニ於テ、其ノ動產ニ付キ各人カ或物權ヲ有效ニ取得シタル國ヨリ他ノ國ニ其ノ動產ノ遷移シタルニ當リ、其ノ物權カ新所在地法ニ於テ必要ト爲シタル條件ヲ充シ居ラサリシトキハ其ノ物權ハ消滅スルモノトス、例ヘハ動產質ニ付テ占有ヲ要件ト爲ササル國ニ於テ質權ヲ設定シタル場合ニ債權者ハ質物ノ占有ヲ爲サス、然ルニ其ノ後質物ノ占有ヲ以テ質權ノ要件ト定メタル國ニ其ノ動產カ遷移シタル場合ニ於テハ、占有ヲ缺クノ故ヲ以テ其ノ質權ノ消滅スルカ如シ

四四 取戻權

動產物ノ取戻權ハ孰レノ國法ニ於テ支配セラルヘキヤ、原告ノ國法ナルカ、被告ノ國法ナルカ、將タ物ノ所在地法ナルカ、抑モ訴ノ提起アリタル土地ノ法律(Lex fari)ナルカ、所謂「動產ハ人ニ從フ」トノ舊原則ハ此ノ問題ニ十分ナル解答ヲ與ヘサルモノニ似タリ、何トナレハ「人ニ從フ」トハ如何ナル人ヲ指スヤ明瞭ナラサレ

ハナリ

一般ニ所在地法主義ヲ取レルサビニー氏ハ、此ノ場合ニ法廷地法ヲ適用スヘシト論シタリシモ其ノ理由ヲ示サヽリキ、疑モナク法廷地法ハ同時ニ所在法タルコトアリト雖モ亦常ニ必スシモ所有地法ナリト云フヲ得ス、之ニ反シテマッセー氏ハ動産ハ或例外ヲ除ク外、所在者ノ住所地法ニ從フトノ原則ヲ主張スル學者ナレトモ、取戻權ニ關シテハ此ノ原則ニ例外ヲ設ケタリ、曰ク取戻權ニ關シテハ動産ノ現實ノ所在地法ニ從フヘク、動産所有者ノ住所地法ニ從フヘキモノニ非スト

余輩ハ此ノ問題ノ要點ハ、動産上ニ取戻權ヲ排除スヘキ權利ヲ被告カ取得シタルモノナルカ、若クハ一定ノ條件(例ヘハ買戻代價ノ辨濟ノ如シ)ニ從フニ非サレハ取戻權ハ認容セラレサルヘキ效果ヲ生スル所ノ權利ヲ被告カ取得シタルモノナルカヲ決定スルニ歸著スト信ス、故ニ被告カ據リテ以テ動産上ノ權利ヲ取得タシル所ノ法律ニ從フコトヲ要ス、而シテ被告ヲシテ權利ヲ取得セシメタル法律トハ、通常其ノ取得ノ當時ニ動産カ存在シタル土地ノ法律ナリトス、但時效

ニ關シテハ若シ動産ノ所在地ニ變更アリタルモノナルトキハ取戻ノ訴ノ起リタル當時ニ動産物ノ存在シタル土地ノ法律ヲ適用スルヲ要ス、即チサビニー氏カ取得時效ニ關シテ爲シタル説ヲ適用スルコトヲ得ヘシ、氏ノ説ニ曰ク、取得時效ノ期間ハ、最後ニ動産カ存在シタル土地ノ法律ニ從ヒテ判決セラルルヲ要ス、何トナレハ時效ニ因リテ所有權ノ移轉ノ成就スルハ唯期間ノ滿了ニ因ル、而シテ期間ノ滿了スルマテハ、所有權ノ移轉ハ單ニ準備セラレタルニ過キサレハナリト〔帝國法例第一〇第條二項〕

四五　物ノ動産的若クハ不動産的性質

或物カ動産ナルヤ不動産ナルヤノ問題ハ孰レノ國法ニ依リテ之ヲ決スヘキヤ此ノ問題ニ關シテモ「動産ハ人ニ從フ」トノ原則ヲ認容スルトキハ解釋上困難ヲ來スヘシ、例ヘハ蜜蜂ノ巢ノ如キ、那拿翁法典第五百二十四條ニ依レハ用法ニ因ル不動産タリ、和蘭法典第五百六十三條ニ依レハ動産タリ、斯ル性質ノ動産ニ付テ觀察セヨ、佛國ニ居住スル和蘭人ニ屬シ、又ハ和蘭ニ居住スル佛蘭西人ニ屬スル蜜蜂ノ巢ハ如何、是レ果シテ動産ナリヤ、將タ不動産ナリヤ、今假ニ動産ハ其所有者ノ住所ニ存在スト ノ結果ヲ生スル原則ヲ認容シ、第一ノ場合ニハ佛國ニ和蘭法ヲ適用シ、第二ノ場合ニハ和蘭ニ佛國法ヲ適用セシカ、然ルトキハ佛國ニ於ケル蜜蜂ノ巢ハ動產ト爲リテ之ヲ抵當ト爲ス能ハス、其ノ和蘭ニ於ケルモノハ不動產ト爲リテ之ヲ抵當ト爲スコトヲ得ルニ至ラン、而モ是レ立法者ノ眞意ニ非サルコトハ明瞭ナリトス

若シ夫レ動產ニ所在地法ヲ適用シ、或物ノ動產タルト不動產タルトハ所在地法ニ因リテ決スルモノトセハ毫モ困難ノ點ヲ見ス

用法ニ因ル不動產ニシテ性質上動產ナルモノニ付テハ、其ノ動產カ一時所在地ヲ離ルル場合ト雖モ不動產所在地ニ存在スルモノト看做スコトヲ要ス、即チ鳩巢ノ鳩ハ佛國法典第五百二十四條ノ規定ヲ缺キタル國ニ其ノ鳩ノ飛去スルモ動產ト爲ルコトナシトス

四六　各國立法ノ概略

各國法典ノ大部ハ動產ト不動產トヲ區別スル舊主義ヲ少クトモ暗默ニ認ムルモノノ如シ

那拿翁法典第三條ニ曰ク、不動産ハ假令外國人ノ占有ニ屬スルモノト雖モ佛國法律ニ從フモノトスト(1)

普國法典(總則第二八條、第三一條、第三二條)及墺國法典(第三〇〇條)モ亦サビニー氏カ抽象的ニシテ且不確定ナリト評シタル明文ヲ以テ舊主義ヲ認メタリ英米ノ判例ハ「動産ニ所在地ナシ」トノ原則ニ基ケルコト久シ、然レトモ數年以來此點ニ關シテ大ニ面目ヲ一新セリ

千八百六十五年ノ伊國法典總則第七條ハ、不動産ニ關シテハ所在地法ニ從ヒ、動産ニ關シテハ其ノ所有者ノ本國法ニ從フトセリ、然レトモ同法典ハ之ニ附加シテ、但動産カ存在スル國ノ法律ニ於テ之ニ反スル規定アルトキハ此ノ限ニ在ラストセリ、故ニ伊國ノ立法者ハ「動産ハ所有者ノ本國法ニ從フ」トノ原則ハ、之ト異ナル原則ノ行ハルル國ニ存在スル動産ニ關シテハ其ノ效力ヲ失フコトヲ認メタルモノニシテ、伊國ノ判事ハ假令動産カ伊國人民ニ屬スル場合ト雖モ伊國法典ノ大原則ト正反對ナル外國法律ヲ適用スルナラン

アルジャンチン法典前加章第十一條ハ全クサビニー氏ノ學説ニ從ヘリ

茲ニ注意スヘキハ、バビエル國マキシミリヤン法典ニ於テハ、既ニ前世紀ニ於テ動産及不動産ノ無差別ヲ規定シタルコト是ナリ(同法典第一部第二章第一七條)即チ同法典ハ所在地法ハ物ノ動産タルト不動産タルトヲ問ハス凡テノ物ニ適用スヘシト宣言シタリ〔帝國法例第一〇條〕

(1) 佛國法典前加篇ハ又次ノ條項ヲ有シタリ、曰ク外國ニ於ケル佛國人民ノ動産ハ其ノ身分ト同シク佛國法律ニ從フト、是レ舊主義ノ原則ナリ、而シテ今日此ノ條項ヲ刪除シタリト雖モ此ノ原則ハ尚現行セラルルモノトス

第五部 親族法

第十四章 婚姻

四七 參照及分類

婚姻ヲ爲スニ必要ナル能力ハ第八章ニ說明シタル原則ニ從ヒテ之ヲ定ム(1)而シテ婚姻ノ方式ニ關スル問題ニ付テハ第九章ニ其ノ原則ヲ擧ケタリ(2)〔帝國法例第一三條第一項參照〕凡ソ婚姻カ配偶者ノ能力ニ及ホス效力ハ、配偶者ノ屬人

法換言スレハ夫タル者ノ國法ニ從ヒテ之ヲ決ス〔帝國法例第一四條參照〕何トナレハ妻ハ婚姻ニ因リテ夫ノ國籍ヲ取得シ(3)而シテ婚姻ヲ行ヒタル土地ノ如何ハ能力ノ問題ニ影響スルモノニ非サレハナリ配偶者ノ財產權ニ關スル提問ハ頗ル難題ニシテ、又各國立法ノ甚シク異ナルヨリ時時重要ノ問題ヲ惹起ス、而シテ此ノ問題ニハ二ノ要點アリ、其ノ第一ハ配偶者間ニ財產ニ關スル契約ナキトキハ其ノ財產ハ孰レノ法律ニ從フヘキヤ、其ノ第二ハ配偶者ノ財產ニ關スル契約ノ效力ハ孰レノ法律ニ依リテ之ヲ定ムヘキヤト云フニ在リ

(1)　當事者各自ノ能力ハ、其ノ本國法ニ從ヒテ定ムルモノトス婚姻地タル夫ノ住所地法カ婚姻ヲ妨クル場合アルコトハ第二十五號ヲ參照スヘシ

(2)　婚烟ニ付テ土地ハ行爲ヲ支配ストノ原則ノ適用

那拿翁法典第百七十條參照

公告ノ欠缺ハ無效ト爲ラス、裁判所ハ情況ニ因リテ婚姻ノ效力ヲ定ムルコ

トヲ得、佛國判例ハ此ノ方針ニ一定セリ

アルンツ及ウエストレーキ二氏ハ、國際法協會ニ次ノ如ク決議セラレンコトヲ建議セリ、曰ク婚姻ヲ行フヘキ外形上ノ方式ハ、婚姻ヲ行フ土地ノ法律ニ依リテ支配セラルルモノトスト

(3) 佛國民法第十二條第十九條參照

前述ノ原則ハ殆ト歐洲全土ニ於テ認メラルル所ナリ、但英國ニ於テハ千八百七十年五月二日ノ歸化法以來此ノ原則ヲ認ムルモノノ如シ

千八百八十年英國オクスフォルドニ開キタル國際法協會ハ「妻ハ婚姻スルコトニ因リテ夫ノ國籍ヲ取得ス」ト決議セリ〔帝國國籍法第五條ノ一、第一八條〕

結婚後ニ爲シタル夫ノ歸化ハ妻ニ及フヤ否トノ問題ニ對シテハ、佛國ノ判例ハ消極的ニ之ヲ決セリ、瑞西聯邦歸化法(一八七六年七月三日)ニ依レハ、歸化ハ其ノ歸化シタル外國人ノ妻及未丁年ノ子ニ及フ、但明ニ此等ノ者ヲ除外スル意思ヲ表示シタルトキハ此ノ限ニ在ラストセリ〔帝國國籍法第一三條第一五條參照〕

佛國ノ私法學者ハ、佛國人ノ妻ニシテ別居シタル者ハ夫ノ承諾若クハ裁判所ノ許可アルニ非サレハ外國ニ歸化スルコトヲ得スト說ニ殆ト一致セリ

〔日獨領事職務條約第一一條、日白同條約第一〇條參看〕

第一節　特約ナキトキハ配偶者ノ財產ハ孰レノ法律ニ依リテ支配セラルヘキカ

四八　各種ノ主義。サビニー氏ノ學說

多數ノ學者ハ少クモ不動產ニ付テハ其ノ所在地法ニ依ルヘキモノトセリ、而シテ或二三國ニ於ケル判例ハ此ノ說ニ準據セリト雖モ、此ノ學說ハ理論上少シク困難ノ點ナキニ非ス、抑モ配偶者各自ノ資產ハ一體ヲ構成スルモノナリ、然レトモ一體ヲ構成スルカ故ニ之ニ包含スル動產不動產共ニ全ク同樣ニ取扱フヲ要ストニ云フニ非ス、唯一貫シタル原則ニ據リ配偶者ノ資產全體ヲ支配セサルヘカラストノ點ニ於テ一體ヲ構成スト云フノミ、即チ配偶者ノ資產ノ各部ハ勢ヒ互

ニ相混合スルコトヲ認メサルヘカラス、而シテ資産ノ各部ニ異ナリタル國法ヲ交互錯綜シテ適用ストセハ、不整ニシテ且不當ナル結果ヲ生スルコトヲ免レサルヘケレハナリ(1)

余輩ハ又婚姻ヲ行ヒタル土地ノ法律ニ從フトノ説ヲモ排斥ス、何トナレハ契約ノ類例ハ以テ婚姻ニ適用スル能ハサレハナリ、又當事者ノ意思ハ其ノ婚姻ヲ擧行シタル國ノ法律ニ從ハントスルモノナリトモ推測スルヲ得サレハナリ、而シテザビニー氏カ若シ配偶當事者ノ共通ノ意思ヲ探究セハ、婚姻ヲ行ヒタル土地ノ法律ヨリハ寧ロ疑モナク履行地法、換言スレハ婚姻ノ住所地法ニ從フニ在ルヘシトノ著想ハ合理ナリトス(2)

舊説ナリト雖モ最モ信憑ヲ搏スル所ノ學説ニ於テハ、婚姻ヨリ生スル凡テノ財産權ハ動產不動產ノ區別ナク婚姻ノ住所地法、換言スレハ婚姻ノ主長タル夫ノ住所地法ニ從フト云フニ在リ、ザビニー氏ハ婚姻住所地法ヲ以テ婚姻ノ際ニ於ケル夫ノ住所地法ナリトセリ、之ヲ一層精確ニ言ヘハ、配偶者カ結婚後第一著ニ共同生活ノ本據ト定メテ家ヲ構ヘタル土地ナリトス、勿論數多ノ場合ニ於テハ婚姻ノ際ニ於ケル夫ノ住所地ナルヘシト雖モ必スシモ然リトセス、蓋シ配偶者カ結婚後更メテ住所ヲ定ムルコトナキニ非サレハナリ(3)

何故ニ婚姻住所地法主義ヲ適用スヘキカトノ理由ニ至リテハ學者間ノ說未タ一定セス、多數ノ學者ハ之ヲ配偶者間ノ默約ニ歸セシメタリ(4)其ノ他ノ學者、特ニサビニー氏ハ此默約說ヲ排斥セリ、其ノ理由ニ曰ク、何トナレハ配偶者特ニ妻ト爲ル者ハ其ノ結婚ノ際ニ於テ婚姻住所地ノ法律ヲ知ル者極メテ稀ナルヘケレハナリト、而シテ此ノ派ノ學者ハ配偶者カ任意ニ此ノ法律ニ服從セルモノト爲スヲ正當ナリトセリ(假令配偶者ハ此法律ヲ知ラスト雖モ)其ノ理由ハ當事者カ反對ノ意思ヲ表示セサリシトノ單純ナル消極的事實ヨリスラ之ヲ理會シ得ヘシト云フニ在リ(5)配偶者間ノ默約ニ因ルトノ學說ト任意ニ服從スルモノトノ學說トヲ區別スルモ、實際ニ於テ其ノ效果ヲ異ニスルモノニ非ス、サビニー氏ノ婚姻中ニ於ケル住所ノ變更ハ夫婦財產制ニ毫モ影響スル所ナシト云フヲ見ルモ明ナリ、夫レ或國ニ於テ婚姻及其ノ財產上ニ及ホス效果ヲ規定スル法律ハ既ニ他國ニ於テ結婚生活ヲ爲シタル後、其ノ國ニ來住シタル人及此等ノ人カ其ノ國ニ來住後取得スヘキ財產ヲ目的トシテ規定シタルモノニ非ス、且若シ住所ヲ變更シタルニ因リ財產制ノ變動ヲ惹起スヘキコトヲ認容ストセハ、多數ノ難問ト煩雜トハ之ニ伴ヒ來リテ終期ナカラントス

(1) 或國ノ法律ハ、其ノ國內ニ於ケル不動產ニ關シテ外國法律ノ權力ヲ全ク排除シ、若クハ自國ノ法律ヲ絕對的ニ適用スルコトアリ、然レトモ是レ本文ニ論述スル問題ト關係ナシ

(2) バール氏ノ說ニ據レハ、婚姻擧行地ノ法律ヲ排斥スル點ニ付テノ諸學說ハ、今日ハ已ニ一致セリト云フ

(3) 婚姻ノ住所地、即チ配偶者ノ共同生活ノ本據ヲ證明スルハ常ニ容易ナリト云フヲ得ストモ、證明ノ容易ナラサルヲ以テ直チニ婚姻ノ住所地ナシト論決スルヲ得ス、此ノ場合ニ於テハ多數ノ事實問題ヲ惹起スルモノナリ

千八百七十三年八月十八日佛國大審院判例ニ曰ク、外國人カ如何ナル夫婦財產制度ニ從ヒテ結婚セシヤヲ判定スルニ當リ、證書及事實ハ其ノ外國人

ノ晩年ニ至レハ佛國ニ住シ佛法ニ服從スル意思アリシコトヲ示ス場合ト雖モ、事實裁判官ニ於テ結婚ノ際ニハ其ノ外國人カ自國ノ法律ニ服從スル意思アリシトノ認定ヲ不當ト爲スコトヲ得ス、何トナレハ如何ナル法律ニ從フノ意思アリシヤノ問題ハ結婚ノ際ニ於テ當事者カ有シタル意思ノミニ付テ審理スヘキモノナレハナリ云云

第一著婚姻住所地法主義ハ、各國多數ノ判例ニ由リテ從來認メラレタルモノニシテ、又普國普通法典(第三五〇條、第三五一條)索遜法典(第一四條)ノ明文ニ由リテ認メラルル、此ノ主義ハ獨逸ノ普通法ナリト云フヲ得ヘシ、タイヒマン氏イスラエル氏モ亦此ノ主義ヲ取レリ

此ノ主義ハ又動產ニ付テハ英米ニ於テ採用セラル

フィールド氏著「國際私法典草案」(第五七五條)ニ曰ク、婚姻ノ際配偶者ニ屬スル動產若クハ婚姻後配偶者ノ取得シタル動產ニ關スル配偶者ノ所有權ハ、相續權ニ關スル場合ヲ除キ其ノ婚姻ノ爲メニ生スヘキ變更ニ關シテハ婚姻住所地ノ法律ニ從フモノトスト、而シテ氏ハ第五百七十七條ニ婚姻住所ヲ

定義シテ曰ク、婚姻住所トハ夫ト妻トカ共ニ第一著ニ定ムル住所ヲ云フ、夫妻ノ之ヲ定メサルトキハ婚姻ノ際ニ於ケル夫ノ住所ヲ云フト

若シ配偶者婚姻ノ際若クハ婚姻後一定ノ住所ヲ有セサルトキハ夫ノ本國法ニ從フ(アルンツ、デイヒマン、イスラエル諸氏)

(4) デュムーラン、ローデンブルヒ、ヘルド、ジャン、ボエット、ポチエー及一般ニ近世ノ佛國法學者ハ皆然リ、アルンツ氏ハ熱心ニ默約説ヲ辯護セリ、此ノ默約説ハ那拿翁法典ヨリ觀察シタル佛國ノ法理トシテハ正當ノ見解ナリトス

(5) 任意服從主義ハ今日殆ト學者ノ顧ル者ナシ、各國ニ於テ最多數ヲ占ムル學説ハ、法定ノ財産制ニ於テハ單ニ法律ノ直接ノ效力ノミニ據リテ立論セリ、ダルジャントレー、プフヘンドルフ、ブールノア、オヂエー、トーエル、ストップ、フイオレー、バール、ロパート、フィリモア、ダイヒマン氏等ノ如シ

四九 伊太利學派。夫ノ本國法

伊太利學派モ亦配偶者各自ノ資産ヲ一體ト看做シ此ノ一體ヲ成シタル資産ノ各部分ハ唯一ノ規定ニ依リテ支配セラルヘキモノトセリ、然レトモ伊太利學派

ハ屬人法事項ニ關シテ伊國法カ採用スル主義ヲ確守シ、住所地法主義ヲ捨テテ本國法主義ヲ取レリ

此ノ派ノ法學者ハ、配偶者ノ財産ニ關スル法規ヲ以テ單純ニ財産ニノミ限リタル性質ヲ有スルモノニ非スト云フノ點ニ著目セリ、蓋シ此ノ種ノ規定ハ單純ニ財産上ノ利益ヲ保護スルヨリモ一層高等ナル公益的觀察ヨリ出テタルモノト爲シタルニ因ル、夫レ法律ハ婚姻ノ本分ヲ十分ニ盡サシムルコトヲ奬勵シ、法律ニ於テ定メタル配偶者ノ關係ヲ保護シ、家族ト子孫ノ利益ヲ保護セント欲ス、故ニ夫婦財産制ニ本國法ヲ適用スヘシト云フニ於テモ身分ニ本國法ヲ適用スルト同一ノ理由ヲ援用スルコトヲ得ヘキナリ

仍テ適用スヘキ法律ハ夫ノ本國法ナリトス、何トナレハ妻ハ婚姻ニ因リテ夫ノ國籍ヲ取得スレハナリ

以上ハ伊太利派ノ學説ニシテ、曩ニ余輩カ第八章ニ於テ論述シタル理由ニ因リ最モ信據スヘキモノナリト信ス(1)〔帝國法例第一五條參看〕

(1)　余輩ハ此ニ至リテ著者ト見解ヲ異ニセサルヲ得ス、抑モ夫婦財産制度

ニ本國法主義ヲ一般ニ適用ストノ說ハ、理論上實際上共ニ困難ニ遭遇スルヲ免レスシテ伊太利學派ノ學說ハ到底之ヲ採用シ難シ、加之實際ニ於テ身分上ノ關係ト財產制度トノ間ニ伊太利學派ノ主張スルカ如キ密接シタル關係アラサルニ似タリ、本問題ニ於テ原則トシテ立ツヘキ原理ハ婚姻住所地法主義ノミ

ローラン氏ハ本問ニ對スル各種ノ學說及其ノ沿革ヲ査覈シタル後、住所地法主義モ本國法主義モ共ニ之ヲ採用セスシテ唯配偶者ノ明示又ハ默示ノ意思ニ據ルヘシト云ヘリ

五〇 婚姻中ニ於ケル國籍若クハ住所ノ變更ノ結果

國籍ノ變更ハ夫婦財產制ニ如何ナル效果ヲ生スルカトノ問題ハ、學者間ニ於テ設問スルモノニシテ、又余輩カ曾テ第四十八號ニ於テ聊カ論及シタル住所ノ變更ノ效果ニ相匹似スルモノナリ

余輩ハ國籍ノ變更ニ拘ラス當初ヨリ配偶者ノ財產ヲ支配シタル法律カ同シク繼續シテ支配スルモノナリト信ス(1)

余輩ハ此ノ學説ノ有力ナルコトヲ認ム、蓋シ當事者ニ暗默ノ合意アリトノ默約説ノ觀念ヲ離ルルニモセヨ、單ニ財産制ノ屢〻變更スルコトハ實際上ノ困難ヲ惹起スヘシトノ理由アルノミナラス尙法理上婚姻ノ結了シタル以後ノ日ニ於テ本國法ト爲ルヘキ法律ヲシテ既往ニ遡ラシムヘキ理由ナキニ因ル、然ルニ若シ後日ニ於テ本國法ト爲ルヘキ法律ヲシテ當事者カ未タ其ノ支配ヲ受ケサリシ際ニ爲シタル行爲ノ法律上ノ效力ヲ變更スルコトヲ得セシメハ、是レ後日ニ本國法ト爲リタル法律ニ遡及力ヲ認ムルニ非スシテ何ソヤ

此ノ原則ハ又國籍變更後ニ取得シタル財産ニモ適用スヘキモノトス、何トナレハ配偶者ノ一方カ他ノ一方ノ財産上ニ有スル權利ハ其ノ財産ヲ取得スル行爲ヲ俟チテ始メテ發生スルニ非ス、婚姻自體ヨリ既ニ發生シテ存立スルモノナレハナリ

玆ニ附言スヘキハ夫ノ歸化カ妻ニ及ハサル場合ニ於テハ、妻ハ婚姻ノ際夫ノ屬シタル國ノ法律ニ服從スルモノナルコト是ナリ

以上余輩ノ説ク所ハ、各國多數ノ成文法ニ於テ認容シタル原則、即チ婚姻後ハ夫

婦財産制ニ變更ヲ及ホスコトヲ得スト云フニ一致セリ(2)若シ結婚當初ノ法律ヲシテ拘束力ヲ有スルモノトシテ存續セシメサレハ、何人ニテモ其國籍ヲ變更セハ此ノ原則ヲシテ有名無實タラシムルコト容易ナルニ至ルノ虞アリトス

(1) サビニー、フェリクス、ウイヒテル、シェフヲル諸氏及近世ニ於ケル學者ノ大半バール、ロース、ストッブ諸氏、並ニ舊時ノ學者ノ多數、ヘルト、ブフヘンドルフ兩ボエット等皆此ノ說ニ屬ス

佛國大審院判例千八百五十四年一月三十日、千八百七十三年八月十八日、及獨逸各法院判例モ亦之ニ據ル、索遜法典第十四條、普國普通法典第三百五十一條、第三百五十二條等亦同シ

國籍ノ變更ト共ニ適用スヘキ法律モ亦變更ストノ主義ハ、メウィウス、ボエメル、アイヒホルン、ブフターー諸氏之ヲ主張シ、瑞西ニ行ハレ、又北米ニモ行ハルホワートン、ストーリー諸氏ノ所說ノ如シ、フィルド氏國際私法典草案第五百七十五條ニ曰ク、住所ヲ變更シタル場合ニ於テハ、此等ノ權利(配偶者ノ動產

上ニ有スル所有權)カ凡テ其ノ後ニ取得シタルモノニ關シテハ新住所地ノ法律ニ從フト、同第五百七十六條ニ曰ク、結婚者婚姻住所ヲ變更シタルトキハ、其ノ後配偶者カ相互ノ動產ノ上ニ相互ニ取得スヘキ權利及婚姻ニ因リテ發生シ婚姻ノ繼續ニ因リテ存續スル諸權利ハ、配偶者ノ契約ヲ支配スヘキ法律若クハ配偶者ノ新住所地ノ法律ノ規定ニ從フト

ウエストレーキ氏ハ住所地變更ノ效果ニ關スル英國ノ判例ナシト爲シ自說トシテハ婚姻當初ノ法律ハ繼續スルモノナリトノ說ニ贊同セリ

エスペルソン氏ノ說ニ依レハ、國籍ノ變更ハ氏ノ所謂自然法的資格ナルモノ、即チ其ノ人ノ既婚者ナルヤ否ヤ、嫡出子ナルヤ否ノ如キ問題ニ效果ヲ及ホサス、然レトモ、氏ノ所謂民法的資格、即チ成年、未成年、妻ノ權利等ノ如キモノニ影響スルモノナリト云ヘリ、氏ハ父權夫權ノ範圍及此レカ結果タル妻ノ身分上ノ能力ノ制度ハ夫ノ現在ノ本國法ニ據リテ定マルヘキモノト思考セリ、然レトモ氏ハ財產權ノ題目ニ關シテハ發言スル所ナシ

(2)　佛國法典第千三百九十四條、第千三百九十五條、第千三百九十九條

〔帝國法例第一五條、民法第七九六條第一項參看〕

第二節　配偶者ノ財產契約ヲ支配スヘキハ孰レノ法律ナルカ

五一　參照。伊太利派ノ學說。婚姻契約ハ其ノ實質ニ關シテハ夫ノ本國法ニ從フモノトス

夫婦財產契約ニ關シテハ、法律ハ或ハ結約者ノ能力ノ點ニ付キ、或ハ契約中ニ包含セラレタル條項ノ點ニ付キ、或ハ契約ノ締結セラルヘキ時期ノ點ニ付キテ規定ヲ爲スモノ多シ(1)

結約者ノ能力ニハ余輩カ第八章ニ述ヘタル趣旨ヲ適用スヘキモノナルカ故ニ妻ノ能力ハ其ノ固有ノ本國法ニ依リテ定ムヘキモノトス、何トナレハ妻カ夫ノ國籍ヲ取得スルハ婚姻ニ因リテ始メテ取得スルモノナレハナリ(2)

夫婦財產契約ノ實質ニ關シテハ、特別ノ約款ナキトキハ其ノ契約ノ條款ハ配偶者ノ財產ヲ支配スル法律ニ從ヒテ支配セラルルモノトス、而シテ實ニ多數ノ場

合ニ於テハ婚姻契約ノ問題ニ關シテハ結約者ノ自由ハ他ノ契約ノ場合ニ於ケルヨリモ一層減縮セラル、是レ立法者ハ家族ノ利益、子孫ノ幸福、夫權ノ行使ヲ監視スルノ必要アルニ基クモノナルカ爲メナリ、故ニ適用スヘキハ夫ノ本國法ナリトス(3)故ニ假令契約ノ當時ニ於テ妻ト爲ルヘキ者ハ他ノ國籍ニ屬スト雖モ、夫ノ本國法ヲ適用スルニ於テ毫モ困難ヲ生スルコトナシ、何トナレハ婚姻契約ハ婚姻成立スルニ非サレハ拘束力ヲ生セス、若シ婚姻成立セサレハ消滅ニ歸スルモノナレハナリ

(1)　佛國法典第千三百八十七條以下、第千三百九十八條、第千三百九十九條以下、及第千五百八十一條〔帝國民法第七九二條以下、第七九四條參看〕

(2)　第四十七號參照

(3)　第四十八號及第四十九號ニ於ケル註解參照

茲ニ明確ナラシムヘキハ、若シ普通ノ場合ニ於ケルカ如ク婚姻住所ト結婚ノ際ニ於ケル夫ノ住所ト一致スルトキハ毫モ困難ヲ生スルコトナシト雖

モ、若シ婚姻住所カ夫ノ住所ト異ナルトキ、若クハ婚姻後ニ於テ婚姻住所ヲ定メタルトキハ茲ニ區別ヲ設クルノ必要アリ、即チ新ナル住所ヲ設定セントスル意思アルコトノ婚姻契約ノ際ニ明白ナルトキハ、其ノ新住所地ノ法律ノ規定ニ從フ、若シ然ラサルトキハ夫ノ住所地ノ法律ニ依ルモノトス
夫婦財産契約ノ解釋ハ、合意ノ解釋ニ關スル一般ノ原則ニ從フ

五二 判例。學說

夫婦財産契約アル場合ト法定ノ財産制ニ依ル場合トヲ問ハス各國ノ多數ニ於テハ實際上今日尙獨逸法理ノ餘韻ノ下ニ動産ト不動産トニ對シテ相異ナリタル規定ヲ認ム、英米ノ判例ハ特ニ此ノ方向ニ在リテ存セリ
佛國ノ舊學說ハ佛國ノ舊判例ト同シク慣習法地方ニ於テハ所在地法ニ從フモノトシ、成文法地方ニ於テハ婚姻住所地法若クハ夫ノ住所地法ニ從フモノトセリ

第十五章 離婚及別居

五三　疑問。諸學說。離婚ハ法廷地ノ法律ニ適合スルニ非サレハ之ヲ宣告スルヲ得ス

婚姻カ婚離ニ因リテ解消スヘキヤ否ノ問題ハ孰レノ國法ニ依リテ之ヲ決スヘキヤ離婚ノ原因ヲ定ムルニハ孰レノ國法ニ依ルヘキヤ

若シ婚姻ハ普通ノ民事契約ノ一ナリトセハ、以上ノ問題ハ第四十八號及第四十九號ニ述ヘタル諸原則ニ依リテ之ヲ決スルコトヲ得ヘシ、配偶者間ノ關係ノ全體ヲ支配スル法律ハ亦自ラ婚姻ノ解消ヲ支配セサルヘカラス

以上ノ甚タ單純ナル學說ハ二三ノ學者ニ依リテ辯護セラレタリ、特ニロッコー氏ハ以上ノ主義ニ於テ離婚ヲ支配スヘキ法律ハ夫ノ住所地法ナリト爲シ、ピウテル氏ハ婚姻ヲ行ヒタル土地ノ法律ヲ適用スヘシト爲セリ

此ノ問題ニ於テ特ニ伊太利新學派ノ代表者タルフィオレー氏ハ、離婚ヲ以テ全ク身分ノ變更ト爲シ、其ノ結果トシテ配偶者ノ本國法ヲ適用スヘク、若シ配偶者婚姻後ニ於テ國籍ヲ變更シタルトキハ、離婚ヲ支配スヘキ法律ハ其ノ新本國法ナリ、若シ配偶者ノ一人ノミ國籍ヲ變更シタルトキハ、舊本國法ニ於テ其ノ離婚ヲ

支配スルモノナリト爲セリ

學說及判例ハ以上二主義ニ反對シテ離婚ハ其ノ訴訟ノ裁判セラルル土地ノ法律〔法廷地法〕ニ適合スル場合ニ非サレハ之ヲ爲スコトヲ得ス、法廷地法ハ婚姻ハ離婚ニ因リテ解消スヘキヤ、又如何ナル原因ニ因リテ解消スヘキヤヲ決スルモノナリト云フニ殆ト一致セリ

此ノ主義ハ一般ニ採用セラルル所ニシテ、又余輩ノ賛同スル所ナリ、蓋シ離婚ノ性質上ヨリ觀察スルトキハ、此ノ主義ヲ除キ他ノ學說ノ適用ヲ許ササルモノアルナリ

假令マサチュセッツノ高等法院ニ於ケルカ如ク、離婚ヲ以テ汚辱ヲ受ケタル配偶者ノ一方カ汚辱ヲ加ヘタル配偶者ノ一方ニ對シ社會ノ許容ヲ經テ與フル所ノ責罰ナリ（此說ハ誤解タルヲ免レス）ト爲スト雖モ、又假令離婚ヲ許否スル所ノ法律ハ命令法タル公法ノ一部ヲ爲スヘキ宗敎的政治的若クハ道義的ノ原則ノ表章ニシテ、判事ハ之ニ服從セサルヘカラサルモノナリト看做スト雖モ、孰レニシテモ配偶者ノ國籍ノ如何ヲ問ハス婚姻ヲ行ヒタル土地ノ如何ヲ論セス管轄ヲ有

スル法廷地法ヲ適用スルノ止ムヘカラサルヲ見ルヘシ、何トナレハ其ノ國法ニ於テ婚姻ヲ解消スルコトハ宗敎及善良ノ風俗ニ害アリト認ムル場合ニ於テハ判事ハ離婚ヲ宣告スルヲ得サルコトノ明瞭ナレハナリ

之ト同シク其ノ國法ニ於テ離婚ヲ認ムル國ノ判事ハ、婚姻ヲ行ヒタル土地又ハ第一著ノ婚姻住所地若クハ夫ノ本國ノ法律ニ於テハ離婚ナル制度ヲ認メストノ理由ニ因リ、若クハ右同一ノ土地ノ法律ニ於テハ當事者ノ援用シタル原因ニ對シテ、離婚ヲ許サストノ理由ニ因リ、離婚ノ請求ヲ棄却スルヲ得サルヘシ、蓋シ離婚ノ制度ヲ設ケタル國ノ立法者ハ、法定ノ原因ノ存在スル限リハ之カ解消ヲ請求スルコトヲ得ヘキ婚姻ヲ保續スルコトハ公安ニ害アリト思考シタルニ因ル、此ノ點ニ付キ立法者ハ單ニ配偶者ノ箇人的ナル利益ニ著目シタルノミナラス又其ノ一家ノ利益、公安及善良ノ風俗ニ著眼シテ規定シタルモノナリ(1)

尙茲ニ法廷地法ヲ適用スルコトノ正當ナル理由アリ、抑モ普通一般ノ訴訟ニ於ケル判事ノ職權ハ、判決ヲ以テ當事者間ニ新ナル身分又ハ新ナル權利ヲ創設セスシテ單ニ當事者現在ノ狀態ヲ認定シ、之ヲ宣告シテ强制ノ方法ニ依リ之ヲ遵

守セシムルニ過キスト雖モ、離婚ノ訴訟ニ於ケル判事ノ職權ハ之ニ異ナリ、判決ヲ以テ配偶者ノ婚姻ヲ解消シテ其ノ法律的地位ヲ變更シ、配偶者ヲシテ獨身ナリシ舊時ノ身分ニ復歸セシムルニ在リ、故ニ單ニ當事者間ニ成立セル權利ナルモノヲ宣告スルニ過キサル問題ニ對シテハ、判事ハ其ノ係爭關係ヲ支配スル法律ノミヲ適用スルヲ以テ足レリトスト雖モ、離婚ノ訴訟ニ於テ判事カ公權ノ機關トシテ新ニ身分ヲ創設シ新ニ權利ヲ授與スル所ノ職務ヲ行フ場合ニ於テハ判事ハ自己カ代表スル國家ノ法律以外ニ準據スヘキモノアルヘカラス、此ノ點ニ關シテハ離婚ヲ宣告スル判決ハ、非訟事件ニ關スル裁判權上ノ或行爲ニ類似セリ

以上述ヘタル法廷地法主義ハ其ノ理由ニ於テ各異ナレリト雖モ、佛獨英米ノ諸國ニ於テ認容シ、又學說ノ大半ニ於テモ認容スル所ナリ(2)

然レトモ以上ノ學說ハ屬人法ノ根本的原則ニ背反スルカ如ク想見セラルルヲ免レス(第一八號參照)即チ凡テ離婚ニ付キ管轄ヲ有スル判事ノ國法ト其ノ配偶者ノ身分ヲ支配スル國法ト異ナル場合ニ於テ然リトス、何トナレハ婚姻又ハ獨

身ノ如キ身分ハ屬人法ノ一部タレハナリ

然レトモ此ノ背反タルヤ、其ノ實際ニ於テハ外觀程ニ著シキモノニ非サルヘシ何トナレハ各國ノ大部分ニ於テ認容セラレタル原則トシテ凡テ身分ニ關スル訴訟ニ於テハ其ノ國法カ其身分ノ準據法タルヘキ國ノ判事ノミヲシテ管轄權アラシムルニ在レハナリ、余輩ハ後ニ訴訟法ヲ論スルニ際シ尙之ニ論及セント欲ス(3)唯茲ニ一言スヘキハ、婚姻住所地(4)ノ判事ハ其ノ國法ヲ適用スルニ當リ當事者ノ屬人法ヲ參酌セサルヘカラサルコト是ナリトス、而シテ若シ配偶者カ互ニ異ナリタル國籍ニ屬シ、又ハ互ニ異ナリタル住所ヲ有スルトキハ、離婚ニ付テノ管轄判事ハ最後ノ共同國籍地若クハ最後ノ共同住所地ノ判事ナリトス(5)

(1)　茲ニ注意スヘキハ、伊太利法典ハ離婚ヲ認メス、英國ニ於テハ實際上千八百五十八年ヨリ、佛國ニ於テハ千八百十六年ヨリ離婚ヲ認メタルコト是ナリ

外國人ハ、伊太利ニ於テハ離婚スルコトヲ得ス(ロモナコ氏フィオレー氏)

若シ余輩ノ離婚ニ對スル見解ヲ正當ナリトセハ、離婚ナルモノハ判事ノ職

權上若クハ檢事ノ請求ニ基キテ之ヲ宣告セサルヘカラサルノ結果ヲ生スルニ至ラントノ非難アルヘシ、然レトモ此ノ非難ハ其ノ當ヲ得ス、何トナレハ汚辱ヲ被リタル配偶者ノ一方ニ於テ默止セル間ハ、尙婚姻關係ノ改善ニ赴クノ希望アリテ、數多ノ場合ニ於テハ職權上離婚ヲ宣告スルコトハ毫モ公安ニ利益ナケレハナリ

ローラン氏ハ米國及蘇格蘭ノ判例ニ關シテ曰ク、蘇格蘭及米國ノ判事ハ、配偶者ノ本國法ニ於テハ離婚スルコトヲ得サル場合ニ離婚ヲ宣告セリト

瑞西ニ於ケル外國人間ノ離婚ニ關シテハ、同國千八百七十四年十二月二十四日發布「身分及婚姻ニ關スル聯邦法律」ノ第五十六條ニ於テハ、當事者カ共ニ外國人ナルトキハ其住所地ノ管轄判事ハ、其ノ配偶者カ自己ノ本國ニ於テモ離婚ノ判決ヲ有效ト認メラルヘキコトヲ證明シタル場合ニ限リ、其ノ配偶者間ニ離婚ヲ宣告スルコトヲ許セリ

(2) ウエヒテル、シャフテル、サビニー、ベールノ如シ此ノ問題ハ、白耳義國ブリュクセル控訴院ニ於テ起リタルコトアリ、同控訴院

ハ千八百八十一年五月十四日ノ判決ニ於テ之ヲ正當ニ裁斷セリ、然レトモ茲ニ注意スヘキハ、訴訟當事者タル外國人ノ屬人法自體ニ依據スルモ同一ニ裁斷シ得ヘカリシコト是ナリ、何トナレハ英國人タル配偶者間ノ離婚訴訟ナリシカ故ナリ、而シテ此ノ判決ハ之カ諮問ヲ受ケタルアルンツ氏ノ答案ノ論結ニ適合シ、アルンツ氏ハ亦自ラ其ノ論文ノ根據トシテウエストレーキ氏ノ説ヲ援用シタリ、同國大審院ハ千八百八十二年三月九日ノ判決ニ於テブリユクセル控訴院ノ判決ヲ確認セリ、然レトモ此ノ判決ノ理由ハ非難ヲ招キタリ、何トナレハ此ノ判決ニ於テハ屬人法ヲ以テ身分及能力ニ關スル事項ニ關スル絶對的原則ト爲シ、離婚及離婚ノ原因ニ完全ニ適用スヘキモノト爲シタルヲ以テナリ

英米法ニ於テハウエストレーキ氏曰ク、離婚ヲ宣告シ得ヘク又宣告セサルヘカラサル原因ヲ決定スルモノハ常ニ法廷地法ナリトノ原則ハ、現時英國ニ於テ離婚ヲ宣告スル場合ニ關シテモ將タ外國ニ於テ宣告セラレタル離婚ノ效力ヲ認定スルコトニ關シテモ共ニ認メラレタリ、但舊時ニ於テハ後

ノ點ニ付キ異論アリタリ千八百十二年ニ於ケルロレー（Lolley）事件ニ付テハ、判事ハ如何ナル外國ノ判決若クハ法令ト雖モ英國ニ於テ婚姻的法鎖ヲ解消スヘカラサル場合ニ對シテ、英國人ノ婚姻ヲ解消スルコトヲ得ストノ意見ニ一致セリ

(3) 第十九章〔第七一號〕參照

獨逸民事訴訟法第五百六十八條ニ曰ク、婚姻ノ解消、無效及取消ヲ目的トシ若クハ婚姻的生活ニ復歸センコトヲ目的トスル訴訟(婚姻事件)ハ、夫カ普通裁判籍ヲ有スル地方裁判所ノ裁判權ニ專屬ス、夫カ外國ニノミ住所ヲ有スル場合ニ於テ、自己ヲ委棄シタル夫ニ對スル妻ノ訴ハ、獨逸帝國ニ於ケル夫ノ最後ノ住所ノ地方裁判所ニ之ヲ爲スコトヲ得、但被告カ妻ヲ委棄スルトキ獨逸國ノ國籍ニ屬シタル場合ニ限ルト

(4) 英國判例(一八七八年十一月十八日)ナイボエット對ナイボエット(Niboyet V. Niboyet)ニ曰ク、住所ニ非サル單純ナル居所ト雖モ、離婚事項ニ於ケル裁判權ノ基礎タルニ充分ナリト

(5)　白耳義ニ歸化シタル佛人若クハ伊太利人カ白耳義ニ於テ離婚ヲ請求スルニ當リ、其妻ハ依然佛人若クハ伊人ニシテ離婚スルコトヲ得サル場合ニ於テハ離婚スル能ハス、是レメルレン、ホアートン及フィオレー諸氏ノ説ナリ、ローラン氏ハ反對説ヲ爲セリ

白耳義ノ大審院ハ千八百六十六年及千八百六十七年ニ於テ、佛人ニシテ白耳義ニ歸化シタル夫ハ白耳義ニ於テ離婚ヲ請求スルコトヲ得ト決定セリ』外國人タル妻ハ瑞西ニ於テ其ノ夫ノ歸化シタルニ由リ瑞西ノ國籍ヲ取得セリ、而シテ其ノ出生地法ニ依レハ其ノ國籍ニ變更ヲ生スルコトナキモノタリ、然レトモ此ノ場合ニ於テハ妻ハ離婚ニ關スル瑞西法ノ適用ヲ求ムルコトヲ得ヘシ(一八八二年十二月九日ジュネーブ民事裁判所)

〔帝國法例第一六條參看〕

五四　離婚ノ效力

離婚シタル配偶者ハ無配偶者ト看做サル、離婚ナルモノヲ認メサル國ニ到ルモ亦同シ(1)是レ屬人法ハ其ノ人ノ到ル所ニ追隨ストノ原則ノ結果ナリ、管轄權ヲ

有スル外國官廳ノ權力ニ依リ配偶者ノ身分上ニ變更ヲ來シタルトキハ假令道義上又ハ宗教上ノ理由ニ因リ婚姻ハ解消スヘカラサルモノト定メタル國ニ於テモ其變更ヲ認メサルヘカラス然レトモ余輩カ曩ニ管轄ニ付テ一言シタルカ如ク外國人ニ對シテノミ此ノ變更ヲ認ムヘキモノトス(2)

(1) 佛國大審院判例(一八六〇年二月二十八日)ニ曰ク、外國人ノ最初ノ婚姻カ離婚若クハ其他ノ原因ニ因リ、其ノ自國ニ於テ適法ニ解消シタルモノナルトキハ、其ノ外國人ハ確定的ニ自由ノ身分ヲ取得シ、到ル所ニ此ノ自由ヲ伴フモノトスト此ノ判例アルマテハ佛國判例ハ離婚シタル外國人カ佛國ニ於テ婚姻スルコトニ反對スル旨ヲ宣告セリ

エスペルソン氏ハ、離婚シタル外國人ハ伊太利ニ於テ婚姻スルコトヲ得ストシ、フィオレー氏ハ之ニ反對セリ

(2) 米國ニ於テ宣告セラレタル佛人ノ離婚ハ佛國ニ於テハ無效トス、故ニ佛國ニ於テ再ヒ婚姻スルコトヲ得ス、若シ又外國ニ於テ再婚スルモ其ノ婚姻ハ無效ナリ

五五　別居

配偶者間ノ關係ヲ斷絕セシメサル別居ナルモノハ、婚姻ノ法律、即チ配偶者ノ本國法ニ依リテ支配セラレ、而シテ一般ニ夫ノ本國法ナリトス(第一八號及第四七號)(帝國法例第一四號參看)即チ別居ノ宣告ニ要スル條件及別居ノ身分上ニ於ケル效果ハ共ニ夫ノ本國法ニ從フモノトス(1)然レトモ財產權上ノ效果ニ關シテハ配偶者間ノ財產ヲ支配スル法律ニ從フモノトス(第四八號、第四九號、第五二號)然レトモ別居ノ訴訟ヲ起シ又別居ノ宣告ヲ爲ス土地ノ法律ハ、曩ニ離婚ニ關シ第五十三號ニ述ヘタル理由ニ基キテ必ス之ニ準據セサルヘカラス(2)

(1)　ウエストレーキ氏曰ク、別居ノ事項及同居(婚姻權ノ回復)ニ强制スル事項ニ於ケル英國ノ管轄權ハ、離婚事項ニ於ケル管轄權ト同一ノ條件ニ從フヘキコトニ付テハ異說ナキ所ナリト

(2)　ブロシエル氏ハ、シュリュグ對シュリュグ(Surrugue C. Surrugue.)事件ノ判決ニ關シ意見ヲ附シテ曰ク、余輩ハ裁判所ト共ニ此ノ事項ニ關スル眞正ノ原則ハ當事者ヲ其ノ本國ノ裁判所ニ移送スルニ在リト信ス、余輩ハ千八百七十

四年十二月二十四日ノ瑞西聯邦法律第五十六條カ此ノ原則ニ遠カリタルコトヲ憾ム、眞正ナル保障ヲ與ヘ得ヘキハジュ子ーブニ於テ久シク認容セラレタル此ノ如キ原則ニノミ在リテ存ス、又離婚若クハ婚姻ノ無效カ眞正ナル管轄國ニ於テ其ノ結果ヲ支配セラルルコトヲ得ヘキコトノ確實ナルハ此ノ原則ノ如キ方法ニノミ在リテ存ス

第十六章　親子

五六　嫡出子。親權

子ノ出生ノ際ニ於テ婚姻ヲ支配スル法律ハ、子ノ嫡出ト之ヲ否認スル權利トヲ定ム(1)而シテ懷胎シタル子ハ其ノ利益ニ關シテハ出生シタルモノト看做ストノ原則ヲ採用スル國ニ於テハ、懷胎ノ時ヲ以テ出生ノ時ト解スルヲ正當ナリトス

若シ夫ノミ國籍ヲ變更シタル結果トシテ出生ノ際配偶者ニ共通ナル本國法ヲ缺クトキハ、婚姻及親族ノ主長タル夫ノ本國法ヲ適用ス

親族ニ關シテハ財産ノ權利モ身分上ノ權利モ共ニ一般ノ原則トシテ父タル者ノ本國法ニ依リテ支配セラル、國籍變更ノ場合ニ於テハ其ノ新本國法ニ從フ(2)

〔帝國法例第二〇條參看〕

(1)　親子ノ分限ニ關スル法律上ノ推定(例ヘハ佛國民法第三一二條以下ノ推定ノ如キ)ハ、子カ到ル所ニ援用スルコトヲ得ヘキ眞正ノ權利ヲ設定シタルモノトス、何トナレハ此ノ權利ハ子タル者ノ屬人法ノ一部タレハナリ、但此ノ權利ヲ制限スル公德上ノ理由アル場合ハ之ヲ除ク

(2)　然レトモ親權バ其ノ居所ノ土地ニ於テ不道德ト認メラレ、若クハ不法ト認メラルル效果ヲ有スルコトヲ得ス、例ヘハ或種ノ懲戒權ノ如シ〔帝國法例第三〇條參看〕

佛國大審院ノ判決(一八七七年三月十四日ペンシモール對コーエン)ニ曰ク未成年者ノ財産ニ付キテ法定ノ收益權ヲ其ノ父母ニ許容スル法律ハ屬人法ニ屬スルモノトスト

五七　嫡出子ノ承認

爾後ノ婚姻ニ依リテ嫡出子ヲ承認スルコトニ付テハ、婚姻擧行ノ際ニ於ケル父ノ本國法ヲ適用ス、而シテ之カ爲メニ子ノ出生ノ時期ヲ問フノ必要ナシ(1)

(1) 嫡出子ノ承認ハ、國家ノ主長ノ特許ニ依ル規定ヲ設クル國ニ於テモ亦父ノ本國法ヲ適用スヘキモノトス、若シ子ハ父ト異ナリタル國籍ヲ有スル場合ニ於テハ子ノ本國法ニ從ヒテ嫡出子ト爲スコトヲ得ヘシ、外國ノ主長ヨリ特許シテ佛國人ヲ嫡出子ト爲ス能ハス、外國人カ其ノ本國法ニ從ヒテ其ノ主權者ヨリ嫡出子タルコトヲ許可セラレタルトキハ、何レノ國ニ到ルモ嫡出子タリトス、但公德ノ觀察上之ヲ許サヽル場合、例ヘハ佛國ニ於テハ姦通ノ子亂倫ノ子ハ嫡出子ト爲スコトヲ得サルカ如キ場合ハ此ノ限ニ在ラサルナリ〔帝國法例第一七條參看〕

五八　自治產。養子。私生子ノ認知

私生子ノ認知ハ、其ノ成立及有效ニ關スル條件ニ關シテハ其ノ認知ヲ爲ス父若クハ母ノ本國法ニ依リテ支配セラル、其ノ認知ノ方式ニ關シテハ「土地ハ行爲ヲ支配ス」トノ原則ニ從フモノトス〔帝國法例第一八條參看〕

自治產及養子緣組ニ付テモ亦然リ

養子緣組ニ付テハ養子ト養親トハ共ニ能力アルコトヲ要ス、加之養子緣組ヲ行フ國ノ法律ニ於テ養子緣組ニ付テ爲スコトヲ得ヘキ方式又ハ爲スコトヲ要スル方式ヲ認ムルコトヲ要ス〔帝國法例第一九條參看〕

第十七章 未成年者及禁治產者ノ後見

五九 未成年者ノ後見。千八百六十年ノ佛國瑞西間ノ條約

或人カ未成年ナルヤ、將タ成年ナルヤハ其ノ屬人法ニ依リテ之ヲ決ス（第一八號未成年ノ效力ニ關スル問題モ亦然リ(1)

後見ノ設定、組織及期間、後見人ノ權限及管理、計算ノ報告ニ關スル事項ヲ支配スルモノモ亦未成年者ノ本國法ナリトス(2)

一般ノ原則トシテハ後見人ハ外國ニ於テモ財產所在國ノ判事ノ許可ヲ要セスシテ法律行爲ヲ爲スコトヲ得ヘシ

若シ未成年者ノ本國タル外國ニ於テ後見制度ナキトキハ、未成年者ノ住所地若クハ居所地ノ官廳ハ自國法律ニ依リテ少クトモ之ヲ保護スヘキ假ノ手續ヲ爲スコトヲ要ス

(1) 未成年者ノ屬人法ニ依ルトノ原則ハ各國ノ國際條約ノ採用スル所ナリ、千八百六十二年三月十八日ノ佛國西班牙條約及千八百六十九年六月十五日佛國瑞西條約ノ如シ

佛瑞條約第十條及第十一條ニ曰ク

第十條　瑞西ニ於ケル佛國人ノ未成年者及禁治産者ノ後見ハ佛國法律ニ依リ支配セラルヘク、又相互的ニ佛國ニ於ケル瑞西人ノ未成年者及禁治産者ハ其ノ出生地タル州《カントン》ノ法律ニ依リ支配セラルヘシ、仍テ後見ノ設定及未成年者、禁治産者ノ財産ノ管理ヨリ起ルヘキ訴訟ハ其ノ出生國ノ管轄官廳ノ權限ニ屬スヘキモノトス、然レトモ不動産ヲ支配スル法律及居住地ノ判事ノ命スル保全處分ヲ妨ケス

第十一條　前各條ニ依リ管轄ヲ有セサル訴訟ノ提起ヲ受ケタル佛國若ク

ハ瑞西裁判所ハ、假令被告ノ闕席シタル場合ト雖モ職權ヲ以テ當事者ヲ管轄判事ニ移送スルコトヲ要ス

(2) 幼者ノ法定抵當權カ後見人ノ外國ニ所有スル財產上ニ成立セシカ爲メニハ該抵當權カ後見人ノ國法ニ依リテ認メラルルコトヲ要スルノミナラス又財產ノ所在地法ニ依リテ認メラレサルヘカラス

外國人ハ內國人ノ後見人若クハ親族會員タルコトヲ得ルカトノ問題ニ付テハ議論アリト雖モ、積極的ニ決スヘキモノナリ、但幼者ノ利益ハ常ニ打勝ツヘシトノ制限ニ從フヲ要ス、巴里控訴院(一八七九年八月二十一日)曰ク、民法ハ少クトモ法定ノ後見人ニ關シテハ、佛國人タル資格ナキヲ以テ之ヲ無效ナリトスルモノニ非ス云云佛國大審院(一八七五年二月十六日)曰ク、我カ國法ニ於テハ、後見人若クハ後見監督人ノ職務ヨリ外國人タル父母若クハ其ノ他ノ尊屬親ヲ除斥シタル規定ハ毫モ存スルコトナシ云云、ドモロンブ氏ハ外國人ハ指定又ハ選定ノ後見人タルコトヲ得ストシ、アルンツ氏ハ外國人ヲ後見人ニ指定又ハ選定スルコトヲ得ヘシトセリ

〔帝國例條第二三條、民法第九〇一條乃至第九〇九條及日獨領事職務條約第一三條參看〕

六〇 禁治產者ノ後見。保佐

心神喪失ノ爲メニ宣告セラレタル成年者ノ禁治產、之ニ關スル後見人ノ選定及權限、裁判上ノ保佐人ノ權限ハ亦禁治產者若クハ準禁治產者ノ屬人法ニ依リテ支配セラルルモノトス(1)

(1) 第五十九號ノ註參看、ニーム控訴院曰ク、本國ノ判事ニ留保シタル職權ヨリ裁判上ノ保佐ノ設定(準禁治產者保護ノ處分)ニ關スル訴訟ヲ除外スルコトハ千八百六十九年六月十五日佛瑞條約ノ精神ニ非ス、夫レ裁判上ノ保佐ナルモノハ禁治產者後見ノ從屬物ニシテ且後見ヲ輕減シタルモノナリ後見ニ關スル請求モ保佐ニ關スル請求モ共ニ同一ナル方法ニ依リテ審理セラレ、此等ノ處分ヲ命スル決定ハ共ニ同一ナル公示ノ條件ニ從フモノナリ、千八百六十九年ノ佛瑞條約第十條ハ、佛國裁判所カ外國人ノ身分ヲ變更シ能力ヲ制限スルノ權限ナキコト尚外國裁判所カ外國ニ居住スル佛國人ノ身分ヲ變更シ能力ヲ制限スルノ權限ナキカ如シトノ原則ノ適用ニ過キス、此ノ理由ニ因リ條約第十條ノ解釋ハ補縮的ナランヨリハ寧ロ補充的ナラサルヘカラス、然ラスンハ何故ニ國家ハ禁治產者及未成年者ノ後見設定ニ關スル訴訟審理ノ權限ノミヲ留保シテ準禁治產者ニ必要ナル保護ノ處分ヲ閑却スルカ其ノ理由ナキニ非スヤ、要スルニ孰レノ場合モ共ニ人ノ能力ノ問題ニ屬スルモノナリトス〔帝國法例第二三條第二四條參看〕

第六部 相續法(1)

第十八章 相續法

六一 相續ニ關スル三主義

死亡ニ原因スル相續ヲ支配スルハ孰レノ法律ナルカ、此ノ問題ハ學者カ相續法自體ノ性質ニ付テ有スル觀念ノ異ナルニ隨ヒテ又其ノ決定ヲ異ニセリ

羅馬法及近世ノ法律ノ多數ニ於テハ、相續ヲ以テ死者ノ經濟的人格ノ繼續ヲ形ツクルモノナリトセリ、故ニ相續ニ適用スヘキハ死者ノ法律ニシテ其ノ相續物

ノ成分タル財產ノ所在地如何ヲ問ハサルモノトス(2)然レトモ死者ノ法律トハ何ヲ稱スルカ、余輩ハ茲ニ又曾テ屢〻遭遇シタル論難ニ再會セリ、舊派ノ學者及サビニー氏ハ之ヲ以テ死者ノ住所地法ナリトシ、伊太利學派ニ屬スル學者ノ大半ハ之ヲ死者ノ本國法ナリトセリ(3)

墺國法ハ死者ノ墺國人ナルトキハ本國法ヲ適用スヘシト爲シ(墺國民法第三〇〇條)バードノ法典ハバードノ國內ニ於テ外國人ノ死去シタルトキハ其ノ本國法ヲ適用スヘシトセリ(帝國法例第二五條、日獨領事職務條約第一四條九號、日白同條約第一四條參看)

前述ノ死者ノ包括權利ヲ相續ストノ羅馬主義ニ對立スル主義トシテ相續ハ單ニ死者ノ財產ヲ相續人ニ移轉スルノミニシテ、相續人ハ死者ノ債務ヲ引受ケサルモノト爲スノ說アルコトヲ假想スルヲ得ヘシ、此ノ主義ニ於テハ相續人ハ所有者、債權者及債務者トシテ死者ノ人格ヲ繼續スルモノニ非ス、單ニ死者ノ遺留シタル物件ノ上ニ權利ノミヲ取得スト云フニ歸著スルナリ、余輩ハ此ノ主義ノ現時開明諸國ノ法律ニ於テ採用セラルルヲ聞カス、唯社會程度ノ極メテ卑下ナル國ニ於テハ此ノ主義ニ屬スル法律ノ存在スルコトヲ得ンカト想像スルニ過キス、然レトモ相續財産ヲ組成スル各部分ハ物ノ所在地法ニ從フモノト爲ス所ノ學說ヲ說明セントセハ、勢ヒ此ノ學說ヲ以テ以上ノ主義ニ從フモノト爲ササルヘカラス

此ノ兩極端ノ主義ノ中間ニ於テ一ノ折衷說アリ、此ノ說ニ從ヘハ死者ノ法律ノ適用ハ動産ニノミ限ラレ、不動産ハ其ノ所在地ノ法律ニ從ヒテ移轉スヘキモノナリト云フニ在リ(4)

墺國法典ハ外國人ノ相續ニ關スル此ノ學說ヲ明文ヲ以テ規定セリ、佛國法律モ亦然リ(5)

和蘭法典ハ不動産ニ關スル原則ヲ最モ概括的ナル明文ヲ以テ記載セリ、而シテ外國人ノ相續ニ關シ特別ノ條項ナキヲ以テ和蘭ニ存在スル不動産ニ關シテハ外國人ノ相續ハ和蘭國法ニ依リ支配セラルヘキモノト論結スルヲ要ス

以上ハ折衷說ノ原則ナリ、相續セラルヘキ不動産ノ各國ニ分タレテ存スル場合ニ於テ此ノ原則ヲ適用スルトキハ、其ノ不動産所在ノ國若クハ地方ノ法律ノ數

ト同シク相續物ヲ分割セサルヘカラサルニ至ルヘシ
此ノ主義ハ即チ各國ノ多數ニ於テ行ハルルモノナリ(6)

(1)　相續能力ノ有無ハ相續人ノ屬人法ニ依リテ支配セラル、但公ノ秩序ニ關スル場合ヲ除ク、即チ例ヘハ本國ニ於テ準死ト爲リタル受刑者ノ如キハ、佛國及英國ニ於テハ相續スルコトヲ得ヘシ、貧居ノ誓願ヲ爲シタル宗教者ノ相續能力ニ關スルコトハ屬人法ナリト佛國大審院ニ於テ宣告セリ(一八〇八年、一八一三年)英米ノ判例ハ此等ノ宗教者ヲ相續能力アリトセリ、相續《インチ》無資格《ニテー》ノ問題ハ屬人法ニ屬ス、茲ニ注意スヘキハ、英國ニ於テハ外國人ハ漸ク千八百七十年以來相續ニ由リ英國ニ於ケル不動產ヲ取得スルニ至レルコト是ナリ、又佛國ニ於テハ千八百十九年七月十四日ノ法律マテハ、外國人ハ佛國所在ノ財產ヲ相續及贈與若クハ遺言ニ由リテ取得スルコトニ付キ無能力者タリシカ、此ノ法律ハ佛國民法第七百二十六條同第九百十二條ヲ廢止セリ(第七百二十六條　外國人ハ民法第十一條ノ明文ニ依リ其ノ本國ニ於テ佛國人カ自己ノ親族ノ有スル財產ニ付テ相續スルト同一ノ場合及同一ノ方法ニ依ルニ非サレハ其ノ親族タル外國人若クハ佛國人ノ佛蘭西王國內ニ有スル財産ヲ相續スルコトヲ許サス。第九百十二條　何人モ外國人ノ爲メニハ其ノ外國人カ佛國人ノ爲メニ遺贈若クハ贈與ニ依リテ處分スルコトヲ得ヘキ場合ニ非サレハ遺贈若クハ贈與ニ依リテ處分スルコトヲ得ス」

(2)　此ノ學說ハ古代ニ於テ多數ノ註釋派學者ノ唱ヘタル所ナリトス

(3)　千八百七十四年ジュネーブニ開キタル國際法協會ニ於テ爲シタルマンチニー氏ノ報告ニ曰ク、包括資産ノ相續ニ於テハ、相續人ニ關スル事項、處分シ得ヘキ部分、遺留分及遺贈ノ內部的有效條件ヲ決定スヘキハ本國法ナリトスト

(4)　バール氏ノ說ニ依レハ、此ノ學說ハ死者ノ債務カ當然附著スヘキハ單ニ其ノ動産ノミニ止マリ、其ノ不動産ニ債務ヲ附著セシメントセハ明示ノ契約アルコトヲ要スト爲ス所ノ古代日耳曼ノ原則ニ基クト云ヘリ、余輩ハ此ノ原則カ古代法律家、特ニ日耳曼法律家ノ意見ニ勢力ヲ及ホシタルコト

ヲ認ム、然レトモ尚今日ニ於テモ數多ノ國ノ判例ニ於テ、相續事項ニ付テハ動產ト不動產トヲ區別スル所以ハ、寧ロ不動產ハ其ノ所在地法ニ從フトノ大原則ノ結果ナリト信ス

例ヘハ千八百七十四年巴里控訴院判決ニ曰ク、民法第三條ノ明文ニ依レハ內國人若クハ外國人カ佛國ニ於テ有スル不動產ハ佛國法律ニ依リテ支配セラルルモノトス、政治上ノ理由ニ基キタル此ノ條項ハ國土ノ一部ヲ組成スル不動產ノ移轉ニ關シテハ如何ナル場合ヲ問ハス佛國法律ニ依ルノ外他ノ法律ニ依リテ支配セラルルコトヲ認容セサルモノナリ、故ニ如何ナル外交條約ト雖モ外國臣民ノ利益ノ爲メニ此ノ佛國法律ノ重要ナル條項ヲ變更スルコトナシトスト

(5) 佛國判例ハ、動產ノ相續ニ死者ノ屬人法ヲ適用スル傾向アリ、死者ノ屬人法トハ、佛國判例ニ於テハ住所地法ナリトス

(6) 此ノ主義ハ特ニ亦英米法ニ於テ全ク認容セラルル學說ニシテ、其ノ普《コン》通《モン》法《ロー》ニ於テ採用スル所ノ相續法ノ原則ニ適合シタルモノナリ、ウエストレ

ーキ氏曰ク、英國不動産ハ、無遺言相續ノ場合ニハ死者ノ本國法アルニ拘ラス英國法ニ從ヒテ移轉スト

六二　死者ノ本國法ノ下ニ於ケル相續財産ノ一體

此ノ如ク學者ノ多數ニ唱道セラルル所ノ折衷主義ニ對シテハ、余輩ハ之ニ尊敬ノ意ヲ表セサルヘカラス(1)然レトモ余輩ハ將來據ルヘキ法律（Lex ferenda）トシテハ、相續財産ハ一體ヲ成シテ其ノ全部及凡テノ點ニ關シテ死者ノ屬人法ニ從フヘキモノト主張セサルヲ得サルナリ

此ノ主義ノ理論上正當ナルコトハ既ニ學者ノ知ル所ナリ、加之此ノ主義ニ據レハ資産ノ箇箇ニ分裂スルニ因リ止ムヲ得スシテ生スル所ノ亂雜ト牴觸トヲ避クルコトヲ得ヘシ、蓋シ所在地毎ニ相續財産ノ細分セラルルトキハ屢〻決定シ難キ牴觸ヲ生スルモノニシテ、就中死者ノ遺シタル債務ノ點ニ付テ其ノ牴觸ノ特ニ著シキヲ覺フヘシ

死者ノ屬人法ノ下ニ相續財産ノ一體ヲ成サシメントノ主義ヲ取ルヘシトノ理由トシテ學者ハ何他ノ理論ヲ援用セリ、然レトモ余輩ハ此ノ理論ニ對シテ聊カ

危險ヲ感セサルヲ得ス、學者曰ク遺言ヲ爲サスシテ死亡シタル者ハ、其ノ財産ノ移轉ニ關シテハ自國ノ法律ニ從ヒテ支配セラレンコトヲ希望シタルモノナリ即チ死者ハ自國ノ法律ニ從フコトヲ望ミタリシナラント假定ス、故ニ死者ノ意思ヲ尊敬スルヲ要スト、此ノ理論ノ危險ヲ示ス所以ハ、若シ實際上死者ハ其ノ相續ニ付キ自國以外ノ法律ニ從フコトヲ望ミタル證明アルトキハ、以上ノ推測ハ消滅スヘシトノ論結ヲ生スルコトヲ得ヘキカ故ナリ、然ルトキハ國際間ノ相續問題ニ關シテハ確立シタル原則ナキニ至ルヘク、又一方ヨリ觀ルトキハ此原則ノ間接ノ結果トシテ遺言證書ナキ遺言ノ成立ヲ認メサルヘカラサルニ至ラン是レ明ニ首肯スヘカラサル説ナリ(2)

(1) 折衷説ノ學者ハ、フェリクス、ドマンジャー、シエフフチル、タルジヤントレー、ブールゴアンギュ、ローデンブルヒ、ベー、ボエット、ビンクルシヨエク、ユウベル、メブイエス、ヘルト、レーゼル、ラウテルパッフ、チボー、ロッコー、其ノ他英米ノ學者等ニシテ、慣習法時代ニ於ケル舊派學者ノ一般ニ認ムル學説ナリ、佛國法律家ノ大半ハ之ヲ以テ佛國民法ノ主義ナリトセリ、特ニオーブリー及ローノ如キハ曰ク、國土ハ國家ノ有形的基礎ヲ組織ス、故ニ國家ハ生存ノ不動產ノ運命ニ密接ノ關係ヲ有セリト、又ドマンジャー氏ハ、外國人ノ地位ヲ論スルニ當リテ曰ク、相讀法ノ全部ハ政治法タリト(第四一號參照)佛國判例モ亦此ノ方向ニ付テ一致セリ

(2)　況ヤ伊太利學派トシテ論スルモ、以上ノ理論ハ同學派カ死者ノ本國法ノ爲メニ援用スル所ノ主要ナル理由ト矛盾セリ、同學派ハ法定ノ相續ヲ以テ親族法ニ屬スルモノト看做シ、以テ其ノ相續ハ親族カ屬スル國ノ法律ニ依リテ支配セラルヘキコトヲ結論スルモノナリ、フィオレー氏曰ク、若シ相續ハ全ク家族的生活ト家族的權利トニ屬スルモノトセハ、相續ヲ規定スヘキ法律ハ其ノ家族カ其ノ支配ノ下ニ立チテ民事的生活ヲ爲シ來リタル法律ニ非スシテ何ソヤ、若シ西班牙ニ住スル伊太利人ノ親族ノ相續ヲ規定スルカ爲メニ西班牙法ヲ適用セントセハ是レ如何ナル理由ニ因ルカ、之ニ反シ伊太利人ノ家族ハ其ノ本國ヲ遺忘セスシテ其ノ慣習其ノ先例其ノ趣向其ノ生活ヲ保存スルコトノ推測アルニ非スヤ、仍テ余輩ハ其ノ財產ハ

如何ナル國ニ存在シ、又如何ナル性質ヲ有スルヲ問ハス相續ハ其ノ遺產カ問題ト爲リタル人ノ本國法ニ從ヒテ支配セラレサルヘカラスト論結スル者ナリト

六三　遺言ニ因ル相續

法定ノ相續ニ關シ、余輩カ以上ニ述ヘタル學說ニシテ謬ナシトセハ、此ノ學說ハ遺言ニ因ル相續ニ關シテモ亦正當ナリト云ハサルヘカラス、即チ遺言ニ因ル處分ハ其ノ實質其ノ內部的效力ニ付テハ法定ノ原則ノ一部若クハ全部ニ代ルヘキモノニシテ死者ノ法律ニ依リテ支配セラルルモノトス(1)〔帝國法例第二六條參看〕

遺言ノ方式ニ關シテハ「土地ハ行爲ヲ支配ス」トノ原則ヲ適用スヘシ、但法律ニ於テ例外ヲ規定スルトキハ此ノ限ニ在ラス(2)〔帝國法例第八條、第二六條參看〕

死者ノ法律トハ、死者カ死亡ノ際ニ國民タリシ國ノ法律ヲ云フ、何トナレハ遺言カ法律上ノ效力ヲ獲得スルハ唯死亡ノミニ原因スルヲ以テナリ(羅馬ノ法語ニ曰ク「意思ハ最終マテ不確定ナリ」ト)

(1)　是レ前ニ述ヘタル「將來據ルヘキ法律」ニシテ、各國ノ大部ニ行ハルル法理ハ之ニ反セリ(第六六號參照)佛國ノ判例ハ多數ノ學說ト同シク屬地主義ニ依レリ

(2)　此ノ原則ハ許容的ナルヲ以テ(第三〇號參照)遺言者ノ本國ニ於テ行ハルル方式ニ從ヒテ爲サレタル遺言ハ有效ナリトス、然レトモ本國ノ方式ニ依リタル遺言ハ、遺言者ノ國籍ノ變更アルトキハ無效ト爲ルヘシ、遺言者カ「土地ハ行爲ヲ支配ス」トノ原則ニ從ヒテ遺言セサル場合ハ一般ニ然リトス外國ニ於テ爲スヘキ遺言ニ關シテ法律カ特別ノ方式ヲ命令スルコトアリ和蘭民法第九百九十二條ノ如シ米國法ニ於テハ、方式ニ關シテハ最後ノ住所地ノ法律ニ從ヒタル遺言ハ有效ナリトセリ、英國ノ普通法モ亦然リトス、然レトモ「ロルド、キングスダウンス」條例ハ此ノ原則ヲ甚タ寛大ニ修正セリ、此ノ條例ヲ以テ遺言ハ最後ノ住所地法ニ從ヒ、又ハ遺言成立ノ際ニ遺言者カ有シタル住所地法ニ從ヒテ有效ナルトキハ充分ナリトセリ、若シ英國臣民カ英國內ニ於テ遺言ヲ爲シタ

ルトキハ、「土地ハ行爲ヲ支配ス」トノ原則ニ據ル方式ヲ認ム、若シ英國外ニ於テ遺言ヲ爲シタルトキハ或ハ土地ハ行爲ヲ支配ストノ原則ニ據ル方式ヲ認メ、或ハ英國王ノ統治權ノ下ニ於ケル地方ニシテ遺言者カ原住所ヲ有スル土地ノ法律ニ從ヒタル方式ヲ認ム

六四 處分能力。遺言書調製後ニ於ケル遺言者國籍ノ變更

遺言者ノ本國法ハ、又遺言者ノ處分能力ヲ支配セサルヘカラス(1)

遺言者遺言書ヲ調製シタル後國籍ヲ變更シタルトキハ、此ノ能力ハ孰レノ法律ニ依リテ決定セラルヘキヤ、曰ク遺言者ノ舊本國ノ法律ト新本國ノ法律トニ從ヒテ共ニ能力アリタルコトヲ要ス

故ニ若シ遺言者カ遺言書調製ノ際其ノ舊本國ノ法律ニ於テハ無能力ニシテ、新本國ノ法律ニ依リ後ニ能力者ト爲リタルトキハ、其ノ遺言カ元來欠缺シタリシ效力ヲ爾後ニ於テ獲得スルヲ得サルヘシ、之ニ反シテ現在ノ本國法ニ從ヘハ無能力者トシテ死シタル者カ、曾テ舊本國ノ法律ノ下ニ於テ其ノ法律ニ依リテ有

効ナル遺言ヲ爲シタルトキハ、此ノ遺言ハ亦死亡ノ際ノ無能力ニ因リテ同シク無效タリ、何トナレハ遺言ハ遺言者ノ死亡ニ因ルニ非サレハ法律上ノ效力ヲ生セス、而シテ遺言者ハ能力ヲ有シテ死亡スルヲ要スレハナリ

多數ノ學者ハ遺言者カ外國人ナルトキハ其ノ處分能力ハ不動産ニ關シテハ其ノ所在地法ニ據リテ支配セラルルモノトセリ(2)

此等ノ學者ハ遺言行爲ヲ爲ス能力ト一般ノ行爲能力トヲ區別シ、一般ノ行爲能力ハ屬人法ニ屬シ屬人法ハ其ノ本人自身ノ利益ノ爲メニ此ノ能力ヲ制限スルモノトシ、之ニ反シテ遺言ニ依リテ處分スル能力ハ正當ナル相續人ノ利益ノ爲メニ制限セラレ、相續ノ法理ト名クル一種特別ノ觀念ノ範圍ニ屬スルモノトセリ、余輩ノ所見ニ依レハ此ノ如ク二種ノ能力ヲ分離スルハ學者ノ專斷ナルカ如シ、勿論無能力者ノ遺言ヲ無效ト爲スコトハ正當ナル相續人ヲ利スルモノナリ、然レトモ此ノ無效ヲ規定スル法律ト雖モ亦一般ノ能力ヲ制限シ、又ハ減殺スル所ノ凡テノ法律ト同一ノ目的ヲ有セスンハアラス、即チ此等ノ法律ハ凡テ行爲ノ性質及範圍ヲ十分ニ辨別セサル地位ニ在ル者ト認メラレタル人人カ爲シタ

ル行爲ニ法律上ノ效力ヲ與フルコトヲ拒絶スルモノナリ何トナレハ此等ノ人人ノ爲シタル意思表示ハ、之ニ法律上ノ效力ヲ與フルニ必要ナルヘキ保障ヲ缺クカ故ナリ故ニ屬人法ニ關スル原則ノ基礎ト爲リタル諸種ノ理由ハ、亦死者ノ處分能力ニ(假令外國ニ於ケル不動産ヲ處分スル能力ニ關スルモ)死者ノ本國法ヲ一般ニ適用スルコトノ正當ナルコトヲ證スルモノナリ

學者ハ又二種ノ能力ヲ區別スルコトヲ辯護スルカ爲メニ他ノ理由ヲ援用スト雖モ、是レ前者ト同シク正當ノ説ニ非ス、其ノ説ニ曰ク、若シ遺言ニ依ル處分權ハ法定相續ニ關スル法律ト異ナリタル法律ニ屬ストセハ、同一ノ物件ニ對シ同時ニ遺言ニ因ル相續ト法定ノ相續ト併立スルヲ見ルニ至ラン、何トナレハ法定ノ相續ハ一般ニ法定ノ相續事項ヲ支配スル法律ニ於テ法定ノ相續ヲ除斥セス、且之ヲ除斥スルコトヲ得サル時ニ存スルモノナレハナリ(3)ト、此ノ言辭ノ前半ハ爭フヘカラサルモノナレトモ、後半ニ至リテハ謬レルモノトス、何トナレハ法定ノ相續ハ、有效ナル遺言ノ成立ニ因リテ除斥セラルルモノナレハナリ、然レトモ處分ノ能力ニ關シテハ、遺言カ遺言者ノ屬人法ニ依リテ支配セラルルコト余輩

ノ思考スルカ如シトセハ、學者ノ說ケルカ如キ困難ノ生スヘキ理ナシ、何トナレハ法定ノ相續ヲ支配スルモノモ亦同一ノ法律ナレハナリ〔思フニ能力ヲ區別スヘシト說ク學者ハ法定相續ハ所在地法ニ依ルコトヲ豫定シテ論シタルカ如シ〕

(1)　舊派學者ノ中ヂュームラン、ブーイエ等ハ屬人法主義ヲ取リ、其ノ餘ノ多數ハバルトール、ブールゴアンギュ、ペー、ボエット、ユウベル、ヘルト、ローデンブルヒ等ニシテ、屬地法主義ヲ取レリ、但學說ノ岐ルルハ唯不動產ノ處分能力ニ關シテ然ルノミ、動產ニ關シテハ凡テノ學者ハ屬人法主義ニ一致セリ

茲ニ死者ノ本國ト云フハ、此等ノ學者ノ多數ニ於テハ住所地法ヲ指スモノナルコトヲ注意スルヲ要ス

遺言ヲ支配スル法律ハ、又一般ニ條件附遺贈ノ效力ヲ決定スルモノトス、然レトモ條件附遺贈ハ、雙面的行爲ノ性質ヲ有スルニ由リ、國籍變更ノ場合ト雖モ影響ヲ受クル所ナシ

「ロルド、キングスダウンス」條例ニ付テハ、第六十三號ノ補註ヲ見ヨ、米國ノ判例ハ同條例ニ據ルカ如シ

(2) 前註參照、此ノ學說ハ不動產ノ相續ハ其ノ所在地法ニ從フトセル國及學者ニ在リテハ其ノ論理ノ正ヲ得タルモノナリ、特ニ英米及佛國ノ先例ニ於テハ然リトス、バール氏ハ或學者カ不動產ノ相續ニ關シテハ所在地法ヲ認ムルニ拘ラス其ノ處分能力ニ關シテハ一般ニ遺言者ノ住所地法ニ從フヘシト論シタルハ不論理ナリト云ヘリ

(3) バール氏ハ一般ノ能力ト遺言ニ因リテ處分スル能力トノ區別ヲ主張セリ、氏ハ特ニ此ノ區別ハ各國ノ成文法、羅馬法及日耳曼普通法ニ依リテ認メラレタルモノナルコトヲ說明セリ

六五 遺留分

遺留分ニ付キ其ノ有無及多少ヲ決定スヘキモノハ、又遺言者ノ屬人法ナリトス蓋シ遺留分ハ死者カ處分スルコトヲ得サル資產ノ一部ニ外ナラサレハナリ然レトモ一國ニ存在スル不動產カ外國ノ相續ニ繫ル場合ニ於テハ、所在地法ノ成文ニ從ヒ以テ所在國ニ於ケル特別ナル資產ヲ成スコトハ明ナリ(第六一號參照)此ノ原則ハ法定ノ相續ト同シク遺產相續及遺留分ニ適用スルモノトス(1)

(1) 佛國法典ニ則ル諸國ニ於ケル遺留分ニ關シテブロシエル氏云ヘルアリ、曰ク法定ノ遺留分ヲ定ムルコトハ佛國ノ現行法ニ於テハ屬地法ニ入ルヘキコト確實ナリトストト

六六　各國成法ノ概略

以上余輩ハ各國ノ大部分ニ現行セラルル相續ニ關スル主義ヲ述ヘタリ(1)不動產ノ所在地ニ關係ナク相續物ヲ一體ト爲スコトハ索遜法典伊太利法典ノ認ムル所ナリ、而シテ索遜法典(第一七條)ニ依レハ、死者ノ屬人法トハ、死者ノ最終ノ住所地法ナリトス、伊國法典總則第八條ハ次ノ如キ成文ヲ揭ケタリ、曰ク法定ノ相續及遺言ノ相續ニ關シテハ、相續ノ順位、相續權ノ範圍、處分ノ內部有效條件ハ財產ノ性質及財產所在ノ如何ニ拘ラス死者ノ本國法ニ從フト

此ノ原則ハ相續不動產所在ノ諸國ニ於テモ亦現行セラルルニ非サレハ完全ナル適用ヲ受クルコトヲ得サルハ明白ナリ、例ヘハ伊太利人ノ相續ニ關シ所在地法ヲ認ムル國內ニ不動產アリトセン、此ノ場合ニ於テ不動產所在國ノ判事ハ必ス其ノ國法ヲ適用スヘク、決シテ伊太利法ヲ適用セサルヘシ、假令伊國ノ判事ハ

之ニ反對シタル宣告ヲ爲スモ、其ノ判決ハ外國ニ於ケル不動產ニ對シテ執行セラレサルヘシ

余輩ハ又茲ニ至リ國際條約ノ締結若クハ各國一樣ナル法律ノ制定アルニ非サレハ十分ノ效力ヲ以テ確立シ難キ原則ノ一ニ逢遭セルモノトス

(1) 第六一號、第六三號參照、サビニー氏ハ普國法典ヲ以テ相續物一體主義ト不調和ナルニ非ストセリ

〔帝國法例第一〇條、第二五條、第二六條參看〕

第二編　民事訴訟法牴觸論

第十九章　管轄論

六七　土地ノ管轄ハ法廷地法ニ從ヒテ之ヲ定ム。國際條約ノ適用

管轄ニ關スル法律ハ、或ハ各國內ニ於ケル各種ノ階級ニ在ル裁判官ノ行動スル範圍(司法組織)ヲ定メ、或ハ同階級ノ裁判官カ異ナリタル土地ニ於ケル劃地權限ヲ定ム、而シテ第一ノ場合ハ之ヲ事物ノ管轄ト稱シ、第二ノ場合ハ之ヲ土地ノ管轄ト稱ス

司法組織ハ國內公法ニ屬シ國際私法ノ關スル所ニ非ス、故ニ以下論スル所ハ土地ノ管轄ニ付テノ問題ニ過キサルナリ

土地ノ管轄ハ訴ヲ提起セラレタル土地ノ法律(Lex fori)ニ依リテ絕對的ニ定マル、是レ一般ニ認メラレタル法則ナリ(1)時トシテ當事者ノ國籍若クハ訴訟物ノ所在地如何ハ、裁判管轄ニ影響ヲ與フルコトヲ法定地法ニ定ムルコトナキニ非

スト雖モ、是レ決シテ土地ノ管轄ハ法定地法ニ從フトノ法則ノ例外ニ非サルハ明瞭ナルコトナリトス

余輩ハ裁判官ノ屬スル國ニ於テ法律タル效力ヲ有スル規定ノ全部ヲ名ケテ法廷地法若クハ訴訟地法ト曰フ、故ニ單ニ法律ノミナラス憲法ノ命スル方式ニ依リ締結セラレタル國際條約モ亦法廷地法ナリトス、何トナレハ裁判官ハ條約ニ付テモ國法ト同シク之ヲ適用スルノ義務アレハナリ(2)

(1) 學者ハ一致シテ此ノ法則ヲ採用セリ

フェリクス氏曰ク、裁判所ノ管轄及訴訟ノ手續ニ關スル外國ノ法律ヲシテ自國ノ域内ニ於テ或效力ヲ有セシムルコトヲ許容シタル國アルコトハ余輩未タ其ノ例ヲ見ス云云、又曰ク此ノ原則ノ適用トシテ或訴訟ヲ普通裁判所ニ提起スヘキカ特別裁判所ニ提起スヘキカハ各國ノ國法ニ從ヒテ判斷スルヲ要ス、例ヘハ英國及北米合衆國ニ於テ、或訴訟カ普通法ノ裁判所ニ提起セラルヘキカ、衡平法ノ裁判所ニ提起セラルヘキカ、獨逸國ニ於テ被告ノ住所ニ起訴スヘキカ、契約地、事務所地、差押地、所在地等ノ裁判所ニ起訴スヘ

キカノ問題ノ如シ、佛國ニ於テハ一般ノ原則トシテ訴訟ハ被告ノ住所地ノ裁判所ニ提起スルヲ要ス云云

(2)、政府ハ裁判官カ國際條約ノ完全ナル適用ヲ爲スコトヲ監視スルノ義務及職權アルカ、曰ク政府ハ裁判官カ法律ヲ適用スルニ當リ、行政上之ニ干涉スル權ナキト同シク法律タル效力ヲ有スル條約ノ適用ニ付テモ亦此ノ權アルコトナシ、而シテ此ノ如キ事項ニ關シテハ條約國ノ相互的義務ヲ援用スヘキモノニ非ス、蓋シ條約ノ目的ハ一定ノ場合ヲ指定シテ私法ノ或部分ヲ變更スルニ在リ、而シテ政府カ憲法ノ命スル所ニ由リテ公布其ノ他ノ必要ナル方式ヲ履ミ、條約ニ與フルニ其ノ遵守セラルヘキ效力ヲ以テシ、以テ其ノ責務ヲ盡シタルトキハ、條約ノ目的ハ既ニ達セラレタルモノナリ故ニ判事カ條約ヲ適用セス、又ハ不當ニ適用スルモ、之ニ關シ政府ハ非難ヲ受クヘキモノニ非ス、是レ恰モ裁判官カ法律ノ適用ヲ誤リタル場合ニ於ケルト異ナルコトナシ

國際法協會ハ、千八百七十五年海牙ニ於テ此ノ問題ヲ討議セリ、アッセル氏ノ

報告ニ關シ、ムンターグ、ベルナル、ブルンチュリー、プロシエル、ビュルメリンク、マルテンス、ドバリウ、ピエラントニー、ウエストレーキ及サー、トラバースト、ウイス諸氏其ノ討議ニ與リ、而シテ左ノ決定ヲ採用スルコトト爲レリ、曰ク

國際條約ノ結果トシテ各國ノ法律ト爲リタル國際私法ノ原則ニ關シテハ、裁判所ハ之ヲ適用スヘキモノトス、然レトモ此ノ適用如何ニ關シ政府ハ行政ノ方面ヨリ監視スヘキ國際上ノ義務アルコトナシ

判事ハ土地ノ管轄ニ付テ管轄權ヲ有セサル旨ヲ職權上言渡スコトヲ得ス〔帝國民事訴訟法第二九條第三〇條參看〕而シテ假令其ノ無管轄ナルコトカ條約ヨリ生スルトキト雖モ亦職權上無管轄ヲ言渡スコトヲ得サルナリ、然レトモ之ト反對ナル原則ハ千八百六十九年六月十五日佛國瑞西間ノ民事ニ於ケル裁判管轄及判決執行ニ關スル條約ニ於テ認メラレタリ、即チ此ノ條約ノ定ムル所ノ規定ニ依レハ、管轄ヲ有セサル訴訟ノ提起ヲ受ケタル佛國又ハ瑞西國ノ裁判所ハ、此ノ條約第十一條ニ依リ被告ノ闕席シタルトキト雖モ、職權上管轄ヲ有スル判事ニ其ノ

訴訟ヲ移送セサルヘカラス

〔帝國民事訴訟法第二九條、第三〇條、第三一條、日獨領事職務條約第一四條第九號參照〕

六八　所在地及國籍ノ影響

當事者ノ國籍及訴訟物ノ所在地ハ、主トシテ次ニ記載シタル關係ニ影響ヲ及ホスモノトス

第一、所有權若クハ物權ニ關スル訴訟ニ付テノ管轄裁判所ハ、或ハ一般ニ或ハ單ニ不動產ニ對シ物件所在地ノ裁判所ナリトス、故ニ物カ裁判官ノ屬スル國ノ領域外ニ在ルトキハ、其ノ裁判官ハ管轄ヲ有セサルモノトス

第二、外國人カ被告タルトキハ、各國成文法ノ大半ニ於テハ固ヨリ多少ノ異同アリト雖モ、概子「原告ハ被告ノ裁判籍ニ從フ」トノ原則ノ例外トシテ一定ノ場合ニ於テハ外國人カ假令內國ニ居住セストモ、之ヲ內國ノ裁判所ニ召喚スルコトヲ許セリ(1)〔帝國民事訴訟法第一三條〕

要スルニ以上第一第二ノ場合ハ、孰レモ裁判所ノ管轄ヲ定ムルハ同シク法廷地

法ニ止マルモノトス

(1) 此ノ例外ハ、各國ノ成文法ノ多數ニ依レハ或特別ノ場合ニ限リ設ケラレタルモノナレトモ、佛國民法第十四條ニ於テハ最モ汎博ナル明文ヲ以テ規定セラレタリ(和蘭民事訴訟法第一二七條)此ノ佛國民法ノ法文ハ屢〻學者カ國際法ニ反對セルモノト論シ、又各國ヨリ報復的處分ヲ受ケタルコトアリ、故ニ佛國民法第十四條ノ規定ハ、獨逸聯邦中那拿翁法典ヲ施行スル邦ニ於テハ廢止セラレ、白耳義ニ於テモ民事訴訟法前加巻第一章ニ載セラレタル千八百七十六年三月二十五日ノ法律ニ依リテ修正セラレタリ(佛民第十四條佛蘭西ニ居住セサル外國人ト雖モ佛蘭西ニ於テ佛蘭西人ニ對シテ負擔シタル債務ノ履行ノ爲メ佛蘭西ノ裁判所ニ召喚スルコトヲ得、又外國ニ於テ佛蘭西人ニ對シテ負擔シタル義務ノ爲メ外國人ヲ佛蘭西ノ裁判所ニ召喚スルコトヲ得)

佛國民法第十五條ノ規定ハ各國法典ニ採用セラレタルモノニシテ、其ノ明文ハ各開明國ノ認メタル原則ナリトス(佛民第十五條　外國ニ於テ外國人トノ間ニ發生シタル債務ニ關スル場合ト雖モ、佛國人ヲ佛國裁判所ヘ召喚スルコトヲ得)原告タル外國人ヨリ立ツヘキ保證ニ關スル規定(同第一六條)モ亦殆ト世界的規定ナリトス、但各國ニ於テ多少ノ相異アルハ論ヲ俟タス(佛民第十六條　商事ノ外如何ナル事項ニ於テモ原告タル外國人ハ其ノ訴訟ヨリ生スル費用及損害賠償ノ辨濟ノ爲メ保證ヲ立ツヘシ、但其ノ外國人カ其ノ辨濟ヲ確保スルニ十分ナル不動産ヲ佛國ニ於テ有スルトキハ此ノ限ニ在ラス)(帝國民事訴訟法第八八條)

外國人ノ訴訟能力ハ普通法ナリト看做スコトヲ要ス、數多ノ條約ハ條約國臣民ノ爲メニ明文ヲ以テ此ノ能力ヲ規定セリ、又諸種ノ條約ハ此ノ能力ヲ外國法人ニ許容セリ(株式會社一八六二年ノ英佛條約、一八五七年三月三十日佛國法律)(日英通商航海條約第一條等)

獨逸訴訟法第五十一條ハ、契約ニ由リ義務ヲ負フコトヲ得ヘキ人ハ訴訟ヲ爲ス能力アリトスト規定シ、其ノ第五十三條ニ於テ、外國人ハ自國ノ法律ニ從ヒ訴訟能力ヲ有セサルモ、訴訟ヲ起シタル裁判所地ノ法律ニ從ヒ訴訟能

カヲ有スルトキハ之ヲ有スルモノト看做スト規定セリ〔帝國民事訴訟法第四四條〕

六九 重管轄。無管轄

管轄ハ法廷地法ニ從フトノ法則ニ付テハ完全ナル一致アルニ拘ラス管轄事項ニ關スル各國成文法ノ區區タルヨリ困難ノ問題ヲ生ス

二國以上ノ裁判所カ各其ノ自國ノ法律ニ從ヒ同一ノ訴訟ニ付テ管轄ヲ有スル場合屢〻起ルヘシ、此ノ困難ヲ救治スルニハ同一ノ國内ニ數多ノ裁判所カ管轄ヲ有スル場合ト同一ノ方法、即チ權利拘束其ノ他ノ抗辯ノ方法ニ依ラサルヘカラス(1)各國ノ法律ニ於テ明文ヲ以テ此等ノ方法ヲ定ムルトキハ少クモ困難ノ一部ハ之ヲ避クルコトヲ得ヘシ

又管轄ニ關シテ各國成文法ノ區區タル結果トシテ孰レノ裁判所ニ於テモ管轄ヲ有セサル場合ヲ生スルコトアルヘシ、但此ノ場合ハ極メテ稀ナラン、例ヘハ不動產事項ニ限リテ所在地ノ裁判所ニ於テ管轄ヲ有スト定メタル國ニ存在スル動產ニ付キ物上ノ訴アルニ當リ、其ノ訴ヲ受クル人ノ住所地法ハ動產モ不動產

ト同シク其ノ所在地ノ裁判所ノ管轄ノミヲ認ムル場合ノ如シ、此ノ場合ニハ孰レノ裁判所モ管轄ヲ有セスト宣告スルノ外ナシ

此ノ事項ニ付テハ各國ニ於テ特ニ一樣ナル法規ヲ採用セラレンコトヲ希望ニ堪ヘス、管轄ノ問題ハ獨斷的ノ理論ニ屬セスシテ訴訟自體ノ性質ト當事者及訴訟物ノ土地ニ對スル關係トニ屬ス、然ラハ各訴訟ニ付テ如何ナル裁判所ヲ以テ管轄裁判所ト爲スヲ當然トスルカ之ヲ決定スルハ容易ナリトス、故ニ此ノ點ニ付キ國際間ノ一致ヲ來スハ亦困難ニ非サルナリ

(1) 佛國ノ判例ハ、外國ニ於ケル權利拘束ハ佛國人カ暗默ニ佛民第十四條ノ利益ヲ拋棄シタルモノト認メタリ

七〇 外國人間ノ訴訟

多數ノ學者ハ、當事者ノ國籍ヲ以テ裁判管轄ノ自然法上ノ基礎ノ一ニ算セリ、是レ少クモ當事者ノ一人カ裁判官ノ國ニ屬スルヲ要シ、若シ當事者雙方共ニ外國人ナルトキニ裁判官ハ管轄ヲ有セストノ意義ニ歸著ス、佛國ノ判例ハ即チ此ノ學說ヲ採用セリ(1)此ノ說ヲ唱道スル者ハ裁判權ヲ以テ外國人ニ專屬スル利益

ノ爲メニ行動スヘキモノニ非スト爲シ、此ノ如キ場合ニハ裁判官ハ職權ヲ以テ管轄ナキ旨ヲ言渡スヲ要スト云ヘリ、但此等ノ學者ト雖モ此ノ如キ原則ヲ唱道スルニ拘ラス此ノ原則ニ各種ノ例外ヲ設クルノ止ムヲ得サルコトヲ認メタリ、而シテ學者ノ一部ハ例外ヲ認ムルノ多キ、殆ト此ノ原則ヲシテ有名無實ニ歸セシムルニ至ル、即チ雙方ノ當事者タル外國人カ裁判所所在ノ國ニ住所ヲ有スルトキ及事實上居所アルトキ、又ハ商行爲ニ由リ裁判所所在國ニ於テ發生シタル義務ニ關スルトキ、又ハ訴訟ノ目的ト爲リタル物件ノ存在スル結果トシテ、又ハ其ノ他ノ情況ノ結果トシテ當事者カ共ニ外國人タルトキト雖モ裁判所ハ管轄ヲ有スルコトヲ認ム(2)此ノ如クニシテ被告タル外國人カ特ニ外國人タル資格ヲ有スル結果トシテ或裁判所カ特ニ管轄ヲ有スルモノトシテ其ノ外國人ニ對シ其ノ裁判所ニ起訴スルコトヲ內國人ニ限リ許容シタルカ如キ特別的權利ヲ除ク外ハ內外人ノ區別ハ事實上消滅シタルモノトス

以上說明スル所ニ依レハ、上述ノ原則ハ理論上不便ナルニモ拘ラス其ノ不便ヲ感スルコト亦敢テ甚シカラサルヲ知ルヘシ、然レトモ余輩ハ上述ノ原則ハ今日

ニ於ケル國際私法ノ觀念ト相容レサルモノトシ、全ク之ヲ廢棄スヘキモノナリト信ス(3)

夫レ國家ノ民事的司法取扱ニ於テハ、國家ハ判事ヲシテ法律行爲、物ノ所在地若クハ當事者ノ住所等ノ性質ニ基キ、一切ノ訴訟ヲ審理裁判セシムルヲ要シ、管轄ニ關スル他ノ特別ナル理由ハ之ヲ問フヘキニ非ス、故ニ彼ノ當事者カ政治的羈絆ニ由リ其ノ國ニ屬スルト他ノ國ニ屬スルトハ毫モ輕重スヘキモノニ非ス、何トナレハ內國人ト外國人トノ私權ニ關スル平等ハ、又民事ニ於ケル裁判管轄ノ平等ヲ包含セサルヘカラサレハナリ、余輩以爲ク當事者自ラ其ノ國籍ヲ援用セサルトキハ、裁判所ハ當事者ノ國籍ニ就テ調査スルノ必要ナシト、然ルニ外國人ノ絕對的無管轄ヲ認メ及職權ヲ以テ外國人ノ無管轄ヲ宣告スヘシトノ學說ヲ有效ニ適用セントセハ、判事ハ一切ノ訴訟ニ付テ其ノ當事者カ外國人ニ非サルヤ否ヲ調査スルノ義務アリト爲ササルヘカラス、此ノ如キハ何人モ欲セサル所ナルヘシ

然レトモ內外國人間ニ於ケル私權ノ平等ハ外國人カ或關係ニ付テハ自己固有

ノ法律例ヘハ自己ノ屬人法ニ服從スルコトヲ妨ケス、又國籍カ特種ノ訴訟ニ於ケル管轄ノ原因ト爲ルコトヲモ妨ケサルハ明白ナルコトナリトス、例ヘハ身分及能力ノ訴訟ニ於テハ、屢〻其ノ本國ノ裁判官カ管轄ヲ有スルコトアリ(日獨領事職務條約第十四條九號ノ二參看)是レ此等ノ權利ニ關シテハ本國法ノ支配ヲ受クトノ原則ノ結果ナルニ因ル

(1) 一般ニ歐洲ノ大部分ニ於テハ、總テ外國人ハ他ノ外國人ニ對シ裁判ヲ求ムル權利ヲ有スルヲ以テ國際法ノ原則ト云フコトヲ得、「外國人間若クハ內外國人間ニ起リタル訴訟ハ、其ノ土地ノ法律ニ從ヒ、其ノ土地ノ判事ニ依リテ終結セラルヘキモノトス、」此ノ原則ハ獨逸英國及北米合衆國ニ於テハ異論ナシ(ホアートン氏)又此ノ原則ハ、伊太利今代ノ學者ノ認ムル所ナリ(ロモナコー氏)フロランスノ大審院ハ此ノ方針ニ依リテ判決シ(一八七〇年十一月二十一日)リユック控訴院(一八七二年十二月十一日)及和蘭高等裁判所(一八六一年四月十二日)ノ判決モ亦同シ

佛國ニ於テハ反對ノ原則行ハル、フユリクス氏曰ク、佛國裁判所ノ判例ハ、原

告若クハ被告カ佛國ニ於テ住所ヲ有セサル限リハ外國人ヲ被告トシテ裁判ヲ求ムル權ヲ原告タル外國人ニ與フルコトナシ、此ノ判例ハ歐洲國際法ニ反對スルカ如シ云云、ドマンジャー氏曰ク、一般ノ原則トシテ佛國裁判所ハ外國人間ニ起リタル訴訟ヲ判決スルノ義務ナシ、然レトモ此ノ原則ハ數多ノ例外ト併立ス既ニ千六百七十三年及千六百八十一年ノ勅令以降、此ノ原則ハ商事ニ付テ其ノ適用ヲ見ス、而シテ民法編纂討議ノ時ト雖モ此ノ舊時ノ狀態ヲ維持シタリシコトハ論ヲ竢タス云云

本文佛國ノ判例ハポルタリース氏カロッコー氏ノ著作ニ關シテ道義學及政治學學士會院ニ爲シタル報告書中ニポ氏ニ依リテ辯護セラレタリ(一八四二年)

他ノ一方ニ於テハ佛國ニ於ケル外國人間ニ下シタル別居ニ關スル諸判決(一八七三年二月十五日マルセイユ、一八七三年七月三日エイクス、一八七四年五月十二日ルアン)ニ關シテ次ノ如ク論スル者アリ、曰ク裁判ハ全ク內國人ノ爲メニスルニ限リ設ケラレタルモノナリトノ舊思想ハ、漸次ニ近世國

際法ノ宣言ニ係ル所ノ裁判ハ開明國カ内國人外國人ヲ問ハス之ヲ求ムル者ニ對シ與ヘサルヘカラサル最高本分ナリトノ新思想ノ代ル所ト爲レリ云云

白耳義ノ判例ハ、佛國判例ト同一ナリシカ、之ト反對ノ判例ヲ生シ(一八三五年七月二十日、一八六七年五月二十八日ブリクセル)又佛國ノ判例ノ舊ニ復セントセリ(一八七一年十一月十四日ブリクセル)然ルニ千八百七十六年三月二十五日ノ法律(第五二條乃至第五四條)ハ原則トシテ外國人ノ原告タルト被告タルトヲ問ハス總テ外國人ヲ以テ白耳義人ト同一ノ地位ニ置ケリ

(2) マッセー氏曰ク、第一ニ不動產物權ノ訴訟ニ關スル問題ニ付テハ管轄アリトノ說ニ反對論ナケレハ之ヲ措キ、商事ニ關シテハ當事者カ民事訴訟法第四百二十條ノ明文ニ適合スルトキハ佛國裁判所ハ管轄ヲ有スルモノトス、民事商事ヲ問ハス佛國ニ住所ヲ有セサル外國人間ニ於ケル債務ニシテ佛國外ニ於テ負擔シ且佛國ニ於テ執行スヘカラサルモノニ付テハ佛國裁判所ハ管轄ヲ有セス、――此ノ後ノ場合ニ於テハ外國人タル雙方ノ當事

者ハ勿論佛國裁判所ニ於テ訴訟スルコトヲ合意スルコトヲ得ヘシ、然レトモ此ノ合意ハ其ノ訴訟ヲ受理シ又ハ職權上無管轄ヲ宣告スルコトノ自由ナル判事ヲ拘束スルコトヲ得サルヘシ、絕對的ノ無管轄ハ之ヲ有效ナラシムルコトヲ得ス云云

(3)　千八百七十七年ツーリッヒ府ニ於テ爲シタル國際法協會ノ決議ニ曰ク外國人ハ內國人ト同一ノ條件ニ於テ訴訟ニ於テ原告タルコトヲ得ヘシト〔日英通商航海條約第一條第二項其他各條約參照〕

七一　管轄ノ原則ニ關シ國際間ニ於ケル將來ノ規定ニ對スル吾人ノ希望

裁判管轄ノ事項ニ付キ將來國際間ニ規定ヲ設クルトセハ、一般ノ原則トシテ能フヘキ限リハ係爭法律關係ヲ支配スル法律〔準據法〕ヲ有スル國ノ判事ヲ以テ管轄ナリト宣言セラレンコトヲ深ク希望ス、何トナレハ此ノ宣言ノ結果トシテ判事ハ能フヘキ限リ自國ノ法律ヲ適用スル場合ニ遭遇スルコトヲ得ヘケレハナリ、然レトモ判事ハ尙夥多ノ場合ニ於テ外國法ヲ適用スルノ義務アルコトヲ忘

ルヘカラス(1)

(1) 千八百七十五年海牙ニ於ケル國際法協會ノ決議ニ曰ク

裁判管轄ニ關スル各國一樣ノ法規ハ左ノ原則ヲ基礎ト爲スコトヲ要ス

第一 一般ノ原則トシテ對人訴權若クハ動産ニ關スル訴權ニ於テハ被告ノ住所(住所ナキトキハ居所)不動産ニ關スル物上訴權ニ於テハ財産所在地ノ判事ヲ以テ管轄ヲ有スルモノト定ムヘキモノトス、但特權ノ訴訟ニ對シ例外的裁判管轄ヲ設クル場合ヲ除ク

第二 第一ニ揭ケタル原則ノ結果トシテ或訴訟ヲ判決スル管轄判事ハ必スシモ其ノ訴訟ノ目的タル權利關係ヲ支配スル法律ヲ有スル國ニ屬スル者ニ非サル場合ヲ生ス、然レトモ第一ニ揭ケタル例外的裁判管轄ハ能フヘキ限リ權利關係ヲ支配スル國ノ判事ヲシテ此ノ權利關係ニ關スル訴訟ヲ判決セシムルヲ目的トシテ設ケラルルコトヲ要ス、例ヘハ身分若クハ能力ノ問題ニ付テハ屬人法ヲ有スル國ノ裁判所ヲシテ判決セシムルヲ主タル目的ト爲スカ如シ〔日獨領事職務條約第一四條第九號ノ二〕

第三　民事及商事ノ訴訟ニ於テハ、當事者ノ國籍ハ裁判管轄上影響スルナカランコトヲ要ス、但訴訟ノ性質カ當事者ノ一方ノ本國判事ニ限リ管轄ヲ認メシムル必要アル場合ヲ除ク

第二十章　訴訟手續

七二　形式的訴訟手續ハ訴訟地法ニ従フ

學者ノ多數ハ、尙舊時ニ於ケル形式的《ヲルヂナトアル》訴訟手續ト決審《デシソアール》ノ訴訟手續トノ區別ヲ採用セリ

前者ハ正當ニ訴訟手續ト名ケラルヘキ手續ニシテ、公平且合法的ニ訴訟ヲ進行セシムル目的ヲ以テ規定セラレ、判決ノ實質ニハ直接ノ影響ヲ及ホササルモノトス

決審ノ訴訟手續トハ、當事間ニ成立スル法律關係ヲ定ムルヲ眼目トスル一切ノ手續、即チ訴訟ノ判決ニ直接ニ影響スル總テノ手續ヲ稱ス、故ニ決審ノ訴訟手續ハ正當ニ訴訟手續ト云フヘキモノニ非スシテ訴訟ノ實体ニ屬スルモノナリ

形式的訴訟手續ハ、常ニ管轄裁判所地法(Lex fari)ノ支配スル所ニシテ、裁判所カ訴訟ヲ取扱フニ際シ踐ムヘキ順序ノ規定ナリ、此ノ手續ハ裁判所ノ性質、其ノ管轄權ノ性質及裁判所カ其ノ職務ヲ執行スル方法ノ性質ト分離スヘカラサルモノトス、故ニ裁判所自體カ其ノ效力ヲ待チテ行動スヘキ法律ヲ外ニシテハ其ノ訴訟手續ヲ支配スヘキ法律アルノ理由ナシ、此點ニ付テハ學說皆一致セリ(1)之ニ反シテ決審ノ訴訟手續ハ係爭權利關係ヲ支配スル法律ニ從ヒテ之ヲ定ム、故ニ訴訟地法ニ羈束セラルルコトナシ

或訴訟手續カ形式的ナルヤ決審ノモノナルヤ、之ヲ知ルハ必スシモ容易ナリト云フヲ得ス、此點ニ關シテハ後ニ述フル所アルヘシ

(1) フエリクス氏曰ク、期日呼出ノ手續、出廷スヘキ期間、訴訟代理ノ性質及手續、證據調ノ方法、判決ノ調製及言渡ノ手續、既判力ノ取得、上訴ノ期間及手續ニ關スル一切ノ事項並ニ訴訟費用ハ訴訟ヲ提起セラレタル國ノ法律ニ依リテ決スヘキモノトス、其ノ原告タルト被告タルトヲ問ハス外國人カ裁判所ノ管轄ト訴訟手續トニ關シテ內國人ニ適用セラルル手續ト異ナリタ

ル規定ニ從フヘキヤ否ヤノ問題ニ付テハ法廷地法ノ法律ニ從ヒテ之ヲ決スルコトヲ要ス

千八百七十七年ツーリッヒニ於ケル國際法協會ノ決議ニ曰ク、審理手續ニ關スル形式的訴訟手續ハ訴訟ノ審理セラルル土地ノ法律ニ支配セラルルモノトス形式的訴訟手續ト看做スヘキモノハ、呼出ノ手續、出廷スヘキ期間、訴訟代理ノ性質及手續、證據調ノ方法、判決ノ調製及言渡、既判力ノ成立、控訴及其他ノ上訴方法ニ關スル期間及手續並ニ訴訟ノ消滅等ニ關スル規定ナリトス云云

此ノ決議ノ後半部ハ第七十四號ノ註脚ニ掲ケシ

七三　呼出ニ關シ上述セル原則ノ適用

上來述ヘタル所ニ據レハ、呼出ノ手續ハ訴訟ノ提起セラレタル土地ノ法律ニ從ヒテ之ヲ定ムルモノトス

呼出ノ手續ハ此ノ如ク決スルノ外ナシ、或國ニ於ケルカ如ク呼出ハ判事ノ職權ノ下ニ行ハルルモノトセハ、判事ノ屬スル土地ノ法律以外ノ法律ヲ適用スルコ

トハ理會シ難シ、又原告ハ判事ノ干涉ナク呼出ノ爲ニ置カレタル吏員ノ仲介ニ依リテ呼出ヲ爲サシメ、且被告ハ國外ニ在ルトキト雖モ上ト同一ノ必要ヲ生セサルヲ得サルナリ

七四　外國所在ノ人ニ對スル呼出

外國ニ在ル人ニ對シテ爲ス呼出ニ關スル各國成文法ハ各相異ナレリ佛國及和蘭ニ於テハ送達セラルヘキ書類ヲ書記局ニ差出シ、而シテ行政的及外交的方面ヨリ之ヲ轉達ス、是レ甚タ不完全ナル方法ナリ、何トナレハ被告ハ假令其ノ書類ノ謄本ヲ受領セサルトキト雖モ、書狀カ書記局ニ差出サレタルトキヨリ既ニ合式ニ呼出サレタリト看做サルレハナリ、即チ假令現實ノ呼出ハ永久ノ後ニ在リト雖モ、書類ヲ書記局ニ提出シタル日ヲ呼出シタル日附ト爲スカ爲メナリ、而シテ書記局ニ差出シタル後ハ原告ハ書類ニ關シ寸毫モ與リ知ルコトヲ得ス、被告ニ現實ノ送達アリシ時期スラモ知ルコトヲ得サルモノナリ(I)其他現時行ハルル呼出方法、即チ書留郵便ニ依ル送達書類ノ送付及囑託處分ノ方法ニ依リ判事ヲ仲介ト爲ス呼出モ亦多少ノ不便アルヲ免レス

以下呼出事項ニ關シ國際間ノ法規ヲ設クントスル場合ニ於テ參考ト爲スヘキ二三ノ點ヲ述ヘン

夫レ呼出ハ訴訟ノ起點ナリ、然レトモ呼出ノ時ハ當事者未タ爭訟當事者ノ資格ヲ以テ判事ノ面前ニ在ルモノニ非ス、余輩カ第七十二號ニ於テ法廷地法ノ適用ニ關シ述ヘタル訟訴手續ニ關スル一般ノ理由ハ未タ以テ呼出事項ニ法廷地法ヲ適用スルノ至當ナル旨趣ヲ十分ニ發揮スルニ足ラサルナリ

呼出ノ目的如何、是レ被告ニ對シテ起シタル主張及此ノ主張ノ基礎タル理由ヲ被告ニ知ラシメ、且被告ヲシテ答辯セシムルカ爲メニ某日ニ於テ裁判所ニ出頭スヘキコトヲ命スルカ爲メニ非スヤ、而シテ適法ニ爲シタル呼出ハ假令事實上被告ノ知ラサルコトアリトスルモ、適當ナル時期ニ被告ニ到達シタリト看做スコトヲ要ス、故ニ此ノ如キ法律ノ推定ヲシテ能フヘキ限リ實際ノ事實ト一致スルヲ得セシムルニ足ルヘキ十分ノ保障ヲ備ヘタル法定手續ヲ設クルコトヲ肝要ナリトス

訴訟書類ヲ被告其人ニ交付シタル場合ハ勿論、被告ノ住所又ハ被告ノ事實上現

在スル場所若クハ被告カ自己ノ業務ヲ監視スルコトヲ或人ニ委任シタリト認メ得ヘキ場所ニ訴訟書類ヲ送達シタル場合等ハ悉ク是レ前述ノ被告ノ知リタルモノナリトノ推定ト被告ノ知リタリト云フ事實トノ一致シタル場合ニシテ被告ノ利益ハ十分ノ保障ヲ得タルモノナリ、故ニ此等ノ手續ハ各國到ル所適法ノ手續ト認メラルルモノニシテ唯多少ノ例外アルノミ

此等ノ手續ハ又内國ニ居住スル被告カ判事ノ管轄地外ニ在ルトキ其ノ被告ヲ呼出ス場合ニ於テ用ヒラルルモノトス、然ラハ何故ニ被告カ外國ニ居住スル場合ニ之ヲ適用スルコトヲ得サルヘキカ

此ノ場合ニ於テハ「土地ハ行爲ヲ支配ス」トノ原則ニ從ヒ、孰レノ裁判所ニ於テモ總テノ呼出ノ手續ハ行爲地法、即チ被告ノ住所地法、若クハ居所地法ニ據リ之ヲ爲スコトヲ要ス、然レトモ「土地ハ行爲ヲ支配ス」トノ原則ハ呼出ノ手續ニノミ限リ適用スヘキモノニシテ、其ノ呼出中ニ包含セラルル事項ハ常ニ訴訟ノ實體ヲ支配スル法律及法廷地法ニ依リテ決定セラルヘキモノトス、故ニ判事ハ其ノ訴訟カ判決セラルヘキ實體法ニ據リ訴訟書類ノ實質ヲ調査シ、且法廷地法ニ於テ

十分ナリト認ムルマテニ實體上ノ權利ヲ表示セシヤ否ヲ審査スルコトヲ要ス』反對論者アリ、余輩ノ説ニ從フトキハ原告ヲシテ遠隔セル國ニ至リテ被告ヲ捜索セシメ、且其ノ國ノ法律ニ適合セサルヲ得サラシムルニ至ルカ故ニ余輩ノ説ハ原告ヲ不利益ナル地位ニ置クモノナリト論シ、結局被告ノ國法ニ於テハ外國判事ノ面前ニ呼出スコトヲ認メサル場合ニハ原告ハ甚シキ障害ヲ受クルニ至ラン、即チ呼出ハ各人ノ自由行爲ニ屬スルコトヲ認メスシテ唯判事カ之ヲ許可シ之ヲ命令スル場合ニノミ之ヲ爲スコトヲ許シタル國ニ對シテハ實ニ此ノ困難ニ遭遇スルモノナリト云ハン

此ノ困難アルハ余輩モ亦之ヲ爭フ者ニ非ス、然レトモ余輩ハ單ニ今日ノ現狀ニ於テハ、呼出ノ方法ハ立法的ニ、又ハ一般的ニ之ヲ定ムルコトヲ得スト雖モ、各國立法ノ許ス限リハ國際的協定ニ依リテ前述ノ方法ヲ適用スヘシト結論スル者ナリ(2)

(1)　佛國民事訴訟法第六十九條ニ曰ク、送達ハ左ノ方法ニ依ル(中畧)第九、大陸以外ノ佛國領域內ニ住スル者及外國ニ居住スル者ニ對シテハ訴訟ヲ提

起スヘキ裁判所検事ノ書記局ニ之ヲ爲ス、檢事ハ書類ノ正本ヲ撿閲シ、前者ニ對シテハ其ノ副本ヲ海軍大臣ニ、後者ニ對シテハ其ノ副本ヲ外務大臣ニ送付スルモノトス

(2) 千八百七十七年ツーリッヒニ開會シタル國際法協會ノ決議ニシテ、余輩カ第七十二號ノ註釋ニ記載シタル後半部ヲ左ニ掲ケン、其ノ決議ニ曰ク、然レトモ以上ノ原則ノ例外トシテ期日呼出狀及其他ノ訴訟書類ハ、其ノ送達地ノ法律ニ規定シタル手續ニ依リ、外國ニ居住スル人ニ送達スルコトヲ國際條約ニ定ムルコトヲ得ヘシ、若シ外國ノ法律ニ從ヘハ、送達ハ判事ノ仲介ニ依リテ爲スヘキモノナルトキハ訴訟ヲ管轄スル裁判所ハ訴訟手續囑託ノ方法ニ依リ外國裁判所ノ干渉ヲ求ムルコトヲ得ヘシ

〔帝國民事訴訟法第一五二條、第一五三條、第一五六條、及第一九四條ノ二、參照〕

七五　其他ノ訴訟書類ノ送達ニ關シ此ノ原則ノ適用

呼出手續ニ付テ余輩カ上述シタル所ノ原則ハ、其他ノ訴訟書類ノ送達ニモ適用セラルルハ論ヲ竢タス、何トナレハ訴訟手續ハ法廷地法ニ從フトノ原則ノ外ニ

據ルヘキモノナケレハナリ

七六　訴訟進行中ニ於ケル當事者間ノ通知

訴訟進行中ニ於ケル當事者間ノ通知若クハ告知ニ付テハ、當事者ノ適法ノ代理人ニ之ヲ爲スコトヲ得ヘシ、而シテ例外トシテ當事者本人ニ爲スヲ要スルトキハ、其ノ假住所ニ容易ニ之ヲ爲スコトヲ得ヘシ(1)

(1)　凡テノ完備シタル訴訟法ニ於テハ、各當事者ヲシテ訴訟ノ繫屬スル裁判所ノ管轄内ニ住所ヲ選定セシムルコトヲ必要トセリ〔帝國民事訴訟法第一四三條參看〕

七七　訴訟ノ消滅

或規定カ形式上ノ訴訟手續ニシテ隨テ法廷地法ニ依リ支配セラルヘキモノニ屬スルヤ、將タ然ラサルヤノ疑問ヲ生スヘキモノ少カラスト雖モ、特ニ訴訟ノ消滅ニ關スル規定ニ付テハ茲ニ一言スヘキモノアリ

訴訟ノ消滅ハ實ニ債權自體ヲシテ消滅セシムル結果ヲ生スルコトアリ、例ヘハ時效ノ場合ニ於テ新ニ訴訟ヲ提起スル權利ノ消滅スルカ如シ、是故ニ訴訟ノ消

滅ハ實體法ナリト爲シ、第三十八號ニ述ヘタル時效ニ關スル原則ヲ之ニ適用スヘキモノナルヤ否ヤ

此ノ問題ニ對シテハ余輩ハ消極的ニ答ヘント欲ス、即チ要ハ事物自體ノ性質ヲ觀察シテ偶然ニ發生スルコトアルヘキ間接ノ結果ハ之ヲ斟酌セサルニ在リ、抑モ訴訟ノ消滅ナルモノハ、訴訟ヲシテ規律的ノ進行ヲ爲サシメンカ爲メニ一定ノ期間當事者カ訴訟行爲ヲ爲サヽル結果ニ對シテ規定セラレタル規律的處分ナリ、故ニ訴訟ノ消滅ニ對シテハ、當事者ノ實體的權利ニ及ホス影響ノ如何ニ拘ラス他ノ訴訟手續ニ對スルト同シク法廷地法ヲ適用スヘキモノトス〔帝國民事訴訟法第一八八條第三項〕

第二十一章　證據

七八　擧證ノ責任ノ何人ニ屬スルヤノ問題ハ實體法ニ屬シ訴訟手續ニ屬セス

擧證ノ責任ハ何人ニ在ルカ

此ノ問題ハ當事者間ニ成立スル實體法ノ關係ヲ支配スル法律ニ從ヒテ決スヘキモノニシテ管轄裁判所地法ニ從フヘキモノニ非ス、多數ノ學者ハ反對ノ意見ヲ有スレトモ余輩ハ之ヲ不當ナリト信ス

擧證ヲ爲ス義務ハ訴訟手續ニ屬セスシテ權利ノ實體ニ屬スルモノトス、何トナレハ余ノ相手方ニ擧證ノ責任アルトキハ、相手方カ一定ノ事實ヲ證明セサル限リハ余ノ主張スル權利ノ認メラルルモノナルヲ以テ、此ノ場合ニ於ケル余ノ權利ノ强キコトハ余ニ擧證ノ責任アル場合ニ於ケル余ノ權利ヨリモ一層强ク、又一層優等ナルモノナレハナリ

七九　如何ナル證據ハ採用スヘキモノナルヤノ問題モ亦同シ

如何ナル證據ハ採用スヘキモノナルカ是レ亦法廷地法ノ支配セサル事項ナリトス

證明ノ方法ハ豫メ最初ヨリ定マルヘキモノニシテ多少偶然ニ屬スル所ノ訴訟ノ提起セラルル土地ノ爲メニ左右セラルヘキモノニ非ス、蓋シ權利ノ行使ハ爭

アル場合ニ於テ其ノ權利ノ存在ヲ證明スルコトヲ得ルニ非サレハ完全ニ確保セラレタリト云フヲ得ス、故ニ證據ノ使用ハ權利自體ヨリ分離スヘカラサルモノトス(1)

法廷地法ヲ適用スヘシトノ說ヲ爲ス者ハ(2)其ノ理由トシテ證據ノ目的ハ判事ヲシテ心證ヲ起サシムルニ在リ、而シテ判事ノ心證ハ判事自國ノ法律ニ於テ規定セラレタル方法ノミニ因リテ生スヘキモノナレハナリト云ヘリ、然レトモ是レ正論ニ非ス、勿論數多ノ諸國ノ成文法ハ、民事訴訟ニ於テモ亦判事ノ心證若クハ判事ノ認定ニ多少有力ナル價値ヲ與フ(3)、然レトモ原則上民事ニ於テハ假令判事ノ心證ニ於テ慊ラサル所アリト雖モ、法律ニ於テ十分ナリト定メタル方法ヲ申立テタルトキハ證明セラレタルモノト爲サヽルヘカラス、故ニ權利自體ト權利ノ存在ヲ證明スル方法トノ間ニハ密接ノ連鎖アリ、而シテ反對論者ハ此ノ連鎖アルコトヲ思ハサルモノヽ似タリ(4)

(1) 千八百七十七年ツーリッヒニ於テ開キタル國際法協會ノ決議ニ曰ク、證據方法(書證、人證、宣誓、商業帳簿)ノ許否及其ノ證據力ハ證明セントスル事實

若クハ行爲ノ在リタル土地ノ法律ニ從ヒテ之ヲ決スヘシ

(2)　バール、ストーリー、バージ氏等是ナリ

(3)　人證ニ關スル信憑ノ程度ノ如キ是ナリ

(4)　伊太利民法總則第十條第二項ニ曰ク、債務ニ關スル證據方法ハ行爲ノ在リタル土地ノ法律ニ從ヒテ之ヲ定ム

八〇　擧證ノ手續ハ法廷地ノ法律ニ從フ

然レトモ以上余輩ノ述ヘタル原則ニハ一ノ重要ナル制限ヲ設ケサルヘカラス凡ソ證據ニ關シテハ證據方法自體ト證據方法ヲ擧クル手續トノ區別アリ、而シテ此ノ手續ヲ定ムル規定ハ訴訟手續ニ屬シ、管轄裁判所地ノ法律ニ從フ故ニ總テノ訴訟ニ於テ法廷地ノ法律カ之ヲ許シ及之ヲ規定シタル證據以外ノ證據ヲ使用スルコトヲ得ストノ結果ヲ生ス、何トナレハ此等ノ證據ハ法廷地法ニ於テ之カ擧證ノ手續ヲ定メサルカ故ナリ

然レトモ法廷地法ニ於テ認容規定シタル證據ハ、假令法廷地法ニ於テ適用セサル場合ト雖モ其ノ證明セントスル權利自體ヲ支配スル法律ニ於テ適用スヘキ

モノナルトキハ裁判所ハ之ヲ適用セサルヘカラス

八一 第七十九號原則ノ適用

左ニ各國ニ於テ主トシテ採用セラルル各種ノ證據ニ付テ研究シ、余輩カ以上述ヘタル原則ノ謬ラサルコトヲ示サント欲ス

書證、人證及宣誓ノ規定ニ付テ云ハン、試ニ人證ニ毫モ制限ヲ設ケサル國アリトセン、此ノ國ニ於テ或契約カ證人ノ面前ニ於テ結約セラレタリトセン、而シテ此ノ種ノ契約ニ付テハ書證ノミヲ許シ、人證ハ他ノ事項ニ付テノミ許ス所ノ國ニ於テ、其ノ契約ニ付キ訴訟ノ起リタリトセン、然ルニ其ノ國ノ裁判所ハ此ノ訴訟ニ於テ法廷地法ナル人證ニ關スル制限ヲ適用スルハ不當ニ非サルカ、行爲ノ方式ト之カ證據トノ間ニ於テハ密著シタル一致アリテ行爲地ノ法律ニ從ハサルヲ得サラシムルニ非スヤ、而シテ契約ノ問題トセスシテ外國ニ於テ生シタル法定義務ノ問題ト爲スモ亦然リ、義務ノ發生地タル外國ノ法律ヲ適用セスシテ法廷地法ヲ適用ストセハ既得ノ權利ヲ害スト云ハサルヘカラス

讀者ハ此ノ點ニ關スルモ亦國際間ノ一致ハ希望スヘキコトナルヲ知ルヘシ、訴

訟手續ノ囑託ニ關スル原則ヲ擴張スルトキハ、假令其ノ困難ハ絶無ト爲ラサルモ其ノ減少スヘキハ明ナリ(第二二章參照)

八二　人證

人證ニ關スル證據調手續ハ國際私法ノ根本的原則及余輩カ第八十號ニ述ヘタル所ニ從ヒ法廷地法ノ支配ヲ受ク

然レトモ證人ノ能力、證言ノ拒絶及證人ノ忌避ニ付テハ如何

此等ハ訴訟手續ニ非サルコト明ナリ、然レトモ又爭ニ係ル法律關係ヲ支配スル法律ノミノ支配ヲ認ムル能ハス(第八〇號參照)

能力ノ問題ハ單ニ當事者ノ私益ノミニ關スルモノニ非ス、忌避ノ有無ニ關セスシテ一定ノ人ヲ以テ裁判上證言スル能力ナシト宣言スル法律ハ公益ニ關スル法律ニシテ、總テノ訴訟ニ於テ區別ナク適用スヘキモノナリトス(1)

忌避ニ付テハ然ラス、法律ハ忌避ヲ當事者ノ意思ニ一任セリ、故ニ忌避ニ關スル規定ハ公ノ秩序ニ關スルモノニ非ス、少クモ之ニ對シテ忌避ヲ爲シ得ヘキ證人ヲ訊問スルコトハ公ノ秩序ニ反スルモノニ非ス、人證ヲ許スヘキヤ否ヲ決スヘ

キ法律ハ、又如何ナル證人ヲ忌避スヘキカヲ決スヘキモノトス法律ハ特定ノ人ニ對シ證言ヲ爲スノ義務ヲ免除ス、證人ヲシテ證言ヲ拒ムコトヲ得セシメタル理由ハ、係爭當事者ノ利益ヨリ一層重大ニシテ且一層貴重スヘキモノナリトス、此ノ法理ハ訴訟カ國法ニ從ヒテ審理セラルル場合ニ於テ其ノ訴訟人ニ對シテ認メラルルモノナレハ、訴訟カ外國法律ニ從ヒテ審理セラルル場合ニ於テ其ノ訴訟人ニ對スルモ亦是ヨリ一層ノ保護ヲ加フルコトヲ要セサルヘシ、故ニ證言ノ拒絕ハ法廷地法ニ依リテ支配セラルルモノトス

(1) 國際法協會ハ第七十九號ノ註ニ轉載シタル決議ニ左ノ如ク附加セリ曰ク同一ノ原則ハ證人ノ能力ニ關シテモ適用スヘキモノトス、但條約國カ條約中ニ其ノ適當ト信スル例外ヲ設クルコトヲ妨ケス

八三　書證

書證ノ證據力ニ付テノ形式上ノ條件ハ書證ヲ調製シタル土地ノ法律ニ據リテ決スヘキモノトス、何トナレハ土地ハ行爲ヲ支配スレハナリ

證據力ノ程度ニ關シテモ亦然リトス書證カ其ノ調製セラレタル場所ニ於テ公

正タルトキハ孰レノ土地ニ到ルモ同一ノ證據力ヲ有ス、然レトモ是レ公正證書ニ於ケル證據力以外ノ效力モ亦到ル所ニ認メラルルモノナリト云フノ意ニ非ス(1)、一般ニ論スレハ公正證書ノ執行力ハ外國ニ到ルモ追隨セサルモノトス(2)

(1) 佛國民法第四七條、第一七〇條、第九九九條

(2) 第二十三章ト對照スヘシ

八四　當事者本人ノ訊問

本人訊問ハ自白ヲ得ル目的ニ於テ用フル訴訟手續ナリト雖モ、之ヲ以テ特種ノ證據方法ト云フヘカラス、故ニ本人訊問ヲ許スヘキヤ及其ノ手續ハ如何ニ為スヘキヤハ獨リ法廷地法ニ從フコトアルノミ

第二十二章　訴訟手續ノ囑託

八五　一國ヨリ他國ニ為ス訴訟手續ノ囑託ニ關スル原則

裁判上ノ利益ノ為メニ一ノ判事カ他ノ判事ニ訴訟手續若クハ審理ニ關スル或行為ヲ為スコト、若クハ為サシムルコト、或ハ或報告ヲ與ヘンコトヲ囑託ス、之ヲ

名ケテ訟訴手續ノ囑託ト云フ、民事訴訟手續ニ於ケル囑託ハ必要ナル場合ニ於テ主トシテ審理、呼出狀ノ送達及判決ノ執行ニ付テ之ヲ爲ス(1)

各國成法ノ大半ハ同一ノ國內ニ於テ一ノ管轄裁判所ヨリ他ノ管轄裁判所ニ爲ス所ノ訴訟手續ノ囑託ニ關スル各種ノ事項ヲ規定ス、然レトモ外國ノ判事ニ爲ス訴訟手續ノ囑託ニ付テハ之カ規定ヲ設クルコト甚タ稀ナリ、此ノ如ク各國ニ於テ法律ノ明文ナキニ拘ラス訴訟手續ノ囑託ハ從來各國ノ認容スル所ト爲リ、各國ハ其ノ囑託ヲ爲シ、其ノ囑託ヲ受ケ及其ノ囑託ヲ執行シ來レリ

學者ハ此ノ慣行ヲ目シテ國際間ノ好意ニ基クルモノト爲セリ(第八號參照)然レトモ是レ當ニ區別スヘキ二種ノ事物ヲ混同シタル說ナリ、抑モ判事カ其ノ國法若クハ外國條約ニ由リテハ毫モ義務ヲ負フコトナキニ拘ラス外國ノ訴訟手續ヲ引受ケ及執行スルモノナラシメハ、判事ハ又其ノ訴訟手續ノ囑託ヲ拒絕シ得ヘキモノナリ、即チ受託判事カ外國判事ヲ補助スルハ自己ノ任意ヲ以テ爲スモノナリ、是レ之ヲ好意ト云フ、而シテ訴訟手續ノ囑託ノ法理此ノ如シトセハ復タ何ヲカ云ハン、國法カ明文ヲ以テ判事ニ命セサル行爲ヲ判事カ爲スコトヲ國法

ニ於テ禁セサル限リハ判事之ヲ爲スモ亦可ナリ、然レトモ民事訴訟ニ於テ手續ノ囑託ヲ爲ス判事ノ地位ハ全ク之ニ異ナレリ、即チ法廷地法カ明文ヲ以テ判事ニ訴訟手續ノ囑託ヲ許ス場合ニ於テハ難問ハ生セサルヘシト雖モ、又若シ法律ノ明文ナキモ兩當事者ニ於テ訴訟手續ノ囑託ヲ承諾シタル場合ニ於テハ難問ハ生セサルヘシト雖モ、若シ當事者ノ一方ニ於テ訴訟手續ノ囑託ニ異議アルトキハ如何、法廷地法ニ於テハ證人訊問、本人訊問及宣誓等ノ行爲ハ其ノ管轄ヲ有スル判事ノ面前ニ於テ爲スヘキモノト定ム、然ラハ好意ニ由ル訴訟手續ノ囑託ハ異議ヲ爲シタル當事者ノ既得權ヲ害スルモノニシテ隨テ囑託ハ之ヲ許スヘカラサルコト明瞭ナリトノ結論ヲ見ントス

(1) マッセー氏ハ訴訟手續ノ囑託ニ一層狹隘ナル定義ヲ與ヘタリ、曰ク訴訟手續ノ囑託トハ、一ノ判事ヨリ證人ノ訊問、事實ノ檢驗、帳簿ノ調査、宣誓ノ受理ニ關シ訴訟ヲ判決スルニ必要ナル取調ノ行爲ヲ他ノ判事ニ對シテ其ノ職權內ニ於テ爲サンコトノ囑託ナリ

八六 此ノ事項ニ付キ國際條約ノ必要

上來述ヘタル所ニ依リ余輩ハ法律若クハ法律ノ效力ヲ有スル國際條約ヲ以テ訴訟手續ノ囑託ニ關スル規定及判事カ外國ノ判事ニ訴訟手續ノ囑託ヲ爲スコトヲ認許シタル規定ヲ設クルノ必要ナルコトヲ結論スル者ナリ(1)

訴訟ニ關シテ外國裁判所ノ共助ハ屢〻必要ニシテ、特ニ人證其他ノ證據ニ付テ缺クヘカラサルコトアリ、蓋シ何人ト雖モ外國ニ居住スル證人ノ召喚ハ費用ヲ要スルコト多ク、加之其ノ證人ニシテ召喚ニ應セサル者ニ對シテハ內國裁判所ハ如何トモスル能ハサルコトヲ知ラサル者ナカルヘシ、故ニ余輩ハ其ノ公布ヲ見ルニ至ラサリシモノナレトモ和蘭國裁判所構成法第四十條ノ明文ニ類似セルモノヲ各國ノ法律中ニ追加セラレンコトヲ希望ス、同條ノ明文ニ曰ク、裁判所若クハ裁判官ハ相互ニ裁判上ノ利益ニ付キ爲ス所ノ訴訟手續ノ囑託ニ應スル義務アリ、其ノ囑託カ他ノ大陸ニ於ケル和蘭國ノ殖民地若クハ占領地ノ裁判所若クハ裁判官ヨリ爲サルルトキト雖モ亦同シ、裁判所若クハ裁判官ハ又外國ノ裁判所若クハ裁判官ヨリ爲ス所ノ同一ノ囑託ニ應スヘク、又法律ノ定メタル規定ニ從ヒテ外國裁判所若クハ裁判官ニ囑託ヲ爲スモノトスト(1)〔帝國民事訴訟法

第二八一條參照〕

(1)　千八百六十九年佛國瑞西國間條約第二十一條ニ曰ク、兩締盟國政府ハ各其ノ領域内ニ於テ民事及商事ノ審理ノ爲メ兩締盟國ノ裁判官ヨリ爲サレタル訴訟手續ノ囑託ヲ其ノ執行ヲ爲スヘキ國ノ法律ニ牴觸セサル範圍内ニ於テ執行セシムルコトヲ約ス、而シテ此ノ訴訟手續ノ囑託ノ移牒ハ常ニ外交上ノ方面ヨリ爲スヘキモノニシテ、其他ノ方法ニ依ルヘカラス云云

八七　一般ノ原則ノ適用

明文ニ由ル規定ナキ場合ニ於テハ、訴訟手續ノ囑託ニ關スル問題ハ一般ノ原則ニ依リテ決スヘキモノトス

決審又ハ實體上ノ事項ニ關シテハ第七十二號及第七十號ニ示シタル如ク常ニ爭ニ係ル法律關係ヲ支配スル法律ニ從フヘキモノトス、訴訟手續ノ囑託ハ毫モ訴訟ニ付テ裁決ヲ爲ス權力ヲ與フルモノニ非サルカ故ニ受託判事ハ囑託ヲ受ケタル事項ニ關シテ起リタル爭、例ヘハ證人ノ忌避ノ爭ニ關シテハ裁判ヲ與フルコトヲ要セス、受訴裁判所ニ當事者ヲ移送スルヲ以テ足レリトス(1)

然レトモ手續上ノ事項ニ關シテハ總テノ受託判事ノ行爲及受託判事ノ面前ニ於テ爲シタル行爲ハ其ノ判事自國ノ法律ニ依リ支配セラルルモノトス、而シテ是レ受訴裁判所ヲシテ此ノ原則ヲ認メサルヲ得サラシムヘキ理由ニ基クモノトス〔第七二號參照〕(2)

(1) 獨逸民事訴訟法第三百三十一條ニ曰ク、證據調ノ際受命判事又ハ受託判事ノ面前ニ於テ爭ヲ生シ、其ノ爭ノ完結スルニ非サレハ證據調ヲ續行スルヲ得ス、且其ノ判事之ヲ裁判スル權ナキトキハ其ノ完結ハ受訴裁判所之ヲ爲ス〔帝國民事訴訟法第二八三條參看〕

(2) 然レトモ獨逸民事訴訟法第三百三十四條ヲ注目スルヲ要ス、同條ニ曰ク外國ノ官廳カ受訴裁判所所在地ノ法律ニ從ヒテ證據調ヲ爲シタルトキハ其ノ證據調カ其ノ外國ノ法律ニ從ハサリシコトニ付キ異議ヲ申立ツルコトヲ得ス

第二十三章　外國判決ノ執行

八八　沿革。執行力ハ內國裁判所ノ判決ノミニ屬ス

判決ハ其ノ性質ヲ異ニシタル二箇ノ效力ヲ生ス、左ノ如シ
　判決ハ强制力ニ依リテ執行セラルヘキモノトス
　判決ハ確定シタルトキハ既判力ノ抗辯ヲ與フ
外國判決ハ如何ナル程度ニ於テ此等ノ效力ヲ認メラルヘキカ、是レ難問ニシテ古來學說紛紛タリ、中古以來數多ノ法學者ハ或ハ國際間好意說ニ基キ、或ハ法理ニ據リ外國ノ判決ハ之ヲ執行スヘク且抗辯ノ理由ト爲ルヘキ旨ヲ主張セリ、(1)然レトモ此ノ學說ハ實行上採用セラレスシテ事實ニ於テ執行力ハ內國裁判所ノ判決ノミニ屬シタリキ(2)
執行力カ內國裁判所ノ判決ノミニ屬スルコトハ佛國ニ於テハ千六百二十九年勅令ノ認ムル所タリ、但同勅令第百二十一條ハ、佛國ニ於ケル外國判決ノ無效ハ一般的ノモノナルカ將タ單ニ佛國人ノ利益ノ爲メニノミ規定セラレタルモノナルカニ付テ疑問ナキヲ得サリキ(3)

(1) バルド氏及バルテルミー、ド、サリセトー氏ハ羅馬法ノ明文ニ基キ、且踰

馬法王及羅馬皇帝ノ下ニ於ケル西歐裁判ノ致一ヲ目的トシテ此ノ說ヲ主張セリ、ユウベル氏及ボエット氏ハ好意說及相互利益說ヲ援用セリ

(2) マッセー氏曰ク、一國ニ於テ宣告セラレタル判決ハ、之ヲ宣告セル判事ノ委囑ノミニ依リ當然他國ニ於テ執行力アルモノニ非スト云フヲ以テ各國公法ノ根本的原則トス、外國判決ヲ執行セシメントセハ之ヲ其ノ國ノ裁判所ニ提出シ、其ノ裁判ヲ以テ之ニ國籍的洗禮《バプテーム、ド、ラ、ナシヨナリテー》ノ一種ヲ與ヘシメ之ヲ其ノ裁判所ノ固有物タラシムルニ在リ、是ニ於テカ其ノ執行力ヲ生スルモノトス凡ソ執行力ナルモノハ主權者ノミニ屬スルモノナレハ、其ノ命令ニ依ルニ非サレハ判決ニ附著スルモノニ非ス、且主權者ノ命令ハ其ノ主權ニ服從スル領域內ニ限リ威力ヲ有スルモノナルカ故ニ、判決ヲ他ノ領域內ニ執行セントセハ勢ヒ他ノ主權者ノ命令ニ依ラサルヘカラス

(3) 佛國千六百二十九年一月十五日勅令第百二十一條ニ曰ク、外國ニ於テ受ケタル判決、成立シタル契約若クハ債務ハ、其ノ原因ノ如何ヲ問ハス我カ佛國ニ於テハ抵當權又ハ執行力ヲ有セス(中略)而シテ外國判決アルニ拘ラ

ス其ノ判決ヲ受ケタル佛國臣民ハ、我カ佛國官吏ノ面前ニ於テ新ニ其ノ權利ノ全部ニ付キ論爭スルコトヲ得ヘシト、フエリクス氏之ニ附言シテ曰ク、此ノ條文カ常ニ法律タル效力ヲ有スルコトハ一般ニ認メラレタル所ナリト、然レトモマッセー氏及佛國判例ハ之ニ反對シテ曰ク、佛國ニ於テ外國判決ニ許容スヘキ效力ノ程度ヲ決定スルニ足ル明文ハ、獨リ佛國民法第二千百二十三條及第二千百二十八條、佛國民事訴訟法第五百四十六條アルノミト〔佛國民事訴訟法第五四六條　外國裁判所ノ判決及外國官吏ノ作成シタル證書ハ民法第二千百二十三條及第二千百二十八條ニ定メタル方法及場合ニ非サレハ佛國ニ於テ執行スルコトヲ得サルモノトス〕

八九　各國成文法ノ一斑

外國判決ノ執行ニ關シテハ現時各國ノ成文法ヲ三主義ニ分類スルコトヲ得第一ノ主義ニ於テハ、外國判決ニ執行力ヲ拒絶シ(1)若クハ再審ノ後ニ非サレハ執行力ヲ與ヘサルモノトス(2)

第二ノ主義ニ於テハ、一定ノ要件ヲ具フル場合特ニ相互ノ場合又ハ外國判事ノ

管轄ヲ有スルコトノ證明アル場合ニハ再審ヲ要セスシテ執行判決ヲ付與スルコトヲ內國判事ニ許容スルモノトス(3)

第三ノ主義ニ於テハ、其ノ判決カ內國人ニ對スルモノナルトキハ執行判決ヲ拒絕シ、外國人ニ對スルモノナルトキハ執行判決ヲ付與スルモノトス(4)

フィオレー氏ハ執行力ト既判力トヲ區別シ、執行力ハ一定ノ條件アルニ非サレハ之ヲ付與セスト雖モ、既判力ハ之ヲ認ムルモノト爲ス所ノ學說ヲ以テ第四ノ主義トシ、最モ合理的ニシテ最モ寬大ナル制度ナリト云ヘリ、然レトモ余輩ハ此ノ主義カ孰レノ國ノ現行成文法ニ於テ採用セラレタルヤヲ聞カス(5)

(1)　千八百五十五年マテノ西班牙法

(2)　佛國千八百十九年四月十九日ノ判決以降襲用セラレタル判例及民法第二千百二十三條第四號、民事訴訟法第五百四十六條ニ據ルトキハ、之ヲ佛國ノ採用スル主義ナリトス、千八百四十九年七月十九日ノ白耳義大審院判決(第九號參照)和蘭民事訴訟法第四百三十一條

(3)　獨逸(第六六〇條、第六六一條)墺地利、西班牙、伊太利民事訴訟法(第九四一

條)、同民法(第一〇及第一二條)、羅馬尼民事訴訟法(第三七四條)、露西亞民事訴訟法(第一二七三條及第一二八一條)、其他英米法〔帝國民事訴訟法第五一四條第五一五條參看〕

(4) 佛國多數ノ法學者ニ從ヘハ、是レ千六百二十九年勅令ノ據リタル主義ナリ、希臘ニ於テハ執行判決ハ、外國人間ニ於テハ裁判ノ當否ニ付キ調査ヲ要セスシテ之ヲ付與シ、當事者ノ一方カ內國人ナルトキハ裁判ノ當否ニ付キ調査ヲ要ストセリ

(5) 第五ノ主義トシテモナコーニ行ハルルモノヲ擧クルコトヲ得ヘシ、即チ同國ニ於テハ凡テ君主ノ意思ニ係ルモノトセリ

九〇　實行セラレ又ハ建議セラレタル改革。國際條約ノ必要

外國判決執行ノ制度ニ關スル改革ノ要求ハ、從來特ニ多少絕對的ニ外國判決ヲ排斥スル主義ヲ採レル國ニ於テ既ニ起リタリ(1)一般的法律ナキカ故ニ此ノ改革ハ國際條約ノ方法ニ依リテ之ヲ行ハサルヘカラス、而シテ特ニ第二ノ主義ヲ

採レル國ニ於テハ、外國判決ノ執行力ハ屢〻相互主義ニ屬スルカ故ニ一層國際條約ニ依ルノ必要ナルヲ見ル

近世立法ノ事實トシテハ、千八百七十六年三月二十五日ノ白耳義法律ニ於テ同國民事訴訟法總則第一章第十條(2)千八百七十七年獨逸帝國民事訴訟法第六百六十條第六百六十一條(3)ニ外國判決執行ニ關スル明文ヲ見ル、條約ニ付テハ其ノ規定少ク、千八百六十九年ノ佛蘭西瑞西間ノ條約ヲ擧クヘキノミ(4)

(1) 此ノ事項ニ關シ國際法協會ハ次ノ六條ヲ決議セリ

第一條　外國判決ノ執行ニ關スル完全ナル改革ハ凡テノ外國判決ニ一樣ニ適用スヘキ一般的法律ヲ制定スルトノ方法ノミニ依リテハ之ヲ實行スルコト難シトス、宜シク其ノ裁判所及司法組織カ十分ナル保障ヲ呈スト認ムヘキ各國ノ間ニ外交條約ヲ締結シテ不備ヲ補充スヘシ

第二條　以上ノ法律及條約ハ裁判所ノ土地ノ管轄ニ付キ一樣ナル原則ヲ定メ、而シテ訴訟手續ハ特ニ期日呼出ノ手續及出廷期間ニ關シテ保障ノ最低度ヲ規定スルコトヲ要ス

第三條　執行國ノ裁判所カ裁判ノ當否ヲ調査セスシテ執行判決ヲ付與スヘキ外國判決ノ要件ノ一トシテ執行判決ヲ請求スル者ハ其ノ外國判決カ其ノ判決アリタル國內ニ於テ執行力アルコトヲ證明スルコトヲ要スル旨ヲ規定セサルヘカラス、此ノ證明ハ判決アリタル國ノ法律ニ於テハ最早上訴ノ途ナキ判決ニ非サレハ執行力アリト看做ササル凡テノ場合ニ於テ既判力ト爲リタルコトノ證明ヲ包含スヘキモノトス

外國判決カ第二條ニ揭ケタルカ如ク凡テノ訴訟ニ一般ニ適用スヘキ管轄ニ關スル原則ヲ國法トシテ採用セサル國ノ裁判所ヨリ出テタルモノナルトキハ執行判決申請人ハ常ニ其ノ外國判決ハ兩締盟國間ノ條約ニ從ヒテ管轄ヲ有スル判事ノ言渡シタルモノナルコトヲ證明スルヲ要ス

第四條　第三條ニ揭ケタル證明ヲ爲シタルトキト雖モ若シ外國判決ノ執行カ執行判決ヲ求メラレタル國ノ公ノ秩序ニ反背シ、若クハ法律ニ

禁止シタル行爲ヲ爲サシムル結果ヲ生スヘキトキハ執行判決ハ之ヲ付與セサルモノトス

第五條　執行方法ハ執行地ノ法律ニ依リ決定セラルヘキモノトス、然レトモ債務者身體ノ拘禁ハ其ノ外國判決ヲ言渡シタル裁判所ノ宣告ニ由ルニ非サレハ如何ナル場合ニ於テモ之ヲ適用スヘカラサルモノトス

裁判上ノ抵當ハ兩締盟國ノ法律ニ於テ之ヲ認許スルトキニ非サレハ成立セサルモノトス

第六條　民法及商法ノ牴觸ヲ決定スヘキ基礎ニ備ヘンカ爲メニ各國一樣ノ原則ヲ採用スルコトハ諸般ノ關係上希望スヘキコトニシテ、又判決ノ國際的執行ニ關スル制度ノ設定ヲシテ容易ナラシムルモノトス

(2)

第十條　第一審裁判所ハ(中略)民事及商事ニ於テ外國判事ノ言渡シタル判決ヲ審理ス

白耳義國ト其ノ判決ヲ言渡シタル國トノ間ニ相互ニ基キ締結シタル條約

アルトキハ、左ノ五點ニ限リ調査スルモノトス
第一　外國判決ハ白耳義國ニ於タル公ノ秩序若クハ公法ノ原則ニ背反シタル事項ヲ包有セサルヤ否ヤ
第二　判決アリタル國ノ法律ニ依リ其ノ判決ハ確定力ヲ得タルヤ否ヤ
第三　右同一ノ法律ニ依リ其ノ判決ノ謄本ハ其ノ公正タルニ必要ナル條件ヲ具備シタルヤ否ヤ
第四　應訴ノ權利ヲ敬重シタリヤ否ヤ〔帝國民事訴訟法第五一五條第四號參照〕
第五　其ノ外國裁判所ハ單ニ執行判決申請人カ自國民タリトノ理由ニ因リテ特ニ管轄ヲ有スルモノナルニ非サルヤ否ヤ

(3)
第六百六十條　外國裁判所ノ判決ハ執行判決ヲ以テ之カ執行ヲ認許スルコトヲ言渡シタルトキニ限リ執行スルコトヲ得(下畧)
第六百六十一條　執行判決ハ裁判ノ當否ヲ豫メ調査セスシテ之ヲ爲スヘシ

左ノ場合ニ於テハ執行判決ヲ言渡サザルヘシ
第一　外國裁判所ノ判決カ其ノ國ノ法律ニ従ヒ未タ確定力ヲ取得セサルトキ
(第二以下畧ス)
第五　國際上相互ヲ保セサルトキ

(4)　佛國條約第十五條　兩締盟國ノ一方ニ於テ裁判所若クハ仲裁人ノ下シタル民事及商事ノ終局判決ニシテ確定力ヲ取得シタルトキハ本條約第十六條ニ掲ケタル條件及手續ニ従ヒ兩締盟國ノ一方ニ於テ執行スルコトヲ得ヘキモノトス
第十七條　執行判決ノ請求ヲ受ケタル官廳ハ事件ノ本案ノ調査ニ立入ラサルモノトス、而シテ左ノ場合ニ非サレハ執行ヲ拒ムコトヲ得サルモノトス
第一　判決カ管轄ヲ有セサル裁判所ヨリ出テタルトキ
第二　當事者カ合式的ニ召喚セラルルコトナク、又ハ適法ニ代表セラレ

ス若クハ適法ニ缺席スルコトナクシテ言渡サレタル判決ナルトキ

第三　執行ヲ求メラレタル國ノ公法上ノ規則若クハ公ノ秩序ニ關スル利益カ外國官廳ノ判決ヲ執行スルコトヲ許サヽルトキ

執行ヲ許シ又ハ執行ヲ拒ム判決ニ對シテハ不服ヲ申立ツルヲ得ス、然レトモ執行判決ヲ下シタル國ノ法律ニ於テ定メタル期間及手續ニ從ヒ管轄官廳ニ上訴スルコトヲ得ルモノトス

第十八條　債務者身體ノ拘禁ヲ包含スル判決ニ關シテハ執行國ノ法律ニ於テ同一ノ判決ニ付キ之ヲ許サヽルトキハ裁判所ハ其ノ身體ノ拘禁ノ部分ニ限リ執行ヲ命セサルモノトス

此ノ拘禁ノ處分ハ如何ナル場合ニ於テモ執行ヲ求メラレタル國ノ法律ニ規定シタル範圍及手續ニ從テノミ之ヲ行フコトヲ得ルモノトス

第十九條　本條約第十五條第十六條第十七條ニ從ヒテ言渡シタル判決及決定ノ執行ニ關スル爭ハ執行ノ訴ニ付キ裁判スヘキ裁判所ニ於テ之ヲ決スルモノトス

第三編　商法牴觸論(1)

第二十四章　商行爲

九一　行爲ノ商事的性質ハ結約地ノ法律ニ從フ

或行爲ノ商行爲ナルヤ否ノ問題ハ、行爲ノ實質ヲ支配スル法律ニ從ヒテ之ヲ決スルモノトス(第三三號及第三五號參照)

若シ此ノ法律ニ依リ其ノ行爲カ商行爲ナルトキハ、其ノ行爲ハ商行爲ノ性質ヲ保有シ、到ル所ニ於テ常ニ商行爲ノ效力ヲ生ス、故ニ證據ニ關シテハ行爲ノ實質ヲ支配スル法律ニ從ヒテ商行爲ニ特別ナル證據ヲ認容セラルヘシ、但法廷地法ニ於テ絶對的ニ之ヲ排斥スル場合ハ此ノ限ニ在ラス(第七八號以下參照)

行爲ノ實質ヲ支配スル法律ハ又法定利率及商事上ノ利息ヲ負擔スヘキヤ否ノ問題ニ適用セラル、何トナレハ當事者ハ之ニ服從スル意思アリシモノト推測スヘケレハナリ

又右同一ノ法律ハ債權者ト債務者ト相異ナリタル國ニ居住スルトキハ法定利

率ノ金額ヲ定ムルモノトス、此ノ場合ニ於テ債權者カ自己ノ住所アル場所ニ於テ其ノ元本ノ收益ヲ失ヒタルカ故ニ賠償セラルルヲ要ストノ理由ニ因リ債權者ノ住所地法ヲ適用スヘシト爲ス所ノ學說ハ其當ヲ得ス、此ノ學說ヲ採ル學者ハ、一國ニ於テ利率ヲ定ムル要素ハ地方的性質ヲ有シ、其ノ土地ニ於テ行ハルル信用ノ程度ニ照應スル上ニ在リテ債權者ノ住所如何ニ拘ラサルコトヲ知ラサルニ坐スルノミ

(1)　ウーデン氏ハ千八百七十八年國際商工會議ニ國際商法典ヲ編製シ得ヘシトノ意見ヲ提出セリ、フィック氏（ツーリッヒ大學總長ニシテ瑞西國債務法典ノ主査）ハ千八百八十四年四月ニ於ケル就職演說ニ於テ「商法ノ國際的齊一」ナル問題ニ付テ論述セリ

九二　管轄及訴訟手續ノ問題ハ訴求ヲ爲ス國ノ法律ニ屬ス

或行爲カ商事的性質ヲ帶フルトキハ特別ノ裁判管轄及特別ノ訴訟手續ヲ要スルコトアリ、此ノ問題ハ法廷地法ノミニ從ヒテ之ヲ決スルモノトス（第六七號以

下及第七二號以下參照)

此ノ裁判權及訴訟手續ノ點ヨリ云フ所ノ商行爲ナルモノハ、第九十一號ニ指示シタル法律ニ依ル商行爲ヲ稱スヘキカ、將タ法廷地法ニ依リ商行爲ト認メラレタルモノヲ稱スヘキカ、此ノ問題ハ頗ル難問ナリト雖モ法廷地法ニ依ルト論決スヘキモノナリ、抑モ立法者ハ商行爲ナルモノニ對シテ特別ナル管轄權及特別ナル訴訟手續ヲ設ケタルトキハ、立法者自己カ商行爲ノ性質ヲ有スト認メタル所ノ行爲ヲ稱スル意思ナルコト明ナリ、商行爲若クハ商事ナル名稱ハ略語ニシテ、法律ニ定メタル定義及列記ヲ一括シテ他ノ場合ニ代用スルモノニ外ナラス(1)故ニ茲ニ最モ重キヲ置クヘキモノハ法廷地法ナル基礎ノ上ニ於ケル統一的原則及立法者ノ意思是ナリ

(1) 例ヘハ佛國民事訴訟法第六百三十二條ニ從ヘハ、觀世物興行ノ營業ハ商行爲ナリ、和蘭ニ於テハ商行爲ニ非ス、若シ和蘭ニ於テ此ノ種ノ作業ニ關スル訴訟起リタル場合ニ、第九十一號ニ述ヘタル所ニ從ヒテ佛國法ヲ適用スヘキ場合アリトスルモ、其ノ訴訟ハ商事ノ管轄及商事ノ訴訟手續ニ依ラ

スシテ判決セラルヘキモノトス

第二十五章　商人及商業帳簿

九三　商人タル資格ハ行爲若クハ營業ヲ爲ス國ノ法律ニ依ル。右同一ノ法律ハ又此ノ資格ノ法律的效果ヲ定ム

或人カ商人タル資格ヲ有スルヤ否ノ問題ハ、其ノ人カ問題ト爲リタル行爲若クハ營業ヲ爲シタル國ノ法律ニ依リテ之ヲ定ムルモノトス(1)若シ數國ニ於テ營業ヲ爲ストキハ本店所在ノ國ノ法律ニ據ルモノトス

又右ト同一ナル法律ハ商人タル資格ニ附著スル所ノ法律上ノ效力ヲ支配ス數多ノ國ニ於テハ商業帳簿ヲ備フル義務ヲ商人タル資格ヨリ生スル法律上ノ效力ノ一トセリ、而シテ此ノ義務ニハ商業帳簿ニ與ヘタル證據力ヲ附著セシム

(1)　パール氏ハ區別ヲ爲シテ曰ク、商人タル資格ノ問題カ能力ニ付テノモノナルトキハ住所地ノ法律ヲ適用シ、此ノ問題カ或行爲ノ商事的性質ニ關

スル疑問ヲ決スル問題ナルトキハ法廷地ノ法律ニ從フト

九四 商業帳簿ノ證據力

法律牴觸ノ場合ニ於テハ孰レノ國法ニ依リテ商業帳簿ノ證據力ヲ決定スヘキカ、余輩ハ先ニ第七十九號第八十號及第八十三號ニ之ヲ述ヘタリ、即チ證據力ニ關シテハ其ノ證明セントスル行爲自體ヲ支配スル所ノ法律ニ依ルヘク、之ニ反シテ方式ノ問題ハ商業帳簿ヲ備フル土地ノ法律ニ從ヒテ之ヲ決セサルヘカラス(1)

(1) フェリクス氏ハ、ホンメル、マイエル、ミッテルマイエル及シェフチル諸氏等ノ反對説アルニ拘ラス商人ノ帳簿ノ證據力ニ關シテハ常ニ商業帳簿ヲ備フル土地ノ法律ニ從フヲ要スト説キ、ポルー、ボエット、メウイウス、ヘルト、ストリーリー諸氏ノ説ヲ援用セリ

マッセー氏ハ商業帳簿ヲ備ヘタル國ノ法律ニ從フヘシト雖モ、單ニ此ノ國ノ法律カ訴訟ト爲リタル契約ノ成立シタル國ノ法律ト一致シタル時ニ限ル、即チ右ノ二法律ハ法廷地ノ法律ニ打勝ツモノナリ、………換言スレハ此ノ

問題ヲ決スル法律ハ結約地法ナリ、……然レトモ若シ單ニ帳簿ノ合法的ノモノナルヤ否ノ問題ニ關シテハ、帳簿ノ備ヘラレタル土地ノ法律ニノミ依リテ之ヲ決スヘシト爲セリ

バール氏ハ商業帳簿ノ證據力ハ一般ニ法廷地ノ法律ニ從フト雖モ、若シ結約地ノ法律カ商業帳簿ニ一層大ナル證據力ヲ與フルトキハ、結約地法ハ法廷地法ニ打勝ツヘシト思考セリ

此ノ問題ニ關スル判例ハ區區ニシテ一樣ナラス

九五　商業帳簿ヲ提出スル義務

當事者ノ一方ハ其ノ相手方ヲシテ其ノ商業帳簿ヲ提出若クハ開示セシムルコトヲ强制スルノ權アルカ(1)此ノ問題ハ商業帳簿ノ提出又ハ開示ヲ爲サシメントスル主張ノ根據ト爲リタル法律關係ヲ支配スル法律ニ從ヒテ之ヲ決スヘキモノトス

然レトモ提出若クハ開示スヘキ旨ノ命令自體ニ付テハ訴訟進行中ニ判事ヨリ發スルモノニシテ、訴訟審理ノ一部ヲ爲シ、法廷地法ニ屬スルモノトス

商業帳簿ノ提示若クハ開示カ判事ヨリ命セラレタル場合若クハ當事者ノ一方カ商業帳簿ノ記載ヲ援用スル旨ヲ陳述シテ之カ提示若クハ開示ヲ請求シタル場合ニ於テ、之ヲ拒ミタル者ニ被ラシムヘキ不利ナル結果ハ法律カ商業帳簿ヲ備フヘキコトヲ義務トシテ命令セサル國ニ於テ商業ヲ營ム商人ニハ之ヲ推及セサルモノトス、蓋シ此ノ不利ナル結果ハ帳簿ヲ備フヘキコトヲ命シタル法規ニ違背シタルカ爲メニ受クヘキ責罰ナリト解スルカ、若クハ、提出開示ヲ爲ササル當事者ニ不利益ナル記載アリトノ推定ナリト解セサルヘカラス、然ルニ商業帳簿ニ關シテモ又商業帳簿ヲ備フヘキ義務ニ關シテモ規定スル所ナシトセハ、上ニ述ヘタル責罰若クハ推定ハ存立スヘキモノニ非サルヤ明ナレハナリ

(1) 佛國商法第十四條第十五條乃至第十七條、千八百七十二年十二月十五日白耳義法律第二十一條第二十二條乃至第二十四條、和蘭法典第十一條乃至第十三條、瑞西義務法典第八百七十九條第八百八十條

第二十六章 代務(1)

九六　獨逸法及瑞西法主義

或商人ト其ノ使用人トノ間ニ於ケル關係、例ヘハ簿記方若クハ手代ノ如キハ國際私法上毫モ特異ノ點アルヲ見ス、代務人ノ關係ニ至リテハ獨逸商法及ヒ瑞西義務法ノ條項ニ依ルトキハ其ノ然ラサルヲ見ル、此ノ二法典ハ商事關係ヲ安固ナラシメンカ爲メ代理ニ關スル一般ノ原則ノ例外トシテ商人ノ代務人ニハ其ノ商業主人ノ商業若クハ營業ヲ施行スルニ當リ其ノ商業主人ヲ代表ストノ一般的能力ヲ認メ、其ノ權限ノ制限ハ第三者ニ之ヲ對抗スルコトヲ得サラシメタリ(2)此ノ制度ハ獨逸法及瑞西法ニ於テ商業登記簿ノ方法ニ依リテ公示アルカ故ニ其ノ當ヲ得タルモノト云フヘシ、此ノ如キ制度ハ彼ノ商事上ノ代務人ヲ以テ其ノ權限ノ範圍ニ付テモ其ノ廢罷ニ付テモ共ニ民事上ノ代理人ト同一ニ取扱フ所ノ諸國ニハ殆ト見サル所ニシテ、代務委任及其ノ廢罷ハ商業登記簿ニ登記セラレ、法定ノ方式ニ依リテ公示セラルヘキモノナリ、而シテ廢罷ノ登記及公示ナキ間ハ、其ノ廢罷ヲ以テ第三者ニ對抗スルヲ得ス、但第三者カ代務人ト取引スル當時ニ於テ其ノ廢罷アリタルコトヲ知リタル旨ヲ商業主人ニ於テ證明シ

タル場合ハ此ノ限ニ在ラサルナリ(3)

(1) 瑞西義務法典第四百二十二條ニ曰ク、代務人ハ商家、製造所其ノ他商事的組織ニ於ケル造營物ノ主長ヨリ明示ヲ以テ、若クハ事實上ニ於テ其ノ主長ノ爲メ其ノ主長ノ事務ヲ取扱フコト、及其ノ商家……等ノ署名ヲ用ヒテ代務ニ由ル署名ヲ爲スコトノ許可ヲ得タル者ナリ

(2) 同法第四百二十三條ニ曰ク、代務人ハ善意ノ第三者ニ對シテ主人ノ爲メニ手形約束ヲ爲シ、及主人ノ名義ヲ以テ其ノ商業若クハ營業ノ目的內ニ於ケル一切ノ行爲ヲ爲ス權能アリト看做サル、代務人ハ特別ノ權限ヲ有スルニ非サレハ不動產ヲ讓渡シ若クハ擔保ニ供スルコトヲ得ス、代務人ノ權限ニ關スル其ノ他ノ制限ハ善意ノ第三者ニ對抗スルコトヲ得ス

(3) 聯邦法典第八百五十九條ニ曰ク、此ノ法典若クハ他ノ法律ニ於テ命シタル登記ハ各州ニ備ヘタル商業登記簿ニ登記スルヲ要ス、第八百六十一條ニ曰ク、法律ニ於テ商業登記簿ニ登記スヘキ旨ヲ命シタル事項ノ變更ハ又之ヲ登記スヘシ、第八百六十二條ニ曰ク、商業登記簿ニ登記シタル事項ハ直

チニ其ノ全體ヲ商事官報ヲ以テ公示スヘシ、第八百六十三條ニ曰ク、商業登記簿ノ記載ハ第三者カ官報ノ公示ニ依リテ之ヲ知リ得ヘカリシ時ヨリ後ニ非サレハ之ヲ以テ第三者ニ對抗スルコトヲ得ス、第四百二十二條ニ曰ク、商業主人ハ商業登記簿ニ代務ノ登記ヲ爲スコトヲ要ス、但登記前ト雖モ其ノ代務人ノ行爲ニ付キ自己ニ責任ヲ負フ、第四百二十五條ニ曰ク、代務人ノ廢罷ハ假令代務ヲ委任スルニ當リ登記ヲ經サルトキト雖モ之ヲ登記スルヲ要ス、廢罷ノ登記及公示ナキ間ハ廢罷ヲ以テ善意ノ第三者ニ對抗スルコトヲ得ス

〔帝國商法第二九條以下第三五條參照〕

九七 獨逸法及ヒ瑞西法ハ外國ニ於ケル代務人ノ發生セシメタル法律關係ヲ支配ス

獨逸若クハ瑞西ニ住スル商業主人ニ依リ此等ノ國法ニ從ヒ此等ノ國ニ於テ設定セラレタル代務人カ、此ノ如キ商事代理ノ制度ナキ國、例ヘハ佛國ニ於テ法律關係ヲ發生セシメタルトキハ其ノ法律關係ハ孰レノ國法ノ支配ニ屬スルカ余

蓋シ之ニ答ヘテ獨逸若クハ瑞西法ノ支配ニ屬ストシ曰ハントス此ノ種ニ屬スル代務人ノ權限ノ範圍ハ、單ニ商業主人ノ意思ニ依リテ定マルモノニ非ス、何トナレハ其ノ權限ノ制限ハ第三者ニ對シテ效力ナケレハナリ、然レトモ權限ノ制限カ第三者ニ對シ效力ナシトノ事實ハ、代務ノ廢罷ノ公示セラレサル間ハ第三者ニ對シテ代務ヲ終了セシメサル事實ノ如ク、或意義ニ於テ商業主人ノ行爲ノ結果ナリトス、蓋シ商業主人ハ代務人ヲ設定シ、之ヲ登記簿ニ登記セシメ、又之ヲ公示セシメ以テ代務人カ取引ヲ爲スヘキ國ノ孰レタルヲ問ハス獨逸法若クハ瑞西法カ豫見シタル範圍内ニ於ケル代理權ヲ與フル意思ヲ表示シタルモノナリ

登記及公示カ實際的且直接的ナル效力ヲ有スヘキハ、特ニ獨逸若クハ瑞西國内ナルヘキハ論ヲ竢タスト雖モ此ノ二國以外ニ住居スル商人ト雖モ自己ノ利益ノ爲メ同シク此ノ登記及公示ヲ援用スルコトヲ得ヘシ

第二十七章　商事會社〔帝國商法第二五五條以下第二六〇條〕

九八　合名會社。方式。參照

合名會社ノ契約ニ必要ナル方式ニ關シテハ第九章ニ於ケル原則ヲ適用スヘキモノトス

九九　公示

法律ニ依リテ命セラレタル公示及公示ノ欠缺ヨリ生スル效力並ニ第三者ニ對スル效力ニ關シテハ、第九十七號ニ於テ獨逸及瑞西ノ代務人ニ關シ述ヘタル所ヲ參照セハ則チ足ルナリ

一〇〇　各國ノ法律ハ合名會社ノ法律上ノ性質ニ關シ各種ノ方向ニ之ヲ決定セリ

數多ノ國ニ於テハ(1)合名會社ハ獨立ナル法人ニシテ、其ノ社員ノ資產ト別異ナル特種ノ資產ヲ有スルモノナルコトヲ認ム

他ノ國ニ於テハ(2)合名會社ニ與フルニ單純ナル形式上ノ人格ノミヲ以テシ、合名會社ヲシテ法律行爲及訴訟ニ於テ獨立ナル當事者タルコトヲ許ス外ニ他ノ效力ヲ與ヘサルモノアリ、是レ人ノ集合體ニシテ原則トシテ會社ノ事務ニ關シ

シ集合體ノ一人ニ由リ結約セラレタル義務ニ付キ第三者ニ對シテ連帶ノ責任ヲ有シ、又同一ノ事務ニ關シ第三者ニ對シ連帶ノ權利ヲ有スルモノナリ、合名會社ノ社名ハ總テノ社員ヲ指稱スル略名ニ過キス、會社ノ店舖ハ會社ノ業務ノ爲メニスル社員ノ共同住所ナリト爲スモノナリ

終ニ合名會社ニ以上ノ如キ單純ニ形式的ナル人格ヲモ認メサル法律アル國ヲ想像スルコトヲ得ヘシ

右孰レノ場合ニ於テモ會社ノ法律上ノ性質ハ常ニ會社カ其ノ業務ノ本據即チ本店所在地ノ法律ニ從ヒテ之ヲ決定スヘキモノトス、第三種ノ制度ニ屬スル國ニ於テハ法律上ヨリ云ヘハ會社ノ店舖トモ云フコト能ハサルヘシト雖モ事實上ニ於ケル店舖ノ存在スルコトハ之ヲ認ムルニ難カラス(3)

以上述ヘタル原則ハ一般的ニシテ孰レノ場合ニモ之ヲ適用セサルヘカラス、故ニ其ノ本店所在地ノ法律ニ依リテ法人タルヘキ會社ハ孰レノ國ニ到ルモ此ノ法人タル性質ヲ保存スルモノナリ、是レ法人ニ關シ歐洲ノ大部分ニ於テ認メラレタル眞正ノ慣習法ヨリ生スル原則ニシテ、宜シク採リテ以テ成文法ト爲スヘ

キモノナリ又以上述ヘタル所ニ反シテ會社ノ本店所在地ノ法律カ法人タルヘキ資格ヲ拒ミタルモノハ、右ト同一ノ慣習法ニ由リ孰レノ國ニ到ルモ法人タルコトナシ

又會社カ形式上一體ヲ成スコトニ關スル條款ハ到ル所ニ適用セラルヘキモノニシテ、法廷地法ノ拘束ヲ受クルコトナシ、此ノ原則ハ訴訟能力ニ付テモ曩ニ第七十二號以下ニ於テ訴訟ノ方式ニ付テ述ヘタル原理ト牴觸スルコトナシ、何トナレハ社員カ社名ヲ以テ第三者ニ對シテ義務ヲ負フノ權利及會社所在地ニ共同住所ヲ有スルモノト看做サシムルノ權利ハ、假令此等ノ權利ノ結果トシテ社員カ原告若クハ被告トシテ社名ヲ以テ指稱セラレ、又共同ノ住所地ノ裁判所ニ召喚セラルル場合ヲ來スト雖モ決シテ訴訟手續ニ屬スルモノト云フヲ得サレハナリ

若シ會社カ其ノ本店所在地ニ於テ訴訟能力ヲ有セサルトキハ、孰レノ地ニ到ルモ訴訟能力ヲ認メラレサルヘシ、故ニ此ノ場合ニ於ケル會社ヲ設定シタル契約カ第三者ニ對シテ有スル唯一ノ效力ハ、單ニ會社本店所在地ノ法律カ會社ヨリ

第三者ニ對シ若クハ第三者ヨリ會社ニ對スル債務ヲ支配スト云フノ點ニ存スルノミトス

此等ノ債務ノ性質及範圍ハ、時トシテハ公示ノ强要ニ關スル法律ノ規定ヲ履行シタルヤ否ニ關係ヲ有スルコトアリ、此ノ場合ニ於テハ余輩カ商業登記簿及代務人ニ關シテ曩ニ陳ヘタルモノヲ適用スヘキモノトス(第九七號參照)

(1) 瑞西聯邦義務法典第五百五十九條ニ曰ク、合名會社ハ社名ヲ以テ債權者債務者ト爲リ、訴訟ヲ爲シ、假令不動産ニ關スルトキト雖モ所有權其他ノ物權ヲ取得スルコトヲ得

佛國商法ハ商事會社ノ人格ヲ明言セス、然レトモ慣例ニ於テハ中古以來之ヲ認メ、法文ハ人格アルコトヲ豫定セリ

(2) 和蘭及獨逸ヲ然リトス獨逸帝國商法高等裁判所ハ人格ニ反對ナル判決ヲ維持セリ(帝國商法第四四條第六三條)

(3) 或會社カ外國會社ナルカ爲メニハ會社ノ業務ノ本據即チ其ノ本店カ外國ニ在ルヲ要ス、而シテ其ノ事務取扱所及株主ノ多數ノ外國ニ在ルヲ要

セス、然レトモリヨンカン氏曰ク、佛國裁判所ハ佛國ノ法律ヲ遁レンカ爲メニ外國ニ設立セントスル會社ニ外國會社ノ資格ヲ拒絶セサルヘカラスト

一〇一　合資會社(1)

投資社員(有限責任社員)ト無限責任社員トノ關係ニ付テハ國際私法上特ニ論述スヘキ點ナシ、若シ合資會社カ本店ヲ有スル國ノ法律ニ從ヘハ、投資社員ハ無限責任社員ト取引シタル債權者ニ對シ直接ニ債務ヲ負フモノナルトキハ、此ノ關係ハ上來述ヘタル理由ニ基キ外國ニ於テモ認メラルヘキモノトス

(1)　瑞西法典第五百九十七條　合資會社ハ其ノ社名ヲ以テ債權者ト爲リ、債務者ト爲リ、訴訟ヲ爲シ及假令不動產ニ關スルトキト雖モ所有權及其ノ他ノ物權ヲ取得スルコトヲ得

一〇二　株式會社

外國株式會社ノ法律上ノ性質ノ問題ニ付テハ、古來各國ニ於テ異說區區タリ(1)株式會社カ其本店ヲ有スル國ノ法律ニ適從シテ設立セラレタルモノナルトキハ、假令外國ニ於テ株式會社ノ性質ヲ得ンカ爲メニ要スル條件ヲ充サザル場合

ニ於テモ其ノ外國ニ於テ株式會社ト認メラレ、又株式會社ノ權利ヲ行使スルコトヲ得ルヤ、此ノ問題ニ關シテハ學說一致セス、而シテ舊時株式會社ノ設立ニハ、多數ノ國ニ於テ政府ノ許可ヲ必要トシタリシ時代(2)ニ於ケルヨリモ學說ハ一層一致ヲ缺ケリ、然レトモ判例ハ一般ニ之ヲ積極的ニ決定セリ(3)

今日ニ至リテハ數多ノ國ニ於テハ法律若クハ條約ヲ以テ外國ニ於テ適法ニ設立シタル株式會社ニ付キ相互ヲ留保シ、若クハ留保セスシテ單純ニ之ヲ認許スルニ至リ(4)或ハ株式會社タル性質及之カ訴訟能力ヲ認ム(5)ト雖モ常任代理又ハ其ノ他ノ方法ニ由リテ其ノ國內ニ營業ヲ行フ所ノ外國ノ會社ヲシテ特別ナル條件ニ服從セシムルニ至レリ、余輩ハ此ノ第二ノ主義ニ於テ採用セラレタル區別ヲ是認ス、即チ余輩ハ我國株式會社カ其ノ本據ヲ有スル國ニ於テ適法ニ株式會社ノ性質ヲ取得シタルトキハ、到ル所株式會社ト看做サルヘキモノナルコトヲ認ム、何トナレハ是レ眞實ニ近世ノ慣習法ナレハナリ(第一〇〇號參照)然レトモ商業ヲシテ安固ナラシムルノ便益ノ爲メ立法者カ自國ノ會社ニ對シ一定ノ規定ヲ設ケタル場合ニハ、又其ノ國內ニ於テ營業ヲ爲ス所ノ外國ノ會社ヲモ

同一ノ規定ニ從ハシムルコトハ正道ニシテ且衡平ヲ得タルモノナリト信ズ(6)

〔帝國商法第二五五條以下第二六〇條參看〕

(1)　株式會社ノ法律上ノ性質ハ獨逸ニ於テ議論紛紛タリ、而シテ其ノ人格ニ關スル問題ヲ以テ特ニ然リトス、瑞西法典第六百二十三條ニ曰ク、株式會社ハ商業登記簿ニ登錄スルニ非サレハ法人タルコトヲ得ス云云

佛國ノ株式會社ニ關スル法律草案ハ「外國會社」ナル一章ヲ設ケタリ、此ノ章ノ初條(第九〇條)ハ次ノ如ク記載セリ、曰ク外國ノ株式會社ニシテ其ノ國ノ法律ニ遵由シテ設立セラレタルモノハ行政命令ノ方式ニ於ケル勅令ヲ以テ一般ニ其ノ國ノ會社ニ佛國ニ於テ凡テノ權利ヲ行ヒ及訴訟ヲ爲スコトヲ許可シタルトキハ外國人ニ許可シタル一切ノ權利ヲ佛國ニ於テ行フコトヲ得

(2)　是レ即チ佛國商法第三十七條ニシテ、千八百六十七年七月二十四日法律第二十一條ヲ以テ廢セラレタルモノナリ

(3)　特ニ和蘭ニ於テハ種種ノ判決數多アリタル後千八百六十六年二月二

十二日高等法院ノ判決ニ由リテ斯ク決定セラレタリ

(4) 是レ千八百五十五年三月十四日ノ白耳義法律ニシテ、千八百七十三年法律第百二十八條ニ由リ廢セラレタルモノナリ、又千八百五十七年五月三十日ノ佛國法律第一條ハ、白耳義政府ノ許可ヲ受クヘキモノニシテ其ノ許可ヲ得タル會社ニ佛國ニ於テ其ノ權利ヲ行使シ及訴訟ヲ爲スコトノ能力ヲ與ヘタリ、其ノ第二條ハ參事院ノ諮問ヲ經テ下シタル勅令ヲ以テ、其ノ他ノ國ノ會社ニ佛國ニ於テ訴訟ヲ爲スヲ許可スルコトヲ得ル旨ヲ規定セリ、而シテ此ノ勅令ニ由ル許可ハ數多ノ國ノ會社ニ與ヘラレタリ、即チ千八百六十年九月八日サルデーギュ國ノ株式會社ニ、千八百六十一年二月二十七日リクサンブール及葡萄牙ノ株式會社ニ、同年五月十一日瑞西ノ株式會社ニ、千八百六十六年二月十六日普國ノ會社ニ、千八百六十八年五月三十日サクソレノ會社ニ、千八百八十三年八月六日合衆國ノ會社ニ與ヘラレタリ、――瑞西國ニ關スル勅令第一條ニ曰ク、瑞西聯邦政府ノ許可ニ服スヘキ株式會社及其ノ他ノ商業工業及理財ニ關スル社團ニシテ其ノ許可ヲ得タルモ

ノハ佛蘭西帝國ノ法律ニ從ヒ佛國ニ於テ訴訟ヲ爲スコトヲ得

(5)　千八百六十二年四月三十日英佛兩國間ノ條約ハ總テノ英國ノ會社ニ佛國ニ於テ訴訟ヲ爲スノ權ヲ與ヘタリ、其第一條ニ曰ク、兩締盟國ハ相互ニ兩締盟國ノ特別法律ニ從ヒテ設立若クハ認許セラレタル一切ノ會社及商業工業及理財ニ關スル社團ニ兩締盟國ノ一方ノ全國內及占有地域內ニ於テ一切ノ權利ヲ行使スルノ能力及訴訟ヲ提起スル爲メ若クハ訴訟ニ於テ防禦スル爲メ裁判所ニ出廷スルノ能力ヲ認ムルコトヲ宣言ス云云

(6)　白耳義千八百七十三年五月十八日ノ法律ハ本問ノ原則ヲ正當ニ決定セリ、曰ク

第百二十八條　外國ニ於テ設立シ且外國ニ本店ヲ有スル株式會社及其他ノ商業工業及理財ニ關スル社團ハ白耳義國ニ於テ其ノ業務ヲ營ミ且訴訟ヲ爲スコトヲ得

第百二十九條　白耳義國ニ本店ヲ有スル會社ハ假令外國ニ於テ其ノ設立行爲ヲ爲シタルモノト雖モ白耳義法律ノ規定ニ從フコトヲ要ス

第百三十條　諸證書及貸借對照表ノ公示ニ關スル各條及本法第六十六條ハ白耳義國ニ支店若クハ一切ノ業務取扱所ヲ設クル外國會社ニ之ヲ適用スルモノトス

白耳義國ニ於ケル業務取扱所ニ於テ業務ヲ管理スル使用人カ第三者ニ對スル責任ハ白耳義國ノ會社ニ於ケル使用人ニ同シ

（第六十六條ハ凡テノ證書及報告書等ニハ社名ニ株式會社ナル文字ヲ附記スルコトニ付テノ規定ナリ）

〔帝國商法第二五五條以下及帝國民法第三六條參看〕

第二十八章　手形

一〇三　此ノ事項ノ困難ニシテ且重要ナルコト

手形ハ屢〻一國ヨリ他國ヘ流通シ且最モ隔離シタル土地ニ住スル人人ノ間ニ生スル商事關係ヲ定ムルノ用ヲ爲スモノナルヲ以テ國際私法ニ關スル問題ノ發生ハ此ノ事項ニ於テ特ニ其ノ頻繁ナルヲ見ル、手形ニ關スル問題ハ或ハ手形ノ本質ニ於ケル根本的差異、即チ佛法ニ於ケル手形ハ獨法ニ於ケルモノト異ナルカ、如キ差異ヨリ生シ、或ハ數多ノ細目ニ付テ異ナリタル規定アルヨリ生ス(1)余輩ハ此ノ書ニ於テハ單ニ重要ナル點ノミヲ論究セントス、即チ署名者ノ能力手形義務ノ方式及本質ニ償還請求權ヲ包含セシメテ順次之ヲ研究スヘシ

(1)　千八百四十八年ノ獨逸法律ハシヤルル、アイナル氏(一七七七年乃至一八五五年)カ千八百三十九年ニ於テ其ノ「十九世紀ニ於ケル手形取引ノ需用ニ伴ヒタル手形法」ト題スル著書中ニ學理的ニ敷衍シタル原理ヲ立法上採用シタルモノナリ、而シテ此ノ原理ハ原來既ニ英國及米國ニ於テ實行シツツアリタルモノナリ、現今ハ歐洲全土ニ於テ手形法ヲ一定セントスル傾向アリ、千八百八十二年チウリン府ニ開キタル國際法協會ニ提出シタル報告ニ於テアッセル氏ハ手形及其他ノ信用證券、運送契約及海商法中ノ主要ナル事項ハ共ニ國際間ニ於テ一様ナル法律ト爲スコトヲ最モ切望スト指定セリアッセル氏曰ク、法律ヲ一様ナラシムルコトハ之ヲ實行スルニ難カラス、獨逸主義ハ其ノ細目ヲ除キテハ墺地利、匈牙利、瑞西、伊太利、瑞典、那威、嗹馬等ノ

立法者ノ繼受スル所ト爲リ、千八百八十二年ニ於ケル露國新法典モ同一ノ基礎ニ立テラレタリ、和蘭モ亦各國ノ例ニ依據スヘク、千八百七十二年ノ白耳義法モ大體ニ於テ獨逸主義ニ近接セリト、白耳義法ハ較〻獨逸主義ト佛法典主義トノ連鎖ヲ爲スモノナリ、西班牙及葡萄牙商法ハ和蘭ノ現行法、土耳古、希臘及ルーマニヤ等ノ法律ノ如ク佛國主義ニ從ヘリ、セルビヤ法典ハ之ニ反シ獨逸法ヲ模倣セリ、國際法協會ハ手形事項ニ關スル法律ノ牴觸及各國法律ヲシテ及フヘキ限リ一樣ナラシムヘキ基礎ヲ研究センカ爲メニ委員ヲ設ケ、ノルサー及ルノーニ氏之カ報告者ト爲レリ

一〇四　手形義務能力

當事者ノ能力ノ問題ニ付テハ第十八號及第二十二號ニ述ヘタル一般ノ原則ヲ適用スヘキモノトス、故ニ其ノ人カ手形ニ依リ義務ヲ負フ能力アリヤ否ヲ決定スルハ手形ニ署名スル人ノ本國法ナリトス(1)而シテ手形能力カ特別ノ條件ニ從フ場合、即チ一般ノ義務ヲ負フ能力アル人ト雖モ手形ニ由リ義務ヲ負フコトヲ得ストスフカ如キ條件ニ從フ場合ニ於ケルモ亦同シ(2)

能力問題ノ點ニ付テハ手形義務ヲ負フ所ノ土地ハ關係ヲ有スルモノニ非ス獨逸法(第八四條第二項)瑞西法(第八二二條)及嗹馬、瑞典、那威法(第八四條)ハ前述ノ原則ニ違背シテ獨逸瑞西若クハ瑞典那威ノ法律ニ據リ、手形ニ因リ義務ヲ負フ能力アル者ハ假令自國ノ法律ニ據リ無能力ナリト雖モ、獨逸、瑞西、瑞典、那威及嗹馬ニ於テハ義務ヲ負フ旨ノ規定ヲ設ク(3)此ノ違背ノ理由ハ學者之ヲ商業上ノ便益ニ歸セシムルト雖モ余輩ハ此ノ違背ヲ辯疏スルノ難キヲ信ス、此ノ違背カ獨逸ノ委員會ニ於テ九票ニ對スル十票、即チ一票ノ多數ニ由リテ議決セラレタルコトハ注目スヘキ點ナリ〔帝國法例第三條第二項〕

(1)　學者ノ多數ハ住所地法ヲ適用スヘシト論スト雖モ、本國法主義ハ獨逸瑞西、瑞典、那威、嗹馬各國法律ノ明文ヲ以テ認メラレタルモノナルコトヲ想起スヘシ(第二〇號、第二一號、第二三號)

(2)　佛國商法第百十三條――此ノ問題ニ付テハ學說一致セスト雖モ、特別ノ能力ヲ國際間ニ於テ認ムルトキハ著シキ困難ヲ生スルトキハ何人モ之ヲ否認セサル所ナルヘシ

(3) 瑞西義務法典第八百二十二條ニ曰ク、手形義務ヲ負フ能力ハ外國人ニ在リテハ自國ノ法律ニ依リテ之ヲ定ム、然レトモ瑞西法律ニ依リ手形義務ヲ負フ能力アル者ハ假令自國ノ法律ニ從ヘハ無能力者ナリト雖モ瑞西國ニ於テハ有效ニ義務ヲ負フモノトス、瑞西國人ノ能力ニ關シテハ其ノ國内ニ在ルト外國ニ在ルトヲ問ハス此ノ法典ノ規定ニ依ルモノトス

第七百二十條　契約ニ因リ義務ヲ負フ能力アル者ハ手形ニ因リ義務ヲ負フコトヲ得

第八百二十二條第二項ニ於ケル「自國」ナル文字ニ付キブロシエル氏ハ注意ヲ與ヘテ曰ク、此ノ文字ハ其ノ據ルヘキ地方ノ法律カ採用シタル主義ニ隨ヒ或ハ住所地法ト解シ或ハ本國法ト解スヘキモノナリト

一〇五　義務ノ方式。土地ハ行爲ヲ支配ス。虚僞ノ記載カ爾後ノ記載ニ及ホス影響。外國ニ在ル同國人間ノ手形義務。獨逸法、瑞典那威及嗹馬法、瑞西法

手形ニ記載シタル振出人、裏書人及引受人ノ一切ノ義務ニ付テハ、學者ハ「土地ハ

行爲ヲ支配ス」トノ原則ヲ一般ニ適用セリ、即チ各記載ハ其ノ記載ヲ爲サレタル國ノ法律ニ適合スルコトヲ要ス(1)〔帝國商法第四三九條、同商法施行法第一二五條ノ一參看〕

方式ノ瑕疵ノ爲メニ生スル記載ノ無效カ他ノ正當ニ爲サレタル記載ノ效力ニ影響スル程度如何、此問題ハ記載ノ爲サレタル國ノ法律カ佛國主義ニ從フト獨國主義ニ從フトニ因リテ其ノ決定ヲ異ニセサルヲ得ス

爲替契約主義(佛國主義)ニ於テハ裏書ヲ以テ特ニ債權讓渡ノ證據ト爲スモノナレハ無效ノ裏書ニ次キテ爲ス所ノ裏書ハ裏書トシテ有效ナリト云フヲ得サルヘシ、獨國主義ハ之ニ反シ手形義務ノ重要ナル性質ハ一定ノ條件ヲ以テ支拂ヲ爲ス約束ノ性質ヲ有スルカ故ニ〔帝國商法第四三五條第四四五條ノ五號第五二五條ノ四號參看〕獨逸手形法第八十五條第二項ノ如キ規定ヲ生ス、此ノ規定ニ依レハ先ニ外國ニ於テ爲サレタル記載ノ方式カ獨國法律ニ適合シタルモノナルトキハ其ノ記載ハ虛僞ナリトノ事實ニ基キテ後ニ國內ニ於テ爲シタル記載ノ效力ヲ爭フコトヲ得サルナリ(2)〔帝國商法第四三七條第四三八條參看

獨逸手形法第八十五條第三項ノ規定ハ獨國現行ノ原則ト全然一致セサルカ如シ、同項ニ從ヘハ獨國人カ外國ニ在ル他ノ獨國人ニ對シテ負擔シタル義務ニ關スル記載ハ獨國法ノ規定ニ適合スルトキハ獨法ニ於テ與ヘタル效力ヲ生スト爲セリ(3)余輩ハ第三十號ニ於テ多數ノ學者ハ二人以上ノ同國人カ外國ニ於テ結約スル場合ニ於テハ「土地ハ行爲ヲ支配ス」トノ原則ニ對スル例外ヲ認メ、若クハ少クトモ此等ノ學者ハ行爲ノ方式カ兩結約者ノ國法ニ適合シタルモノナルトキハ其ノ行爲ハ方式上有效ナリト主張スル旨ヲ敍シ、且余輩ハ此ノ理論ヲ駁擊セリ、而シテ此ノ理論ハ特ニ手形事項ニ於テ最モ其ノ不可ナルヲ見ルナリ、抑モ手形義務ハ結約者及其ノ讓受人ト云フカ如キ特定ノ人ニ對シ負擔スルモノニ非スシテ、其ノ何人ナルヲ問ハス正當ノ所持人ニ對シ負擔スルモノナリ、故ニ手形義務ヲ負擔シタル際ニ於ケル所持人ノ何人ナルヤヲ知ルノ要ナシ、然ラハ此ノ所持人ト債務者トカ國籍ヲ同シウスルコトヲ理由トシテ「土地ハ行爲ヲ支配ス」トノ原則ニ例外ヲ設クルコトハ許スヘキモノニ非ス、論者或ハ是レ當事者ノ意思ノ推定ナリト云ハン、當事者ノ意思ノ推定ハ一般ニ論スレハ如何ナル價値ヲ有スルト爲スモ、余輩ハ手形義務ノ效力ニ關スルカ如キ場合ニ於テハ當事者ノ意思ハ云云ナリト斷定シ了ルハ合理ニ非スト信ス、加之彼ノ第八十五條第三項ノ如キハ其ノ立法者カ手形義務ニ與ヘタル重要ナル性質ト明ニ矛盾スルヲ見ルニ非スヤ〔帝國商法施行法第一二五條ノ二〕

(1)　手形ハ其ノ發行地ノ法律ニ適合スルトキハ到ル所ニ適法ト看做サルヘキモノトス(リヨンカン、ルノー氏)瑞西聯邦法典第八百二十三條第一項ニ曰ク外國ニ於テ振出シタル手形ノ要件及外國ニ於テ署名シタル其他ノ一切ノ手形義務ハ其ノ行爲ヲ爲ス土地ノ法律ニ依リテ之ヲ定ム

(2)　瑞西法典第八百二十三條第二項ニ曰ク、然レトモ外國ニ於テ署名シタル約束カ瑞西國法律ノ規定ニ適合スルトキハ外國法ニ從ヘハ違法ナルヘキ場合ト雖モ爾後ニ瑞西國ニ於テ手形ニ記載セラレタル手形義務ノ法律上ノ效力ヲ失ハシムルコトナシ

(3)　同第三項ニ曰ク、之ト同シク瑞西國人カ他ノ瑞西國人ノ爲メニ外國ニ於テ署名シタル手形約束ハ瑞西國法律ノ規定ニ適合スルトキハ手形事項

ニ於ケル各種ノ特別義務ヲ生ス

一〇六　手形ノ實質ハ結約地ノ法律ニ依リテ支配セラル。外國ニ於テ與ヘラレタル恩惠期間（佛國一八七〇年八月十三日恩惠期間法）

一般ノ原則トシテハ手形ニ記載セラレタル各種ノ義務ハ其ノ實質ノ點ニ付テハ第三十、三號以下ニ說明シタル原則ニ從ヒ手形義務ノ結約セラレタル土地ノ法律ニ依リテ支配セラルルモノトス（帝國法例第七條同商法施行法第一二五條參看）

或學者ハ手形ノ主要ナル義務ニ對シテ第六十三號ニ說明シタル學說ヲ適用セリ、此ノ學說ニ依レハ義務カ其ノ結約セラレタル土地ノ外ニ於テ履行セラルヘキトキハ結約地法ニ依ルトノ原則ニ例外ヲ設クヘシト爲スモノナリ、故ニ此等ノ學者ハ次ノ如ク思考ス、曰ク振出人、裏書人及引受人ノ義務ノ範圍ハ手形ノ宛テラレタル土地（支拂地）ノ法律ニ從フ何トナレハ支拂ヲ爲スヘキハ此ノ土地ニシテ、振出人、裏書人引受人ノ義務即チ所持人ニ支拂ヲ爲ストノ義務ノ履行セラルヘキハ此ノ土地ナルカ故ナリト、余輩ハ第三十三號ニ於テ義務ノ履行ニ關シテハ履行地ノ法律ニ依リ支配セラルヘキコトヲ認メタリ、然レトモ本問ノ場合ニ於テ此ノ法則ヲ適用スルコトハ誤謬タルヲ免レスト信ス、抑モ振出人及裏書人ノ負擔シタル義務ハ何ナルカト云フニ、手形ノ支拂ハレサル場合ニ於テハ其ノ所持人ニ辨濟スルコト若クハ手形ノ引受ケラレサル場合ニ於テ擔保スルコトノ一アルノミ、而シテ此等ノ義務ハ振出人、裏書人ノ住所地ニ於テ履行セラルヘキモノタレハナリ

以上余輩ハ振出人及裏書人ハ一定ノ條件ニ從ヒ支拂ヲ爲ス義務ヲ負擔シタルモノナレハ、其ノ義務ヲ負擔シタル土地ノ法律ニ因リテ支配セラルト云ヘリ、仍テ所持人カ此等ノ義務者ニ對シ償還請求ヲ爲ス爲メニハ拒絶證書ヲ作成スルヲ要スルカ、又其拒絶證書ハ之ヲ告知スルヲ要スルカ等ノ問題ヲ決スルニ付テハ義務者各自ノ法律ニ從ハサルヘカラス、然レトモ拒絶證書及告知ノ方式ニ關シ及多數ノ學說ニ依レハ拒絶證書ノ作成及告知等ノ行爲ヲ爲ス爲メニ定メラレタル期間ニ關シテハ此等ノ行爲ヲ爲ス土地ノ法律ヲ適用スルヲ要ス(1)〔帝國商法施行法第一二六條〕

以上ノ原則ヨリシテ余輩ハ引受人ノ義務ニ關シテモ亦引受地ノ法律ニ從フヘシト爲スモノナリ、而シテ滿期日、支拂方法等ニ關シテモ亦凡テ然リトス例外ノ事情アル場合ニ於テ立法者ハ引受人ヲ救護スル方法ヲ規定スルコトアリ、例ヘハ引受人ニ恩惠期間ヲ與フルカ如シ、引受人カ法令ニ依リテ有スル此ノ如ク保護セラレタル地位ニ在リシトノ理由ニ基キ適當ナル時期ニ拒絕證書ヲ作成セシメス且其ノ償還請求權ヲ行使セサリシ所持人ハ引受人ト異ナリタル國ニ住スル振出人及裏書人ニ對シテ此ノ恩惠期間ヲ援用スルヲ得ヘキカ、此ノ難問ニ付テハ普佛戰役中ヨリ其ノ以後ニ至ルマテ議論永ク決セサリキ、ライプチヒ商事高等裁判所ハ千八百七十一年二月二十一日ノ判決ニ依リ、佛國ニ於テ支拂ヲ受クヘキ手形ノ所持人カ佛國千八百七十年八月十三日ノ恩惠期間法ヲ援用シ債務者タル獨國人ニ對シテ提起シタル所ノ償還請求ノ訴ヲ排斥セリ、同裁判所ハ曰ク、佛國恩惠期間法ノ明文ノ如何ニ拘ラス同法ノ精神ハ債務者タル佛國人ニ對シテ恩惠期間ヲ與フルニ在リテ存スルモノナリ、而シテ所持人カ償還請求ヲ爲スニ當リ、其ノ債務者タル獨國人カ自己ノ義務ヲ係ラシメタル條件ヲ所持人ニ於テ履行セサリシ責任ヲ免レンカ爲メニ所持人ハ此ノ恩惠期間法ヲ援用スルコトヲ得トノ理由ハ國際私法ノ原則ニ於テ許ス所ニ非スト、同裁判所又曰ク、所持人ハ又不可抗力ヲ援用スルコトヲモ得サルモノトス、何トナレハ第一ニ不可抗力ナリトノ理由ハ以テ償還請求ニ要スル條件ノ不履行ヲ疏明スルヲ得ス(2)參照〕、第二ニ恩惠期間法ハ拒絶證書作成ノ期間ヲ延長セシムト雖モ、恩惠期間ニ先チテ拒絶證書ヲ作成セシムルコトヲ禁シタルモノニ非スシテ單ニ佛國人タル債務者ニ對シテハ恩惠期間ニ先チタル拒絶證書ヲ以テ償還請求ヲ爲スコトヲ妨ケタルニ止マルカ故ナリト、此ノ判決ニ對シテハ數多ノ學者ハ之ヲ辯護シ(2)他ノ數多ノ學者ハ之ヲ非難シ(3)共ニ手形法牴觸ニ關スル根本的原則ニ遡リテ論爭セリ(4)

(1)　故ニ獨逸法律第八十六條、スカンヂナビヤ法第八十六條、瑞西法典第八百二十四條ニ曰ク、手形契約ヨリ生スル權利ヲ外國ノ場所ニ於テ行使シ及保全スルニ要スル行爲ノ方式ニ關シテハ其ノ場所ノ現行法、ノ定ムル所ニ從フ西班牙法典第四百八十六條、巴西法典第四百二十四條ハ之ニ類似シタル條項ヲ含ム、然レトモ措辭一層廣汎ニシテ期間ノ如キモノヲモ包含スルカ如シ、アルゴウイー州手形法第六十五條ハ明文ヲ以テ期間ヲモ包含セシメタリ

(2) 此ノ原則ハ立法上瑞西義務法典第八百十三條ニ於テ採用セラレタリ曰ク、手形義務ハ時效ニ因リ及方式又ハ法律カ手形義務ノ成立ヲ係ラシメタル期間ヲ遵守《イルフセルバシヨン》セサルニ因リテ消滅ス、而シテ假令此ノ時效若クハ失權カ不可抗力若クハ債權者ノ過失ニ歸スヘカラサル事情ニ因リテ生シタルトキト雖モ亦同シ

(3) ライプチヒ裁判所ノ理由ニ反對ノ理由ハ、千八百七十二年三月二十五日ジュ子ーブ控訴院及同年三月六日チウレン大審院ノ判決ニ由リ採用セラレタリ

(4) 上來見タル所ニ依レハ千八百七十年八月十三日恩惠期間法案ノ報告者ハ國際法上ノ難問ヲ聊カ輕易ニ看過シタリトノ誹ヲ免レサルヘシ、報告

者ハ云ヘリ、曰ク此ノ佛國法律ハ商事ニ付テ外國人ニ對シテモ規定ヲ與ヘ又將來ニ與フヘシト信ス、是レ即チ國際法規ナリ、此ノ新法ハ外國人ヲ羈束ス、何トナレハ此ノ新法ハ不可抗力ノ場合ノ一タレハナリ、夫レ此ノ新法ハ不可抗力ナリ、豫見スヘカラサル事實ナリ、凡テノ外國裁判所ニ於テ對抗シ得ヘキ事實ナリ、國際法ニ於テ認メラレタル事實ナリ、天下ノ裁判所ニシテ此ノ如キ事實ニ對シ償還請求權ハ消滅シタリト宣告スルモノアラサルヘシ云云

一〇七　連帶義務

各債務者ノ義務ハ、其ノ債務者カ義務ヲ負擔シタル土地ノ法律ニ依リ支配セラルトノ法則ハ、余蛩カ支拂人ノ住所地ニ於テ要スル條件ヲ履行スルコトノ問題ニ付テ爲シタル注意ト共ニ各債務者ノ連帶責任ノ問題ニ關シ適用セラルヘキモノトス、此ノ連帶責任ノ問題ニ付テモ各國立法ノ規定同シカラス、或國ノ法律ニ於テハ所持人ハ一定ノ順位ニ依ラスシテ自己ノ欲スル債務者ヲ自由ニ訴追スルコトスラモ爲シ得ヘシ、然ルニ他ノ國ノ法律ニ於テハ箇人ニ對スル訴ト併

合シタル人ニ對スル訴トノ間ニ選擇スルコトヲ得、然レトモ所持人ニシテ若シ振出人ヲ訴追スルトキハ裏書人ニ對スル訴ヲ抛棄シタルモノトシ、一人ノ裏書人ヲ訴追スルトキハ其ノ後ニ裏書シタル人ニ對スル訴ヲ抛棄シタルモノトス此ノ規定ハ特ニ和蘭商法第百八十六條ニ於テ見ル所ナリ、之ニ反シ獨逸法ニ於テハ斯ル制限ヲ設クルコトナシ、故ニ獨逸ノ手形ニ裏書シタル和蘭人ハ若シ所持人カ振出人ヲ訴追シタル後自己ニ對シ償還請求權ヲ行ハントスルトキハ和蘭法ノ規定ヲ援用スルコトヲ得ヘシ

各債務者ノ義務ハ連帶ナリヤ否ノ問題モ亦各債務者カ手形義務ヲ負擔シタル土地ノ法律ニ依リテ決定スヘキモノトス

然レトモ此ノ問題ニ對シ反對說アリ、マッセー氏ハ塽地利ノ舊法ニ於テ連帶責任ヲ採ラサリシ點ヨリ見解ヲ下シテ曰ク、連帶責任ヲ認ムル國ニ於テ塽國ノ手形ニ記載セラレタル義務ハ連帶ニ非ス、又其ノ反對トシテ連帶責任ヲ認ムル國ニ於テ發行セラレタル手形ノ上ニ塽國ニ於テ負擔シタル義務ハ連帶ナリト、フィオレー氏ハ不當ナル標準ヲ設ケテ此ノ說ノ第二點ヲ認容シ、其ノ第一點ヲ排斥

セリ(1)、マッセー氏ハ曰ク、振出人ニ對シテ連帶訴權ナキ手形ヲ受取リタル者ハ己レ亦他人ニ連帶訴權ナキ手形ヲ讓渡シタルモノトス、何トナレハ此ノ受取人ハ自己ノ有スル權利ノ外他人ニ讓渡スコトヲ得サルカ故ナリ、故ニ佛國ニ於テ之ニ爲シタル裏書ハ佛國人タル裏書人及所持人ニ主タル義務ヨリ生スル權利以外ノ權利ヲ與フルコトヲ得ス、而シテ其ノ反對ノ場合ニ對シテハ又曰ク、原來連帶ナル義務ハ墺國ノ領域ニ入ルト雖モ連帶ノ性質ヲ失フコトナシ、何トナレハ連帶ノ利益ニ付テ手形ヲ受取リタル墺國人タル裏書人及所持人ハ明示ニテ連帶ヲ拋棄セサリシトノ理由ノミヲ以テ既ニ連帶ニテ受取リタリト推定セラルルカ故ナリト

此ノ學說ハ全然之ヲ排斥スルヲ要ス、何トナレハ此ノ學說、ハ手形義務ノ實質ハ手形義務ヲ結約シタル土地ノ法律ニ依リテ支配セラルトノ原則ト矛盾スレハナリ、手形債權ノ移轉ヲ以テ讓渡ノ性質ヲ有スルカ如ク見解スルハ假令佛蘭西法ニ於ケル法理論トシテ考フルモ誤解タルヲ免レス、手形事項ニ關シテハ「何人モ自己ノ有スル權利ノ外他人ニ移轉スルコトヲ得ス」トノ原則ハ眞理ニ非サル

ナリ
連帶ノ觀念ハ以上余輩ノ唱道シタル結約地法ニ從フトノ原則ニ毫モ例外ヲ設クルノ必要アラシムルモノニ非ス、何トナレハ連帶ノ制度ヲ設クル國ニ於テ義務ヲ負擔シタル者ヲ連帶債務者ト爲シ、之ト反對ナル制度ヲ有スル國ニ於テ義務ヲ負擔シタル者ヲ連帶者ニ非スト斷定スルヲ得レハナリ、然レトモ此ノ問題ハ實際上若カク重要ナルモノニ非ス、何トナレハ各國現行ノ法律ハ概シテ連帶ノ制ヲ取レルカ故ナリ
終ニ附加スヘキハ、以上ノ原則ハ又連帶ノ效力ニモ適用スヘキモノタルコト是ナリ

(1) マッセー氏ハ千八百十六年ノ墺國法律ハ獨逸普通法ノ代ル所ト爲リシコトヲ遺忘セルニ似タリ、フイオレー氏モ亦此ノ誤謬ヲ爲セリ

一〇八　各記載ノ關係

手形上ノ各記載間ニ於ケル關係ハ、各國一樣ニ規定セラレス、獨逸法ニ依レハ各記載ハ互ニ相獨立シタルモノトス、即チ同法第七十五條第七十六條ニ依レハ、引

受、裏書及振出人ノ署名ト雖モ虛僞タルコトヲ得、其ノ他ノ記載ニシテ眞正ノモノタルトキハ完全ニ有效ナル義務ヲ成立セシム、而シテ獨逸法ノ此ノ規定ハ假令虛僞ノ記載カ同法ト異ナリタル制度ヲ取リタル外國ニ於テ爲サレタルトキト雖モ之ヲ適用シ得ヘキナリ〔帝國商法第四三七條第四三八條參看〕

(1)　瑞西義務法典第八百一條ニ曰ク、手形ニ僞造若クハ變造ノ署名アリト雖モ眞正ノ署名ハ手形ノ性質ニ附著シタル特種ノ效力ヲ生ストト、嗹馬法第八十八條ニ曰ク、手形上ニ虛僞ノ署名若クハ手形義務無能力者ノ署名アルトキ又ハ其他ノ事由ニ因リ記名者ヲ羈束セサル署名アルトキト雖モ此等ノ事實ハ毫モ他ノ手形義務者ノ責任ニ變更ヲ生スルコトナシト

第二十九章　海商

一〇九　船舶及船舶所有權ノ移轉(1)

船舶ハ動產タリ、而シテ多數ノ立法例ニ從ヘハ、船舶ノ所有權ハ公ノ登記簿ニ登錄スルニ非サレハ移轉セサルコトトセリ、是ニ於テカ困難ナル問題ヲ生ス

不動産ノ移轉ハ其ノ所在地法ニ依リ支配セラルルモノニシテ、其不動産ニ關スル公ノ登記簿ノ諸般ノ登記全體ハ同一ノ國法ニ從フモノナリ、然ルニ若シ所在地法ニ依ルトノ法則ヲ船舶ニ適用シ得ヘシトスルトキハ、其ノ不動産ニ於ケルト全ク異ナリタル結果ヲ生スルニ至ルヘシ、即チ登記簿ハ其ノ統一ヲ缺キ、登記ヲ必要トスル種類ニ屬スル船舶所有者ノ氏名ヲシテ一見明確ナラシメントスル登記簿ヲ設ケタル目的ニ適合セサルニ至ルヘシ(2)仍テ船舶登記簿ヲ設クル國ニ於テ一旦登記簿ニ登錄ヲ經タル船舶ノ移轉ハ、假令其ノ船舶ノ外國ニ在ルトキト雖モ同一ノ登記簿ニ移轉ノ登錄ヲ經ルニ非サレハ其ノ移轉ヲ認ムヘキモノニ非スト云ハサルヘカラス、而シテ此ノ法則ハ不動産事項ニ付キ說明シタルモノノ類推的適用ニ過キサルナリ(第二九號參照)(3)

帝國商法第五四〇條第五四一條參看」

(1) 千八百八十二年ノ國際法協會ニ提出シタル報告書ニ於テアッセル氏ハ主トシテ船舶所有權、海商ニ於ケル抵當權、先取特權及冒險契約ニ付キ左ノ如ク云ヘリ、曰ク船舶ニ關シテハ法理上本國法ヲ以テ所在地法ノ上ニ置カサルヘカラス然レトモ實行上此ノ法則ノ適用ハ法律ノ牴觸ヲ全ク避クルニ足ラス、何トナレハ第一ニ船舶ノ國籍ニ關スル諸條件ハ各國立法例ニ於テ同一ナラス、次ニ此ノ法則ニ從ヘハ船舶ニ關シテ行爲ヲ爲ス土地ニ於テハ人ノ知ル所ト爲ラサル遠距離ニ於ケル國法ヲ屢〻適用スルコトヲ要シ、終ニ船舶ニ關スル先取特權ノ混合的性質ハ其ノ船舶ノ爲メニ債務ヲ負擔シタル場合ニ於テ其ノ船舶ノ本國タル外國ノ法律ヲ適用スル能ハサルニ至ルコト屢〻ナリトス云云

(2)　各國ノ立法例ニ依レハ、船舶ニ設定シタル抵當ニ關スルモ亦然リトス

(3)　此ノ法則ハ和蘭商法第三百十條ノ間接ニ認ムル所ナリ、同條ハ規定シテ曰ク、船舶ノ引渡ヲ外國人若クハ正確ニ云ヘハ和蘭ニ居住セサル人ニ爲シタルトキハ、船舶ノ引渡アリタル土地タル外國ノ法律ヲ適用スヘシト、即チ此ノ規定ノ結果トシテ若シ取得者カ和蘭王國ニ居住スルトキハ和蘭法ヲ適用スルコトト爲ルヘシ

二一〇　船舶所有者及船長ノ行爲ニ關スル船舶所有者

ノ責任

船長若クハ使用人ノ發生セシメタル債務ニ關スル船舶所有者ノ責任ニ付テハ各國ノ法律ニ於テ甚シク其ノ規定ヲ異ニセリ

此ノ責任ノ範圍ハ、船舶艤裝地及船長若クハ使用人カ其ノ權限ヲ授與セラレタル土地ノ法律ニ依リテ之ヲ定ム、是レ即チ國旗地法（La loi du pavillon）ニシテ、此ノ事項ニ關シテハ到ル所ニ適用セラルヘキモノトス、此ノ點ニ付テハ學說一致セリ

國旗地法ハ又或場合ニ於テ船舶所有者ノ責任カ制限セラレ、又ハ消滅スヘキ諸條件ヲ定ムルモノトス、例ヘハ船舶及運送賃ノ委付ニ關スル場合ニ關スルカ如シ

委付ハ船舶所有者ノ責任ノ全部若クハ一部ノ免除ノ爲メニ常ニ必要ナルモノニ非ス、例ヘハ英吉利法律ニ於テハ數多ノ場合ニ於テ毫モ過失若クハ懈怠ノ船舶所有者ニ歸スヘカラサルトキハ噸數ニ比準シタル一定ノ金額ヲ支拂フコトニ船舶所有者ノ責任ヲ制限セリ、而シテ商船條例（Merchart shipping act）ハ明文ヲ

以テ此ノ規定ヲ擴張シテ外國船舶ニ及ホセリ、然ルニ英國判事ハ佛國ノ船舶所有者ニ對シテハ如何ニ判決スヘキヤ、英國判事ハ佛國船舶所有者ニ對シ委付ニ關スル佛國法律ヲ適用スヘキヤ、此ノ點ニ付テハ成文法ノ規定ト國際法ノ一般原則ヨリ生スル法律トノ間ニ牴觸アリトス(1)

(1) 船舶及運送賃ノ委付ニ依ル責任ノ免除ハ、佛國商法第二百十六條、又獨逸法典第四百五十二條乃至第四百五十四條ニ於テ認メラレ、其ノ他伊太利和蘭ノ法典及千八百七十八年八月二十一日ノ白耳義法律ニ依リテ認メラル(帝國商法第五四四條第五四五條參看)

一二　運送契約

事物ノ性質上及余輩カ曩ニ說明シタル原則(第三三號參照)ニ據リ運送契約ハ主トシテ貨物ノ到達地(陸揚港地)ノ法律ニ依リ支配セラルルモノトス、即チ積荷ノ引渡サルヘキ土地、及運送賃ノ支拂ハルヘキ土地ハ到達地ナルカ故ニ當事者相互ノ主タル義務ヲ履行スヘキ土地ハ正ニ到達地ナリトス

故ニ運送賃ハ支拂フヘキモノナルヤ、支拂フヘキモノトセハ全部ノ運送賃ナル

ヤ、某距離ヨリノ運送賃ナルヤノ問題、貨物ノ引渡ニ關スル責任ノ範圍、損害賠償ノ義務、船長ニ對スル求償ノ諸條件等ヲ決定スヘキハ履行地法タル到達地ノ法律ナリトス

到達地ニ付キ疑アルトキハ如何、例ヘハ船長ハ英國ノ某港若クハボルドー、ハンブール間、ハーブル、ハンブール間ニ於ケル歐洲大陸ノ某港ヲ指圖セラレ、而シテ其ノ指圖セラレタル港ニ到ル前ニ航行不能ノ爲メ航行ヲ中斷シタリト假定セヨ、此ノ如ク到達地ニ疑問アルトキハ如何ニ決スヘキヤ

和蘭國ノ判例ニ據レハ、孰レノ到達港ヲ以テ指圖セラレタル港ト爲スヘキカハ諸般ノ情況ヲ參酌シテ之ヲ認知スヘシトセリ

余輩ハ以爲ク必要ヲ生シタル港ニ於テ爾後ノ運送ノ爲メ他ノ船舶ヲ傭入レタル後、實際積荷ノ到達シタル港ヲ以テ到達地ト認ムヘキモノナリト

一一二　河川又ハ領海ニ於ケル衝突

領海ニ於ケル船舶ノ衝突ハ、河川ニ於ケル衝突ト同シク第四十號ニ述ヘタル犯罪及準犯罪〔不法行爲〕ヨリ生スル義務ニ關スル法則ニ從ヒ、事實ノ發生シタル土

地ノ法律ニ據リテ之ヲ判決ス〔帝國法例第一一條參看〕外國ノ領海ニ於テ同一ノ國旗ヲ揭クル船舶間ニ衝突アリタル場合ニ於テハ、其ノ國旗地法ヲ適用スヘク、少クモ其ノ本國ニ屬スル判事ハ國旗地法ヲ適用セサルヘカラスト論スル學者アリ、英國ノ判例ハ此ノ說ヲ採用セリ、余輩ハ此ノ說ノ理由ヲ發見スルニ苦シム〔同國籍ニ屬スル當事者間ノ關係ハ本國法ニ從フトノ學說ハ著者カ上來屢〻駁擊スル所ナリ〕

一一三　自由海ニ於ケル衝突

自由海ニ於テ船舶ノ衝突シタルトキハ事實發生地ノ法律ニ依ルト云フヲ得ス然レトモ一般ノ國際法ナキヲ以テ受訴裁判所所在地ノ法律ヲ適用スルハ衡平ニシテ且當然ナリト信ス、何トナレハ孰レノ外國法モ適用スヘキモノナキカ故ニ判事ハ其ノ自國ノ法律ニ依リテ裁判スルヲ要スレハナリ(1)

(1) アッセル氏ハ國際法協會ニ於テ海上ニ於ケル船舶ノ衝突ニ付キ國際法規ヲ一樣ナラシムルコトノ必要ヲ摘示セリ

海岸ヨリ幾何ノ距離アルトキハ之ヲ自由海ト爲スカ、是レ公法ノ問題ニシテ、之ニ對シ各種ノ異ナリタル答辯アリ、而シテ今日ノ通說トシテハ沿岸國ノ領域ハ海岸ヨリ五「キロメートル」(英國ノ三海哩)マテナリトセリ

一一四 難破、坐礁、漂流物、海難救助ノ權利

凡テ海岸ニ漂著シ又ハ引揚ケラレ及拾取ラレタル物件、財產、殘遺物、船舶艤裝物等ニ關シテハ、準契約ニ關シ第四十號ニ述ヘタル原則ノ結果トシテ此等ノ物件カ坐礁シ又ハ引揚ケラレタル土地ノ法律ニ依リテ支配セラルルモノトス、故ニ引揚ノ行爲、引揚者ノ權利義務、引揚物件ノ保存、所有者若クハ自稱所有者ノ請求及國家ノ補助ノ權利ニ關シテ特ニ然リトス(1)

古代ニ於テ諸侯ノ有シタル沿岸地ノ難破物、漂流物、殘遺物ヲ自己ニ取得スルノ權利、其ノ他之ニ類似シタル權利ハ最早今日ノ問題ニ非サルナリ(2)

危難ニ瀕スル船舶ヲ救助シ、之ヲ港內ニ引入ルル行爲及人命救助ノ權利ニ付テハ特ニ其ノ土地ノ法律ノ支配ヲ受ク、人命救助ノ權利ニ付テハ或國ノ法律ニ於テハ此ノ一般ノ原則ニ違背シタル規定ヲ設クルモノアリ、英國法律ニ於テハ人命ノ救助ニ付テ救助ノ權利ヲ認ム、千八百五十四年ノ商船條例ハ第四百五十八

節ニ於テ單ニ合衆王國ノ境域内ニ於ケル海若クハ潮汐ノ存スル水ノ沿岸ニ於テ人命ヲ救助シタル場合ニノミ此ノ權利ヲ與ヘタリ、然ルニ千八百六十一年海事裁判所條例(Admiralty court act)ハ第九節ニ於テ場所ノ如何ヲ問ハス、凡テ英國船舶ニ乘組ミタル人ノ生命ヲ救助シタル場合及如何ナル國旗ヲ揭ケタル船舶ニ拘ラス乘組ミタル人ノ生命ヲ救助シ、而シテ其ノ救助ノ行爲アリタル河川カ全部又ハ一部英國ノ領域ニ屬スル場合ニマテ此ノ救助ノ權利ヲ擴張セリ(3)

(1) 坐礁若クハ引揚ケラレタル物ニ付テ生スル諸物權若クハ留置權等、一般ノ原則ニ據リ所在地法ニ依リテ支配セラルルモノトス

(2) 故ニ此等ノ諸權利ニ關スル古代ノ著書ハ歷史トシテノ價値ヲ有ス…ノミ

(3) 英國ノ領域ニ非サル河川ニ於テ英國ノ船舶ニ非サルモノニ乘組ミタル人ニ關スル場合ト雖モ、後ニ說救助者カ其ノ救助ヲ受ケタル船舶ニ依リテ英國ニ送致セラレタルトキハ、又此ノ英國ノ原則ヲ適用スヘシト主張スル學者アリ、然レトモ此ノ見解ハ正當ニ非ス、何トナレハ其ノ救助ノ了ルヤ

罹災者ハ其ノ乘移リタル船舶ニ於テ靜安ナルヲ得タルカ故ニ、此ノ場合ニ於テハ英國ノ水中ニ於テ救助セラレタリト云フヲ得ス、加之其ノ船舶ノ到達地ノ問題即チ其ノ船舶カ英國ノ某港ニ行クモノナルヤ、若クハ他國ニ行クモノナルヤハ罹災者ノ爲メニ如何ニ重要ナルモノト爲スモ、罹災者ノ生死ノ問題ニハ全ク關係ナキモノナレハナリ

〔帝國水難救護法參看〕

一二五　難破ニ關スル國際條約

船舶難破ノ事項ニ關シテハ「事實發生地ノ法律ニ從フ」トノ法則ハ從來諸種ノ國際條約ニ依リテ例外ヲ設ケラレタリ、其ノ第一ニ擧クヘキハ千八百六十五年七月七日ノ佛國和蘭間ノ通商條約是ナリ

此ノ條約ニ依リ締盟國相互ノ領事ハ、佛國若クハ和蘭國ノ海岸ニ於テ難破シタル和蘭船若クハ佛蘭西船ノ救助ニ關シテ一切ノ事務ヲ執行スルコトヲ要ス、而シテ地方官廳ハ單ニ公安ヲ保持シ救助者カ難破船ノ海員タラサル場合ニハ其ノ利益。ノ支障ト爲リ、被救助者ノ財產出納ノ處分ヲ監視スル等ノ必要ナル處分

ヲ爲スコトヲ得、其ノ他地方官廳ハ領事不在ノ場合ニ於テハ其ノ著任マテ必要ノ處分ヲ爲スヲ要ス

右ニ類似シタル明文ハ、其ノ後他ノ條約中ニモ挿入セラレタリ、即チ西班牙和蘭間ノ千八百七十一年十一月十八日ノ條約第十四條ノ如シ、此ノ條約締結ノ際ハ學者ノ之ヲ非難シタル者アリ、而シテ是レ必スシモ理由ナカリシニ非ス、此ノ海難救助事項ノ指揮ヲ領事ニ執行セシムル條款ハ舊時ノ國際條約ノ遺物ニシテ、中古ノ世ニ起リタル特定ノ壓制的原則ニ對シテ締盟國ノ人民ヲ保護セントスル思想ヨリ生シタルモノト看做スヘシ、舊時ノ條約ニ於テハ第一難破者ニ對シテ行フヘキ救助、第二一國カ他國ノ臣民ニ之ヲ與フルモ寧ロ自國ノ臣民ノ爲メニ之ヲ得ルヲ以テ重シトスヘキ海難救助權利ノ拋棄、第三正當ノ所有者ヨリ一年一日以內ニ請求セラレサリシ物ノ返還、其他同種類ニ屬スル問題ヲ包含シタリ此ノ種類ニ屬スルモノハ千七百七十六年佛國及北米合衆國間ノ條約、千七百八十二年露國及嗹馬間ノ條約、千七百八十六年佛國及魯國間ノ條約、千七百八十七年露國及葡萄牙間ノ條約ノ如シ、此ノ條項ノ理由ハ海上漂著物ノ問題ニ關シ、

外國人ニ對スル不信任ニ起原セリ、然ルニ此ノ條款ヲ設ケタル理由ハ今日ニ於テ最早存在スルモノニ非サルナリ

將來ノ條約ニ於テハ地方官廳ヲシテ近傍ノ領事ニ難破アルコトヲ通知スルノ義務ヲ負ハシメ、而シテ次ノ如キ原則ヲ設クルヲ要スルニ在ルヘシ、此ノ原則ハ千八百七十一年十二月十一日獨逸及北米合衆國間ノ條約第十六條ノ採用シタルモノナリ、即チ左ノ如シ

海難救助處分ニハ其ノ土地ノ法律ヲ適用スルコト

領事ノ行動ハ修繕、恢復及ハ食物材料ノ積載ヲ監視シ、必要アレハ海難船舶ノ賣却ヲ監視スルコトニ止マルコト

外國船舶ノ支拂フヘキ費用ノ最高額ヲ定ムルコト、但其ノ費用ハ內國船舶ノ支拂フヘキ金額ヲ超過スヘカラサルコト

尙之ニ附加スヘキハ船舶若クハ積荷ノ所有者カ罹災地ニ於テ他ニ代表者ヲ有セサルトキハ、領事ハ右所有者ノ代表者ト看做サルヘキコト是ナリ(1)

(1) 佛國ノ領事ニ關スル條約ハ一般ニ海難救助事項ニ於ケル領事ノ權限

ニ關シ、多少精密ナル明文ヲ包含ス、左ニ千八百八十一年十月三十一日ノ佛國白耳義間航海條約ノ明文ヲ轉載ス

第十條　白耳義國ノ領海ニ於テ難破シタル佛國船舶ノ救助ニ關スル事務ハ、佛國ノ總領事、領事若クハ副領事之ヲ指揮スヘク、又相互ニ白耳義ノ總領事、領事若クハ副領事ハ佛國海岸ニ於テ難破若クハ坐礁シタル船舶ノ救助ニ關スル事務ヲ指揮スヘシ

右兩國ニ於ケル地方官ノ干渉ハ單ニ公安ヲ保持シ救助者カ難破船ノ海員以外ノ者ナルトキハ、其ノ利益ノ保障ト爲リ及救助セラレタル貨物ノ出入ニ關スル規定ノ執行ヲ確實ナラシムル爲メニ之ヲ爲スモノトス、總領事、領事若クハ副領事ノ不在ノ場合ニ於テ其ノ著任アルマテハ地方官ハ難破ニ係ル箇人ノ保護及物件ノ保存ニ必要ナル凡テノ處分ヲ爲スコトヲ要ス

千八百五十一年十二月三十一日白耳義國法律第十三條ノ明文ニ依レハ、領事ハ習慣及外交條約ノ範圍內ニ於テ白耳義船舶ノ難破ノ場合ニ於テハ凡

テノ保全處分ヲ爲スモノトセリ
アルンツ氏ハ此ノ問題ニ付キ三箇ノ問題ヲ論述セリ、其一ハ海難救助ノ指揮ハ地方官廳ニ移轉セルコト、其二ハ慣習及條約ハ干渉ノ權利ヲ領事ニ留保セルコト、其三ハ地方官廳ハ海難ヲ救助スル責任ナク利害關係人ハ之ヲ豫期スヘカラサルコト是ナリ

〔日英通商條約第一二條二、三、四、五、六項、日米同第一一條二、三、四、五、六項、日露同條同項、日丁同條同項、日獨第一四條二、三、四、五、六項、日清條約第一七條、日白第一一條同項、日葡同條同項、日秘同條同項、日瑞那同條同項參看〕

一一六 保險

保險契約ニハ第三十三號以下ニ述ヘタル一般ノ契約ニ關スル法則ヲ適用スヘキモノトス(1)

故ニ保險事項ニ包含スル損害ノ有無ニ關スル問題モ契約ノ取結ハレタル土地ノ法律ニ從ヒテ決定セラルヘキモノトス(2)

(1) 海上保險事項ハ千八百八十二年チュレンニ於ケル國際法協會ノ會議ニ

於テ研究セラレタリ

パドウ大學敎授サセルドッチー氏報告者トシテ海上保險ニ付キ各國ヲシテ一樣ナル法律ヲ有セシメンカ爲メ其ノ草案ヲ作成スル目的ニテ有力者ノ意見ヲ寄送セシメント欲シ數多ノ疑問ヲ公ニセリ、而シテ其ノ翌年ニ於ケル、ミュニッヒ會議ニ於テ其ノ結論ヲ提出シ、數多ノ根本的原則ハ同會ノ決議スル所ト爲リ、尙サセルドッチー氏ノ外ゴールドシユミッド、リヨンカン、ピエラントニー、及サー、トラバース、トウヰッス諸氏ヲ委員ト爲シ、手形事項ノ如ク二箇ノ事業ヲ委任セリ、即チ第一ハ能フヘキ限リ各國保險法ヲ一定セシムルコト、第二ハ各國保險法ノ牴觸ヲ決定スル方法ヲ調査スルコト是ナリ而シテリヨンカン氏ハ主トシテ第二ノ部分ヲ委任セラレタリ

(2)　和蘭商法ノ一條款ハ學者ノ誤解スル所ト爲リ、其ノ誤解ハ既ニ判例ニ於テ排斥セラレタリト雖モ尙之ヲ辯護スル者ナキニ非ス、即チ同法第七百十一條ハ若シ損害カ外國ノ土地ニ於テ評價セラルヘキトキハ其ノ土地ノ法律及慣習ニ從フヲ要スト定メタリ、此ノ明文ハ損害カ外國ニ於テ定メラ

ルヘキトキハ外國ノ法律ハ保險者ノ責任ノ範圍ヲ定ムルモノナリトノ意義ヲ有スト爲スヲ得ヘキカ、若シ然リトセハ實ニ一般ノ原則ニ對スル大ナル違背ナリト云ハサルヘカラス、何トナレハ保險契約ノ履行ナルモノハ損害ヲ計算スルニ在リテ存スルモノニ非ス、損害ヲ拂フニ在リテ存スルモノナレハナリ、故ニ損害ノ計算ヲ行フ土地ノ法律ハ保險者ノ義務ノ範圍ニ效力ヲ及ホスモノニ非ス、而シテ保險者義務ノ範圍ヲ定ムルコトハ和蘭商法第七百十一條ノ本旨ニ非ス、同條ハ單ニ損害及其ノ價格ヲ證明スル手段方法ノミニ付テ「土地ハ行爲ヲ支配ス」トノ原則ヲ適用シタルモノニ過キサルナリ

〔帝國商法施行法第一一五條參看〕

一一七　共同海損

共同海損及ハ一般海損ニ關シテハ歐米諸國ニ於テ甚タ異樣ニ規定セラル、然レトモ國際私法ノ點ニ於ケル次ノ重要ナル問題ニ就テハ一致セリ、曰ク損害ノ計算ハ孰レノ地ニ於テ之ヲ爲スカ及海損ニハ孰レノ法律ヲ適用スヘキカノ問題

是ナリ

若シ船舶及積荷カ到達港ニ達シタルトキハ、損害ノ決定ハ到達港ニ於テ之ヲ爲スヘク、若シ船舶ノ出發前ニ航行ノ止マリタルトキハ出發港ニ於テ之ヲ爲スヘキコトハ諸國ノ認ムル所ナリ、右ノ原則ハ法律ノ明文ナキ諸國ト雖モ實行上之ヲ認ム(1)

若シ航行カ全ク其ノ進行中ニ止マリタルトキ、例ヘハ船舶モ積荷モ到達地ニ達セサルトキハ船舶カ其ノ航行ヲ止メタル港ニ於テ損害ヲ決定スルコトモ亦諸國ノ一般ニ認ムル所ナリ(2)

(1) 佛國商法第四百二條、和蘭商法第七百二十二條、第七百二十三條〔帝國商法第六四三條第六四四條、第六四七條〕

(2) 和蘭商法第七百二十五條

一一八　船舶ハ海難ニ因リ航行ヲ止メ積荷ハ到達地ニ達シタル場合ニ於ケル海損決定方法

船舶ハ海難ニ因リテ其ノ航路ノ繼續ヲ妨ケラレ、之ニ反シテ積荷ハ到達地ニ達シタル場合ニ付テハ學者ノ見解一樣ナラス、損害ノ決定ハ到達港ニ於テ爲スヘキカ、將タ船舶ノ止マリタル土地ニ於テ爲スヘキカ、正當ナル觀察ヨリ云フトキハ此ノ問題ハ國際私法ニ屬スルモノニ非ス、此ノ問題ハ法律ノ牴觸ヨリ生シタルモノニ非ス、一國ノ學者、例ヘハ英國ノ學者カ自國ノ法律論トシテ研究スルモ異說アルヲ免レサル問題ナリトス、而シテ余輩ハ次ノ基礎ニ依リテ此ノ問題ヲ決スルヲ得ヘシト思考ス、曰ク積荷カ最初ノ船舶ノ計算ニテ到達地ニ達シタルトキ即チ最初ノ運送契約ノ效力ニ依リテ到達地ニ達シタルトキハ、其ノ決定ハ到達地ニ於テ之ヲ爲ス、若シ積荷カ契約若クハ法律ニ基キタル新ナル條件ヲ以テ他ノ船舶ヲ經テ到達シタルトキ、換言セハ最初ノ船舶ト積荷トノ共通《コンミユーテー》カ事實上法律上共ニ解消シタルトキハ最初ノ船舶ノ止マリタル土地ニ於テ損害ヲ決定スルモノトス

要スルニ到達港以外ニ於テ損害ヲ定メサルヘカラサルコトハ例外且稀有ノ場合ニシテ此ノ場合ニ於テ法律ノ牴觸ヲ一致セシムルハ容易ナルコトト信ス(1)

(1) 千八百六十年以降英國ノ社會學進步協會ハ、世界各國ヲシテ海損法ト

シテ採用セシムル目的ヲ以テ一ノ法案ヲ編纂セリ、此ノ法案ハ國際法改正及編纂協會ノ校閲修正ヲ經テヨルク及アンヴエル規定ノ名ヲ以テ世ノ知ル所ト爲レリ、アッセル氏ハ海損ノミヲ分離シテ各國一樣ノ法律ヲ設ケントスルハ希望スヘキコトニ非スト思考セリ、氏曰ク國際私法ニ於テハ船舶ノ所有者ト積荷ノ所有者トノ關係ヲ規定スヘキ法律ハ二三ノ例外ノ場合ヲ除クノ外ハ船舶到達地ノ法律ナリトス、故ニ各國法律ニ於テ區區ノ規定アリト雖モ敢テ妨クル所ナシ、即チ凡テノ當事者ハ豫メ此ノ關係ヲ規定スヘキハ如何ナル法律ナルカヲ知ルカ故ニ正當ニ所謂法律ノ牴觸ナシトス、又他ノ一方ヨリ觀察スルトキハ共同海損ニ關スル法律ノ基礎タル原則ハ諸國ノ間ニ於テ甚タ同シカラス、英國ノ主義ハ大陸法律ノ主義ヨリモ此ノ事項ニ關シ制限ヲ設クルコト甚シトス、然ルヲ何故ニ英國ヲシテ大陸法ヨリモ一層實際的ナル自己固有ノ學理ヲ拋棄セシメントスルカ、況ヤ海損ノミニ限リ各國法律ヲ一致セントスルコトハ未タ毫モ其ノ必要ヲ見サル所ニシテ、又海損以外ニ於テ船舶、積荷及運賃等ニ付キ海損ト同一ナル當事者間ノ關係ニ付キ各國法律ノ區區タルコト依然タルアラハ、海損法ノミ各國一樣ノ法律ト爲ルモ毫モ益スル所アルヘカラサルナリト同協會ハアッセル氏ノ意見ヲ容レ千八百八十一年コローギュ總會、千八百八十二年リバプール總會ニ於テ運送契約、船荷證書其他ノ事項ヲモ編纂目錄中ニ加入セリ

一一九 海損ノ決定方法

海損ノ決定ハ、其ノ決定ヲ爲ス土地ノ法律ニ據リテ支配セラル、此ノ原則ハ一般ノ認ムル所ナリ(1)

海損決定ノ土地ヲ指定シタル場合ニ於テハ討議ヲ終リタル後海損決定ニ認可ヲ與フルノ任アル其ノ土地ノ司法官廳若クハ其他ノ官廳ノ管轄權ヲモ認メタルモノトス、此ノ場合ニ於テハ他ノ法律ハ適用スヘカラサルニ由リ一般ノ原則ノ結果トシテ海損ノ決定ヲ支配スヘキハ法廷地法ナリトス、而シテ是レ一般ニ運送契約ニ關スル國際私法ノ原則ニ適合シタルモノナリトス(第一一一號參看)故ニ損害ヲ決定スヘキ土地ノ指定ハ大ニ重要ナリトス

以上ハ共同海損ニノミ適用スヘキモノトス

共同海損ノ決定ハ時トシテ特別海損〔單獨海損〕ノ決定ヲ包含スルコトアリ、此ノ場合ニハ特別海損ノ部分ハ單純ナル損害ノ計算タルニ止マリ、司法官廳其他ノ官廳ノ認可アリト雖モ、計算以外ノ性質ヲ有スルニ至ルコトヲ得サルモノトス

(1)　和蘭法ニ於テハ外國ノ海損決定ハ單ニ其ノ方式ノミニ關シテハ外國ノ法律ニ從フコトヲ要シ、其ノ實質ハ和蘭法ニ從フコトヲ要ストス主張スル學者アリト雖モ、是レ奇怪ノ學說ト云ハサルヘカラス、ラ、エー裁判所カ千八百七十八年二月十二日ノ判決ヲ以テ此ノ說ヲ排斥シタルハ至當ナリトス』リヨンカン氏ハ國旗地法ヲ適用セシコトヲ發論セリ

一三〇　損害ノ決定ヲ領事ニ委任スル條款

損害ノ決定ハ各條約國ノ領事ニ委任スヘシトノ條款ハ屢〻領事ニ關スル條約書ニ挿入セラルルコトアリ

〔日獨領事職務條約第一八條、日白同第一三條參看〕

第三十章　破產及支拂猶豫

一二一　外國ニ於テ宣告セラレタル破產。沿革。各國ニ於ケル法律ノ狀態

破產ヨリ生スル法律ノ牴觸ハ、其ノ性質頗ル複雜ナリ、現今ニ至ルモ各國ノ成文法ハ尙此ノ牴觸ヲ決シ若クハ避クルニ供スルニ足ルモノ少キヲ以テ、學者ハ一般ノ學理ニ據ルノ止ムヲ待サルニ至レリ、故ニ破產ニ關スル諸學說ヲ讀ムモ法律若クハ條約ノ規定ヲ缺クカ故ニ現行法ト看做スヘキモノト單純ナル學者ノ希望トヲ明白ニ區別スルコト甚タ難シ(1)

破產事項ニ關スル法律ノ歷史的發達ニ付テ一瞥ヲ與フルトキハ、原則トシテハ外國人タル債權者ハ內國人タル債權者ト平等ニ待遇セラレサリシコトヲ知ルニ足ルヘシ、外國人ハ內國人ト同等ノ債權者タラサリキ、而シテ外國債權者排斥說ハ特ニ佛國ニ於テ比較的ニ近來ニ至ルマテ其ノ辯護者ヲ有シタリ

然レトモ今日ニ於テハ此點ニ關シ內外國人間ニ於ケル區別ハ既ニ拋棄セラレ

タリト云フコトヲ得

之ニ反シテ現時ノ成文法ニ基ケル判例ハ、尙一般ニ破産宣告ノ法律上ノ效力ヲ破産ノ宣告セラレタル國ノ領域內ニ限レリ、此等ノ效力ヲ約言スレハ破産者ハ自己ノ財産管理權ヲ失ヒ、此ノ管理權ハ判事ノ選定シタル破産管財人ニ委任セラレ、管財人ハ裁判上ノ協諧契約ノ成立セサル限リハ債權者團體ノ利益ノ爲メ貸方財産ヲ換價スルニ在リ、而シテ凡テノ債權者間ノ平等ヲ保持センカ爲メニ悉ク破産宣告地ノ法律(法定地法)ニ於テ定メタル手續上及實體上ノ規定ニ從フヘキモノタリトス

現行ノ主義ニ據レハ外國ニ於テ開始セラレタル破産ハ、以上述ヘタル如キ效力ヲ內國ノ領域內ニ生スヘキモノニ非ス、若シ外國ニ開始シタル破産ノ效力ヲ認ムトセハ是レ破産ヲ宣告シタル外國判決ヲ內國ニ執行スルコトト爲ルヘシ、故ニ外國破産者ノ債權者ハ內國ニ於テハ恰モ破産ノ宣告セラレサリシモノト同シク各自獨立シテ其ノ權利ノ執行ヲ繼續シ、又外國ニ於テ選定セラレタル管財人ハ內國ニ於テハ管財人ト認メラレス、而シテ此ノ事實ニ對シテハ屬人法ノ原

則若クハ行爲ノ方式ニ關スル原則ヲ援用スル能ハサルヘシ、何トナレハ破産者カ其ノ財産ノ管理ヲ失ヒタルコトヲ認メラルルニ非サレハ、管財人カ破産ヲ管理シ及破産ノ名ヲ以テ訴訟ヲ爲ス等ノ資格モ亦認メラレサルモノナレハナリ、換言スレハ内國ノ領域内ニ於テ外國ノ破産全體ノ效力ヲ認メラルルニ非サレハ、管財人タル資格モ内國ノ領域内ニ於テ認メラレサルモノナレハナリ

(1) 破産論ヲ以テ特ニ商法ニ屬スルモノト看做ササルヘキ時代ノ來ルハ當ニ遠キニ非サルヘシ、千八百七十七年二月十日ノ獨逸帝國破産法ハ多數ノ訴訟手續及私法ニ關スル規定ヲ包有シ、瑞西立法者モ亦民法兼商法タル其ノ義務法典中ニ破産事項ヲ加入セサリキ、然レトモ余輩ハ各國成文法ノ多數ノ現狀ヨリスルトキハ、破産ニ關スル説明ノ大略ヲ商法中ニ於テ爲スヘキモノト信ス

一一一三 法律及學説ノ調和及區別。千八百七十七年ノ獨逸法典

學者特ニ佛國ノ學者ハ各種ノ區別ヲ設ケテ、以上述ヘタル嚴格ノ制度ヲ緩和ス

ルコトヲ勉メタリ

學者ハ債務者自身ヨリ中立テタル破產若クハ債務者ノ異議ナクシテ債權者ヨリ申立テラレタル破產ニ特別ノ性質ヲ與ヘントセリ、此ノ場合ニ於テ學者ハ管財人ヲ以テ破產者ノ代理人ト看做シ、以テ管財人ノ權限ノ效力ハ國ノ內外ヲ問ハス認メラルヘキモノト說明セリ、然レトモ此ノ說ヲ主張スル者ハ支拂停止ノ屆出ハ屢〻法律カ債務者ニ對シテ命スルモノナルコトヲ忘却セリ、特ニ管財人ノ權限ハ孰レノ場合ニ於テモ破產宣告ノ決定ヨリ生シ、而シテ此ノ決定ハ常ニ辯論ヲ經若クハ辯論ヲ經スシテ下サレタル裁判ト同一ノ性質ヲ有スルモノナルコトヲ忘却セリ

又他ノ學者ハ破產者ノ債務者ノ法律上ノ地位ト破產者ノ債權者ノ法律上ノ地位トヲ區別シ、外國ノ管財人ハ右ノ債務者ヲ訴追スル資格ヲ有スト雖モ、右ノ債權者ハ破產ニ拘ラス其ノ各自ノ權利ノ執行ヲ繼續スルコトヲ得トセリ、余輩ハ此ノ區別ノ正當ナル理由ヲ知ル能ハサルナリ

英國ノ判例ニ於テハ他ノ區別ヲ設ケタリ、同國判例ハ破產宣告ノ決定ノ效力ハ

領域外ニ及フコトヲ認ムト雖モ、單ニ動産ノミニ關シテ認ムルニ過キス。英國裁判所ハ外國ニ於テ宣告セラレタル破産ニモ内國ニ於テ宣告セラレタル破産ト同シク此ノ原則ヲ適用セリ

千八百六十八年ノ墺國破産法ハ亦外國ニ於テ破産シタル債務者ノ動産ト不動産トノ間ニ區別ヲ設ケ(同法第六一條)條約若クハ特別ノ規定ナキ限リハ動産ハ請求アルトキハ外國破産ニ引渡スコトヲ要スト爲シ、之ニ反シテ不動産ハ領域内ニ於テ開始セラレタル破産ニ限リ歸屬スルコトヲ得ルモノトセリ

成文法ニ於テ以上ノ如キ區別ヲ設クルコトヲ許サザル國ニ於テハ外國判決ニ關スル一般ノ原則ニ從ヒ外國破産ノ效力ヲ定ムルコトヲ通慣トス、故ニ一般ニ破産宣告アルニ拘ラス他國ニ存在スル財産ハ破産財團ヨリ脱漏スルノ結果ヲ生スルニ至ル是レ實ニ不正ノ淵源タリ、千八百七十七年二月十日獨逸帝國破産法ノ採用セル主義モ亦此ノ如シ、同法第二百七條ニ曰ク、外國ニ於テ其ノ資産ニ對シ破産手續ノ開始セラレタル債務者カ獨逸ニ於テ財産ヲ有スルトキハ、其ノ財産ニ付テ强制執行ヲ爲スコトヲ得(帝國商法第九八七條對照)此ノ規定ニ對ス

ル例外ハ聯邦議會ノ協贊ヲ經タル帝國總理大臣ノ命令ヲ以テ之ヲ設クルコトヲ得ト

一三三　將來ノ希望。破產ノ一體的不可分的及世界的性質。內外人間ノ平等

余輩カ以上ニ說明シタル如キ狀態ヲ觀ルトキハ、破產ニ關シテ次ニ述フルカ如キ一層法理的ニシテ又一層公平ナル學說ヲ實行セントスル企圖ハ實ニ正當ニシテ且當然ナリト云ハサルヘカラス

此ノ學說ニ於テハ破產ナルモノハ一體ニシテ且世界的性質ヲ有スルモノナルコトヲ根本的原則トシテ唱道スルモノナリ(1)故ニ管轄權ヲ有スル判事ノ下シタル破產宣告ノ決定ハ到ル所ニ於テ認メラルルコトヲ要シ、而シテ破產宣告ノ效力ハ土地ノ如何ヲ問ハス物ノ動產タリ不動產タルヲ論セス債務者ノ總財產ニ及ヒ、又外國人タリ內國人タルヲ論セス破產者ノ總債務者及總債權者ニ及フコトヲ要ストニフニ歸著ス(2)

(1)　ベール氏ハ破產ヲ一體ト爲スノ利益ヲ認ムト雖モ、一體ナルコトノ基

礎ト爲レル歸納的法理ノ弱點ヲ示セリ、思フニ破產ノ一體的且世界的性質ナルコトヲ規定シタル國際條約ハ今日未タ存在セストセハアッセル氏ノ非難アルニ拘ラス余輩ハ獨逸法ノ主義(第二〇七條、第二〇八條)ヲ以テ最モ法理的ナルモノト認ム、バール氏曰ク破產ノ宣告ハ領域外ニ及フ效力ナシ、强制的行爲ノ直接方法タル破產者財產ノ差押ハ其ノ命令アリタル領域內ニ於テノミ行フコトヲ得ルモノニシテ、領域外ニ於ケル財產ニ對シテハ債務者ハ之カ占有ヲ失ハス、然レトモ又此ノ財產所在ノ外國ニ於テ其ノ國ノ法律ニ從ヒテ破產ハ宣告セラルルコトヲ得ヘシ、最初ニ破產ノ宣告セラレタル國ノ債權者ハ又此ノ財產ヲ差押フルコトヲ得ヘシ、而シテ債務者カ破產宣告ニ異議ヲ申立テサルトキハ管財人ハ外國所在ノ財產ヲ占有スルコトヲ得ルモノトス云云

然レトモ歸スル所ハ破產事項ニ付テモ他ノ事項ト同シク國際條約ノ締結ヲ必要ナリトス

佛國民法第十四條、國際私法雜誌ニ曰ク、佛國現時ノ判例ニ於テハ外國ニ

於ケル破産宣告ノ決定ハ單ニ事實ヲ證明シ若クハ行爲ヲ決定スル爲メノ名義トシテ提出スヘキモノニシテ、執行力アリトノ宣告ヲ受クルノ必要ナシトス、執行判決ハ純粹ナル執行行爲ヲ爲ス場合ニ非サレハ必要ニ非ス云云又曰ク執行判決ハ破産ノ宣告及管財人ノ選定カ佛國裁判所ニ於テ爭ハレタルトキニ於テノミ必要ナリトス(ボルドー控訴院一八七四年六月二日巴里控訴院一八七五年十二月十四日、同院一八七五年八月十三日、巴里控訴院一八七八年三月七日)又曰ク主タル營業所ヲ外國ニ有シ單純ナル支店ヲ佛國ニ有スル外國商人ノ佛國債權者ハ、假令先ニ外國裁判所ニ於テ破産ノ宣告アリタリト雖モ此ノ商人ニ對シ破産ヲ申立ツルコトヲ得ヘシ、而シテ外國裁判所ノ決定ニ因リ任命セラレタル破産管財人カ其ノ佛國裁判所ノ判決ヲ以テ債權者ノ利益ヲ害スルモノト認メ第三者トシテノ異議ヲ申立テンカ爲メニハ其ノ外國判決カ佛國ニ於テ執行力アリト宣告セラルルコトヲ要セス、管財人ハ自己ノ資格ヲ證明スルヲ以テ足レリトス

白耳義國判例ニ付テハ同雜誌ニ曰ク、白耳義裁判所ハ破産ノ一體的及世界

的性質ナルコト、住所地裁判所ニ管轄アルコト及外國ニ於テ宣告セラレタル破産宣告ノ效力アルコトノ點ニ付テハ最モ寛大自由ナル主義ヲ採用セリ云云

伊太利國判例ニ付テハ、同雜誌ハ千八百七十六年十二月十五日ミラン控訴院判決ニ關シテ曰ク、ミラン控訴院ハ破産ノ世界的性質アリトノ根據ヨリ歸納シ破産宣告ノ結果トシテ破産者カ財産ノ占有ヲ失フコトハ如何ナル國ニ其ノ財産ノ存在スルヲ問ハス破産者ノ總財産ニ及フモノト爲シ、而シテ此ノ如キ效力ハ財産所在地タル外國ニ於テ其ノ破産宣告ノ決定カ執行力ヲ得タル前後ヲ問ハス單ニ其ノ破産カ適法ニ宣告セラレタリトノ事實ノミニ因リテ生ストセリ、而シテ執行判決ヲ必要トスヘキハ唯純粹ノ强制執行ニ關スル場合ニ限ルトシ、或行爲ヲ保持スルコトカ破産自體ノ存在ト破産ノ效力タル財産占有權ノ喪失トニ背反スル場合ニ於テ其ノ行爲ニ對シテ效力ヲ拒絶スル場合ニハ執行判決ヲ必要ト爲サストセリ

(2) 千八百八十年九月チユレンニ開キタル伊太利法學大會ニ於テハ各國

ノ高名ナル法學家來會シ、マンチニー氏議長ト爲リ決議シタル事項ハ有益ナルモノナリ、アッセル氏ハ此ノ決議ヲ編纂シ且建議セシ委員ノ一人タリ、今バルド氏ノ譯文ヲ左ニ揭ク

商事上ノ利益ハ破產狀態ノ效力カ單ニ一國ノ領域內ニ制限セラレスシテ能フヘキ限リ多數ノ開明國ニ擴張セラルルニ在リ、而シテ現時各國ノ成文法ハ互ニ相異ナルカ故ニ破產ニ關シテ唯一ノ國際法律ヲ制定スルコト頗ル困難ナリトス、此ノ理由ニ因リ法學大會ハ固ヨリ破產事項ニ付キ各國共通ノ法律ノ制定ヲ希望スト雖モ、現時ニ於テハ國際條約ノ締結ニ依ルノ主義ヲ採ルヲ以テ適當ナリト定ム

國際條約ノ重要ナル基礎トスヘキモノハ次ニ之ヲ述フ

第一條　破產ヲ宣告シ及其ノ手續ヲ終結スヘキ管轄裁判所ハ商人ノ主タル商事的本據所在ノ地ノ裁判所タルヘシ

第二條　破產宣告ノ決定其他破產手續中ニ宣告スヘキ裁判ハ締盟國領域內ニ於テハ之ヲ宣告シタル國ニ於ケルト同一ノ既判力ヲ有スヘク

又此ノ裁判ハ第五條い號ニ從ヒテ公告スルトキハ保全處分、急迫處分、管理處分ヲ爲スコトヲ得

前項ノ裁判ノ結果トシテ他國ニ於テ執行行爲ヲ爲スヲ要スルトキハ執行手續前豫メ其國ノ管轄廳ヨリ執行許可《パリチース》ノ命令ヲ得ルコトヲ要ス

管轄廳ハ條約書中ニ之ヲ指定スヘシ、管轄廳ハ關係人ノ單純ナル申請アルトキハ口頭辯論ヲ經スシテ執行許可ノ命令ヲ發スヘク、左ノ二箇ノ場合ニ非サレハ執行許可ノ命令ヲ拒絶スルコトヲ得ス

い　裁判カ第一條ノ原則ニ從ヒ管轄ヲ有セサル裁判所ヨリ出テタルトキ

ろ　裁判アリタル國ニ於テ其ノ裁判カ未タ執行力ヲ有セサルトキ

執行許可ノ命令ニ對シテハ異議ヲ申立ツルコトヲ得、但異議ノ申立ハ執行ヲ停止スルノ效力ナシ

第三條　破産者商事的能力ニ對スル制限、破産管理人ノ選任及其ノ權限破産處分中ニ爲スヘキ手續、內國若クハ外國債權者間ニ於ケル貸方財

產ノ承認及確定ハ破產宣告地ノ法律ノ規定ニ從フ

第四條　諸物權、抵當權、先取特權及質權ニ由ル優先事由、取戾權、破產者ノ動產若クハ不動產上ニ於ケル留置權等ハ其ノ權利取得ノ當時ニ於ケル財產ノ有形的《マテリエル》所在地ノ法律ノ規定ニ從フ

前項ノ權利ニ關スル訴訟ヲ裁判スヘキ管轄裁判所ハ國際條約中ニ於テ之ヲ明確ニ定ムルモノトス

第五條　左ノ事項ニ付テハ特別ノ規定ヲ國際條約ニ挿入スヘシ

い　締盟國ノ一方ニ於テ破產事項ニ關シテ下シタル裁判ヲ他國ヲシテ知ラシメンカ爲メニ要スル處分ニ關スルコト

ろ　條約ノ施行ニ付キ各締盟國ノ裁判所相互ノ關係ヲ定ムルコト

第六條　現時ニ於テハ條約ハ商人ノ破產ニノミ制限シ、非商人ノ無資力ニ關スル各國ノ法律ハ全然現行スルモノトス、又有罪破產ノ場合ニ於ケル刑法ノ規定及犯罪人引渡條約ノ規定ニハ毫モ關係ヲ及ホサシムルコトナカルヘシ

一二四　管轄裁判所。民事上ノ住所。商事上ノ住所

破產事項ニ於ケル管轄判事ハ破產者ノ住所ノ判事タラサルヘカラス、而シテ余輩カ玆ニ住所ナル語ヲ解スルニハ民法ニ於テ認メラレタル意義ヲ以テスルモノナリ〔帝國商法第九七九條第一項參看〕

債務者カ民事上ノ住所ノ外自己ノ商業上ノ本據アル土地ニ商事上ノ住所ヲ有スルトキハ商事上ノ住所ノ判事ヲ以テ破產ヲ宣告スル管轄權ヲ有スルモノトストハ多數ノ學說ニ於テ取ル所ナリ(1)然レトモ法律ハ常ニ必スシモ民事上ノ住所ト異ナリタル商事上ノ住所ヲ認ムルモノニ非ス、唯一般ニ商事會社ニ限リ會社ノ所在地ニシテ共通ノ本據アル所ヲ以テ商事上ノ住所ト爲スノミ

若シ商事上ノ住所地判事ノ管轄ヲ認ムトセハ、債務者カ二箇以上ノ本據ヲ有スル事實アルトキハ困難ヲ生スルコトアリ、然ルトキハ常ニ其ノ民事上ノ住所ヲ知ルノ必要ヲ生ス、而シテ若シ會社カ債務者タルトキハ管轄裁判所ハ其ノ主タル營業所ノ所在地ノ裁判所ナリトス

商事會社カ其ノ社員トハ關係ナク會社トシテ破產スヘキヤ否ヲ決定スヘキハ

會社ノ所在地法ナリトス
支拂ヲ停止シタル債務者カ相異ナリタル國ニ營業所ヲ有スル數多ノ相異ナリタル組合ノ組合員ナル場合ニ於テ此等ノ各組合ノ管轄判事ハ各組合カ其ノ營業所ヲ有スル地ノ判事ナリトス

(1)　チユレンニ於ケル伊太利大會ハ此ノ如ク決セリ

一二五　外國ニ於テ爲シタル協諧契約

外國ニ於テ宣告セラレタル破產ハ、破產トシテ認メラレサルト同シク（第一二一號參照）外國破產中ニ成リタル協諧契約モ協諧契約トシテ認メラレサルモノトス、然レトモ其ノ契約ニ加リタル債權者ニ對シテハ凡テ外國ニ於テ完全且合式ニ成リタル一般ノ契約ト同一ナル法律上ノ效力ヲ有スヘシ、外國ニ於テ成リタル協諧契約ハ內國裁判所ノ認可ヲ得ルトキハ之ニ加ラサル債權者ニ對シ拘束力ヲ生スヘキヤ否ニ付テハ疑問ト爲ス者アリ、然レトモ此ノ疑問ハ無用トス、何トナレハ協諧契約ノ認可ナルコトハ其ノ破產ノ全體ヲ支配スル法律ニ基キ、且破產宣告ノ決定ヲ爲シタル裁判所ヨリ出テタルモノニ非サレハ存在シ得ヘカ

ラサル事項ニ屬スレハナリ

尙一疑問アリ、例ヘハ破產宣告ノ決定ニ執行判決ヲ與ヘタル結果トシテ外國ノ破產カ內國ニ執行力ヲ生シタリト假定セヨ、而シテ此ノ破產ニ於テ協諧契約ハ承諾セラレ且認可セラレタリト假定セヨ、而シテ此ノ協諧契約ノ認可ニ付テハ未タ執行判決ヲ受ケサルトキト雖モ其ノ協諧契約ハ凡テノ債權者ニ對抗スルヲ得ヘキカノ問題是ナリ、此ノ疑問ニ對スル答辯ハ協諧契約ノ法律的性質ニ付テノ見解ニ因リテ異ナルヘシ、若シ此ノ契約ヲ以テ債權者ノ團體カ法定ノ多數ニ由リテ代表セラレタル合意ナリト看做ストキハ執行判決ヲ受クルノ必要ナシ、然レトモ認可ノ裁判ヲ以テ協諧契約ノ拘束力ノ基礎ト爲ストキハ之ニ外國ニ於テ下サレタル裁判ニ關スル原則ヲ適用セサルヘカラサルハ論ヲ竢タサルナリ〔帝國商法第一四〇〇條〕

一二六　外國ニ於テ宣告セラレタル復權

外國ニ於テ宣告セラレタル復權ノ決定ニ關スル效力如何、此ノ問題ハ之ヲ決スルコト容易ナリ、即チ破產宣告ノ決定ナルモノニ對シ其ノ國ニ行ハルル法理ノ如何ニ因リテ決定セラルヘキモノニシテ、外國ニ於ケル破産決定ニシテ既ニ認メラレサルモノナルトキハ復權テル事實モ亦毫モ問題ト爲ルコトナカルヘシ

一二七　破産ノ宣告セラレタル國ノ法律ハ又破産者カ破産前ニ爲シタル行爲ノ無效ヲ決定ス

各國法律ノ多數ニ於テハ破産宣告ノ結果ノ一トシテ破産前ニ爲シタル一定ノ行爲ハ無效ト爲スコトヲ要シ若クハ無效ト爲スコトヲ得トノ規定ヲ設ク(帝國商法第九八五條第二項)然ルニ茲ニ破産者ハ外國ニ於テ其ノ外國ノ法律ニ從ヒテ支配セラルヘキ債務ヲ契約セリト假定セン、此ノ場合ニ於テハ如何ナル法律ニ從フヘキヤ、此ノ債務ヲ支配スヘキ法律ニ從フヘキカ、抑モ破産ノ宣告セラレタル國ノ法律ニ從フヘキカ

余輩カ第三十三號以下ニ説明シタル原則ニ從ヘハ、或行爲ノ全體ヲ支配スル法律ハ亦其ノ行爲ヲ無效トシ又ハ取消スヘキ權利ヲモ支配スル法律タリト雖モ余輩ハ本問ニ於テハ破産ノ宣告セラレタル國ノ法律ニ從フヘシト云ハントス即チ無效要求ノ權利ハ其ノ無效トスヘキ行爲ニ對スル破産宣告決定ノ遡及力

ヲ基礎トスルカ故ナリ、而シテ後ニ破産者ト爲ルヘキ者カ無效トセラルヘキ行爲ヲ爲ス際ニ當リテハ其ノ者ハ既ニ自已ノ業務ノ不整ナル狀態ヲ知リ且正ニ此ノ狀態アルカ爲メニ一ノ債權者ヲ害シテ他ノ債權者ヲ利セントシタルモノト認ムヘシ、而シテ又破産宣告ノ決定ハ此ノ如キ偏頗ヲ將來ニ杜絕スルモノナレハ、又或點ニ對シテハ過去ニ付テモ同一ノ權力ヲ有スルモノトス、然ラハ一般ノ學說ニ於テ破産宣告ノ效力ハ決定以後ニ對シテハ法廷地法ノミニ從ヒテ定マルト爲スカ如ク、法廷地法ハ又無效ト爲スヘキ破産決定以前ノ行爲ニ關スル效力ヲモ支配セサルヘカラス

以上總テノ所論ニ於テハ余輩ハ外國ニ於ケル破産及其ノ效力カ內國裁判所ニ於テ認メラレタル場合ニ關シテ說述シタルモノナリ、故ニ之カ反對ノ場合ニ於テハ破産前ノ行爲ノ無效トセラルルコトナキハ論ヲ俟タス

一二八　手續ハ法廷地法ニ從ヒテ支配セラル

凡ソ破産ニ關スル手續ハ法廷地法ニ從ヒテ支配セラルルモノトス（第七三號參照）

此ノ原則ハ特ニ債權確定ノ方法ニ適用スルモノトス、之ニ反シテ債權ノ成立自體ニ付テハ各債權ハ其ノ債權ノ原因タル法律關係ヲ支配スル法律ニ從ヒテ支配セラルルモノトス

一二九　債權者ノ國籍。墺地利法。獨逸法

債權者カ破產ニ對シテ有スル權利ノ評定ニ關シテハ、法律ニ於テ反對ノ規定アラサル限リハ債權者ノ國籍ニ付テ異同ヲ爲スヘキモノニ非ス、此ノ原則ニ對スル例外ハ甚タ稀ナリ、而シテ將來益〻稀ナラントスト云フヲ得ヘシ

千八百六十八年ノ墺國法(第五一條、第五二條)ハ墺國民法一般ノ原則(第一六號參照)ニ從ヒテ相互主義ヲ規定セリ、條約ナキトキハ外國人ハ其ノ自國ニ於テ墺國人カ內國人ト同一ノ權利ヲ享有スル限リハ墺國ノ破產ニ於テ墺國人ト同一ノ權利ヲ享有ス、千八百六十八年ノ法律ハ證據事項ニ關スル墺國民法第三十三條ト其ノ趣ヲ異ニセリ、即チ墺國民法第三十三條ハ外國人ノ自國ニ於テ墺國人ト內國人トハ平等ノ待遇ヲ受クトノ擧證ノ責任ヲ外國人ニ歸セシムト雖モ、千八百六十八年ノ法律ハ之ニ反シテ平等ナリトノ推定ヲ認メ、判事カ此ノ推定ノ確

實ナルコトヲ疑フヘキ特別ノ理由アルニ非サレハ公ノ記錄ニ依リテ之カ擧證ヲ爲スノ義務ナカラシメタリ

千八百七十七年獨逸帝國破產法典第四條ニ於テハ外國債權者ハ獨逸債權者ト同一ノ權利ヲ有スル旨ヲ原則ト定メタリ、然レトモ其ノ第二項ニ於テ附加シテ曰ク

帝國總理大臣ハ、聯邦參事院ノ協贊ヲ經テ外國ノ國籍ヲ有スル人若クハ包括若クハ特定ノ名義ニ於ケル其ノ相續人ニ對シテ報復主義ノ適用ヲ命令スルコトヲ得

一三〇　外國所在ノ動產不動產上ノ物權。千八百六十九年ノ佛瑞條約

外國ニ於ケル動產若クハ不動產上ニ設定シタル物權ニ關スル問題ハ、第十三章ニ說明シタル原則ニ從ヒテ之ヲ決スルモノトス、玆ニ附記スヘキハ質權及抵當權ノ外、尙法律ニ於テ追及權ヲ與ヘ、且一定ノ條件アルトキハ物權ノ性質ヲ有スルモノノ如ク物自體ニ附著スル所ノ先取特權アルコト是ナリ、例ヘハ船舶ニ對

スル先取特權ノ如シ

然レトモ一般ノ國際的承認ナキカ故ニ前述ノ原則ハ破產カ宣告セラレタル國境以外ニ適用セラレサルコト明ナリ、而シテ外國ノ破產ヲ認ムル諸國ノ間ニ於テ質權、抵當權、先取特權ノ效力及債權者ノ順位ニ關スル法律規定ノ互ニ相異ナルコトハ困難ヲ生スルコト明瞭ナリ、而シテ其ノ困難タルヤ法律若クハ國際條約ニ依リテ決スルコトヲ要スヘキモノナリ(1)

(1)　千八百六十九年佛蘭西瑞西間條約第六條乃至第九條ノ明文ハ注意スルノ價値アルヲ以テ之ヲ左ニ揭ク

第六條　瑞西國ニ商業上ノ造營物ヲ有スル佛蘭西國民ノ破產ハ瑞西國ニ於ケル其ノ居所地ノ裁判所ニ依リ宣告セラルヘシ、而シテ相互的ニ佛蘭西國ニ商業上ノ造營物ヲ有スル瑞西國民ハ佛蘭西國ニ於ケル其ノ居所地ノ裁判所ニ依リ宣告セラルヘシ

締盟國ノ一方ニ於ケル破產決定書ヲ提出スルトキハ本條約第十六條ニ定メタル規定ニ從ヒ其ノ決定ニ執行力アリト宣告セラレタル後ニ於テ

ハ破産者カ締盟國ノ他ノ一方ニ於テ有スル動産不動産ニ對シ破産處分ノ適用ヲ申請スル權利ヲ破産管財人若クハ財團ノ代表者ニ付與セラルヘシ

此ノ場合ニ於テハ管財人ハ債務者ニ對シテ破産者ノ有スル債權ノ辨濟ヲ訴追スルコトヲ得ヘシ、又管財人ハ財産所在國ノ法律ニ從ヒ破産者ニ屬スル動産不動産ノ賣却ヲ爲スコトヲ得ヘシ

管財人カ破産者ノ本國ニ於テ收入シタル動産ノ代價其他ノ金錢及債權ハ破産地ノ無特權財團ノ貸方ニ併合シ、破産國ノ法律ニ從ヒ此ノ貸方ト共ニ國籍ノ差別ナク總債權者間ニ配當スヘシ

特權者間ニ於ケル不動産代價ノ分配ハ其ノ所在國ノ法律ノ規定ニ從フ其ノ結果トシテ不動産所在國ノ法律ニ從ヒテ其ノ不動産上ニ先取特權若クハ抵當權ヲ保全シタル佛蘭西若クハ瑞西ノ債權者ハ其ノ不動産所在國ノ法律ニ從ヒ自己ノ順位ニ於テ其ノ代價ノ分配ヲ受クヘシ

第七條　賠償、返還、及無效ノ訴其他破産宣告ノ決定若クハ最初ニ定メラレ

タル時期以外ノ時期ニ於テ破產ノ開始ヲ定ムヘキ決定及其他ノ原因ニ由リ債權者若クハ第三者ニ對シテ爲スヘキ訴ハ不動產若クハ不動產物權ニ付テ爭ナキ限リハ被告ノ住所地ノ裁判所ニ之ヲ提起スヘシ

第八條　協諧契約ノ場合ニ於テ破產者カ其ノ本國ニ於ケル財產ニ付テ爲シタル委棄及協諧契約ノ總テノ約款ハ其ノ認可ノ決定ヲ提出シテ本條約第十六條ニ從ヒテ執行力アリト宣言セラレタルトキハ其ノ決定カ破產國ニ於テ有スヘキ總テノ效果ヲ生スヘシ

第九條　佛蘭西國及端西國ノ債權者ヲ有シ、佛蘭西國若クハ瑞西國ニ財產ヲ有シテ佛蘭西國或ハ瑞西國ニ居住スル外國人ノ破產ニシテ兩締盟國ノ一方ニ於テ宣告アリタルトキハ本條約第七條及第八條ノ規定ニ從フモノトス

一三一　支拂猶豫

一般ノ學說ニ從ヘハ支拂猶豫ハ或國ニ於テ一定ノ事情アルトキ裁判所若クハ其他ノ官廳ヨリ債務者ニ與ヘラルルコトヲ得ヘキモノニシテ、其ノ許可ヲ受ケ

タル國ノ地域外ニ毫末モ其ノ效果ヲ生スルコトナシトス

然リ支拂猶豫ナルモノハ凡テ債務者ハ一定ノ時期ニ於テ債務ヲ履行スル義務アリトノ一般ノ原則ニ對シ法律ニ於テ許可シタル例外タリ、此ノ例外ハ之ヲ許可スル法律ニ服從スル地域内ニ於テノミ其ノ效力ヲ有スルコト明ナリ、故ニ其ノ地域外ニ於テハ其ノ債務ニ對スル債權ハ敬重セラレサルヘカラス

法律若クハ條約ニ依リ國際間ニ於テ支拂猶豫ヲ承認スルコトハ之ヲ豫想スル能ハス、何トナレハ支拂猶豫ハ各國ノ法律中全ク之ヲ認メサルモノアリ、又之ヲ認ムル國ニ於テモ識見アル學者ハ其ノ廢止ヲ唱道スル者アレハナリ

附錄

獨逸民法ニ於ケル國際私法ノ總則的規定抄譯

獨逸民法施行法（千八百九十六年八月十八日公布 千九百年一月一日施行）

第七條〔行爲能力〕

人ノ行爲能力ハ其ノ人ノ屬スル國ノ法律ニ依リテ之ヲ定ム、成年ノ外國人若クハ成年タル法律上ノ地位ヲ有スル外國人カ帝國ノ國籍ヲ取得シタルトキハ假令獨逸ノ法律ニ依レハ成年ニ非サルトキト雖モ成年ノ地位ヲ保有ス、若シ外國人カ獨逸ニ於テ法律行爲ヲ爲シタルトキ其行爲ニ付テハ能力ナク若クハ能力ヲ制限セラレタル場合ト雖モ獨逸ノ法律ニ依レハ能力者タルトキハ其外國人ハ其行爲ニ付テ能力アルモノト看做ス此ノ規定ハ親族法若クハ相續法上ノ行爲及獨逸國外ニ存在スル不動產ヲ處分スル行爲ニハ之ヲ適用セス

第八條〔禁治產〕

外國人カ獨逸ニ住所ヲ有シ若クハ住所ナキモ居所ヲ有スルトキハ獨逸ノ法律ニ依リ獨逸ニ於テ治産ヲ禁スルコトヲ得

第九條〔失踪ノ宣告〕

不在者ハ其ノ不在ノ初メ獨逸人タリシトキハ獨逸ノ法律ニ依リ獨逸ニ於テ死亡者ト宣告スルコトヲ得

不在者若シ其ノ不在ノ初メ外國ニ屬スルトキハ獨逸ノ法律ニ依ルヘキ法律關係及獨逸ニ存在スル財產ニ對スル效果ニ付テハ獨逸ノ法律ニ依リ獨逸ニ於テ死亡者ト宣告スルコトヲ得

民法第二千三百六十九條第二項ハ此ノ場合ニ之ヲ準用ス

若シ不在者タル夫ハ外國人ニシテ獨逸ニ其ノ住所ヲ有シ獨逸ニ遺留シ若クハ獨逸ニ復歸シタル妻ハ獨逸人ナルトキ又ハ不在者ト結婚スルマテ獨逸人ナリシトキハ妻ノ請求ニ因リ第二項ニ定メタル制限ニ依ラスシテ獨逸ノ法律ニ依リ獨逸ニ於テ其ノ不在者ヲ死亡者ト宣告スルコトヲ得

〔民法第二千三百六十九條、或物ニ付キ之カ權利者ヲ記入スヘキ登記帳簿ヘ獨逸ノ官廳ニ備付ケラレタル場合ニハ其物件ハ獨逸ニ存在スルモノト看做ス、或權利ニ付キ其請求權ヲ判決スヘキ管轄ヲ有スル獨逸裁判所アルトキハ其權利ハ獨逸ニ存在スルモノト看做ス〕

第十條〔社團〕

外國ノ法律ニ依リ權利能力ヲ有スル外國社團ニシテ民法第二十一條第二十二條ノ規定ニ從ハサレハ獨逸ニ於テ權利能力ヲ取得スルコトヲ得サルヘキモノハ聯邦議會ノ命令ヲ以テ之ニ權利能力ヲ認メタルトキハ權利能力アルモノト看做ス、之ト同種ノ外國社團ニシテ權利能力ヲ認メラレサルモノニハ民法ニ於ケル組合ニ關スル規定及民法第五十四條第二項ノ規定ヲ適用ス

〔第二十一條、經濟上ノ營業ヲ以テ目的ト爲サヽル社團ハ管轄區裁判所ノ社團簿ニ登記スルニ因リテ權利能力ヲ取得ス

第二十二條、經濟上ノ營業ヲ以テ目的ト爲ス社團ハ特別ナル帝國法律ノ規定ナキトキハ國家ノ付與ニ因リテ權利能力ヲ取得ス、付與ハ社團カ所在地ヲ有スル邦ノ管轄ニ屬ス

組合ニ關スル規定ハ我民法第六百六十七條以下ト大差ナキモノト知ルヘシ
第五十四條、權利能力ナキ社團ニハ組合ニ關スル規定ヲ適用ス、第三者ニ對シ此ノ社團ノ名ニ於テ爲シタル法律行爲ニ付テハ行爲者ハ無限ノ責ニ任ス數人ニテ法律行爲ヲ爲シタルトキハ連帶債務者トシテ責ニ任ス」

第十一條〔法律行爲ノ方式〕

法律行爲ノ方式ハ其行爲ノ目的タル法律關係ヲ定ムル法律ニ依リテ之ヲ定ム然レトモ行爲地法ニ適合スルトキモ亦足レリトス

前項末段ノ規定ハ物權ノ設定若クハ處分ニ關スル法律行爲ニハ之ヲ適用セス

第十二條〔不法行爲〕

獨逸人ニ對シテハ外國ニ於テ爲シタル不法行爲ノ爲メ獨逸ノ法律ニ規定シタル權利ヨリモ廣大ナル權利ヲ援用スルコトヲ得ス

〔本條ハ不法行爲ニ基ク債權關係ニ付テハ行爲アリタル土地ノ法律ニ依ル

ヘキコトヲ暗默ニ認メタルモノナリ、獨法ハ債權ニ關シテハ此ノ他ノ問題ニ涉リテ規定スル所ナシ〕

第十三條　〔婚姻ノ取結〕

婚姻ノ取結〔成立要件〕ハ配偶者タラントスル者ノ一方カ獨逸人タルトキト雖モ各當事者ニ付キ其屬スル國ノ法律ニ依リテ之ヲ定ム、外國人カ獨逸ニ於テ結婚スル場合モ亦同シ

第九條第三項ニ從ヒ死亡者ト宣告セラレタル外國人ノ妻ニ關シテハ婚姻ノ取結ハ獨逸ノ法律ニ依リテ之ヲ定ム

獨逸ニ於テ取結フヘキ婚姻ノ方式ハ獨逸ノ法律ノミニ依リテ之ヲ定ム

第十四條　〔配偶者ノ身上ニ關スル法律關係〕

獨逸人タル配偶者相互間ノ身上ノ關係ハ假令外國ニ其住所ヲ有スルトキト雖モ獨逸ノ法律ニ依ル

獨逸ノ法律ハ又夫ハ帝國ノ國籍ヲ失ヒ妻ハ之ヲ保有スル場合ニモ之ヲ適用ス

第十五條〔夫婦財産關係〕

夫婦財産關係ハ婚姻取結ノ際、夫カ獨逸人ナリシトキハ獨逸ノ法律ニ依リテ之ヲ定ム

若シ婚姻取結後、夫カ帝國國籍ヲ取得シ若クハ外國人タル夫婦カ獨逸ニ於テ住所ヲ有スルトキハ夫婦財産關係ハ婚姻取結ノ際夫カ屬シタル國ノ法律ヲ適用ス然レトモ前記ノ夫婦ハ前記ノ法律ニ依リテハ夫婦財産契約ヲ取結フコトヲ得サルトキト雖モ之ヲ取結フコトヲ得

〔獨民法ニ於テハ結婚後ト雖モ夫婦財産契約ヲ取結フコトヲ得ルカ故ニ第二項後段ノ規定ヲ怪シムヲ要セス〕

第十六條〔同上〕

外國人タル夫婦若クハ婚姻取結後帝國ノ國籍ヲ取得シタル夫婦カ獨逸ニ住所ヲ有スルトキハ民法第千四百三十五條ノ規定ヲ準用シ外國ノ法律ニ依リ定メラレタル法定財産制ノ關係ハ夫婦財産契約ヨリ生スル關係ト同視ス

〔第千四百三十五條、婚姻契約ニ因リ夫ノ管理及收益ヲ排除シ又ハ變更シタ

ルトキハ第三者ト配偶者ノ一方トノ間ニ爲シタル法律行爲ニ對シ又ハ第三者ト配偶者ノ一方トノ間ニ下サレタル確定判決ニ對シ右ノ排除又ハ變更ニ因リ抗辯ヲ爲スコトヲ得ルハ法律行爲ヲ爲ス時又ハ權利拘束發生ノ時、排除又ハ變更カ主務官廳ノ夫婦財産制簿ニ登記セラレ又ハ第三者ニ知レタルトキニ限ル

夫婦財産制簿ニ登記シタル夫婦財産制上ノ整定カ婚姻契約ニ因リ廢除セラレ又ハ變更セラレタルトキ亦同シ」

第十七條〔離婚〕

離婚ハ其訴訟提起ノ際夫ノ屬スル國ノ法律ニ依リテ之ヲ定ム

夫カ他國ノ臣民タリシ間ニ生シタル事實ハ其國ノ法律ニ依ルモ其事實カ離婚若クハ別居ノ原因タルニ非サレハ離婚ノ原因トシテ之ヲ援用スルヲ得ス』

訴訟提起ノ際、夫ハ帝國ノ國籍ヲ失ヒ妻ハ獨逸人タルトキハ獨逸ノ法律ヲ適用ス

外國ノ法律ニ依ルト同シク獨逸ノ法律ニ依ルモ離婚ヲ許スヘキトキニ非サ

レハ外國ノ法律ニ基キテ離婚若クハ別居ヲ宣告スルコトヲ得ス

第十八條〔嫡出子〕

子ノ嫡出ナルヤ否ハ母ノ夫カ子ノ出生ノ際獨逸人ナルトキ若クハ其出生以前ニ夫ハ死亡シ其死亡ノ際、夫カ獨逸人ナリシトキハ獨逸法律ニ依リテ之ヲ定ム

第十九條〔父母ト嫡出子トノ關係〕

父母ト嫡出子トノ間ニ於ケル法律關係ハ父若クハ父ノ死亡シタルトキハ母カ帝國國籍ヲ有スルトキハ獨逸ノ法律ニ依リテ之ヲ定ム、父若クハ母カ帝國國籍ヲ失ヒ子ハ之ヲ保有スルトキ亦同シ

第二十條〔私生子ト母トノ關係〕

私生子ト母トノ間ニ於ケル法律關係ハ母カ獨逸人ナルトキハ獨逸ノ法律ニ依リテ之ヲ定ム、母カ帝國國籍ヲ失ヒ子ハ之ヲ保有スルトキ亦同シ

第二十一條〔私生子ノ父ノ義務〕

私生子ニ對スル父ノ扶養義務及妊娠、分娩及ヒ扶養ノ費用ヲ母ニ返還スルノ

義務ハ子ノ出生ノ際、母カ屬スル國ノ法律ニ依リテ之ヲ定ム、然レトモ獨逸ノ法律ニ定メタルヨリ廣大ナル權利ヲ援用スルコトヲ得ス

第二十二條〔私生子ヲ嫡出子ト爲スコト及養子緣組〕

私生子ヲ嫡出子ト爲スコト及養子緣組ハ嫡出子ト爲ストキハ父、養子緣組ヲ爲ストキハ養親カ帝國ノ國籍ヲ有スルトキハ獨逸ノ法律ニ依リテ之ヲ定ム

若シ父又ハ養親カ外國臣民ニシテ子ハ帝國ノ國籍ヲ有スルトキ獨逸ノ法律ニ依レハ子若クハ子ト親族關係アル第三者ノ承諾ヲ要スル場合ニ於テ其ノ承諾アラサリシトキハ嫡出子ト爲スコト及養子緣組ハ其ノ效力ナシ

第二十三條〔後見及保佐〕

後見及保佐ハ外國人カ其ノ屬スル國ノ法律ニ依レハ此ノ處分ヲ爲スノ必要アルモ外國ノ國家カ之ヲ置カサルトキ若クハ外國人カ獨逸ニ於テ治產ヲ禁セラレタルトキハ外國人ニ對シテモ之ヲ命スルコトヲ得

獨逸ノ後見裁判所ハ後見若クハ保佐ノ置カレサル間假ノ處分ヲ爲スコトヲ得

第二十四條〔相續〕

獨逸人ノ相續ハ假令外國ニ住所ヲ有スルトキト雖モ獨逸ノ法律ニ依リテ之ヲ定ム

若シ獨逸人死亡ノ際外國ニ其ノ住所ヲ有スルトキハ相續人ハ相續財團ノ債務ニ關スル責任ニ付テハ死者ノ住所ニ現行セラルル法律ヲ援用スルコトヲ得死因處分ヲ爲シ若クハ取消シタル外國人カ帝國ノ國籍ヲ取得シタルトキハ此ノ處分ノ成立若クハ取消ノ效力ハ其ノ成立若クハ取消ノ際ニ其ノ者ノ屬シタル國ノ法律ニ依リテ之ヲ定ム、其ノ者若シ獨逸法律ニ於テ必要トシタル年齡ニ未タ達セサルトキト雖モ死因處分ヲ爲ス能力ヲ保有ス但第十一條第一項末段ノ規定ヲ妨ケス

第二十五條〔同上〕

死亡ノ際獨逸ニ住所ヲ有スル外國人ノ相續ハ其ノ際ニ死者カ屬シタル國ノ法律ニ依リテ之ヲ定ム、然レトモ獨逸人ハ假令獨逸ノ法律ノミニ基ク場合ト雖モ自己ノ相續權ヲ援用スルコトヲ得、但死者ノ屬スル國ノ法律ニ依レハ其

ノ國ニ住スル獨逸人ノ相續ニ關シテ獨逸ノ法律ニ限リ適用セラルル場合ハ此ノ限ニ在ラス

第二十六條〔同上〕

外國ニ於テ開始シタル相續ノ財產カ獨逸ノ官廳ヲ經由シテ外國法ニ依リテ權利ヲ有スル相續人若クハ受遺者ニ歸屬シタルトキハ何人モ相續人若クハ受遺者トシテ權利ヲ有ストノ理由ヲ以テ其ノ財產ノ引渡ヲ拒ムコトヲ得ス

第二十七條〔獨逸ノ法律ノ適用〕

第七條第一項、第十三條第一項、第十五條第二項、第十七條第一項及第二十五條ニ依リ適用ヲ受クヘキ外國ノ法律ニ依レハ獨逸ノ法律ヲ適用スヘキ場合ニ於テハ獨逸ノ法律ヲ適用ス

第二十八條〔例外〕

第十五條、第十九條、第二十四條第一項、第二十五條、第二十七條ノ規定ハ目的物カ此ノ規定ニ依リテ適用ヲ受クヘキ法律テ有スル國ノ領域內ニ存在セスシテ其ノ存在スル國ノ法律ニ依レハ特別ノ規定ニ從フヘキ場合ニ於テハ之ヲ

適用セス

第二十九條〔無國籍ノ人〕本國ノ法律ヲ適用スヘキ場合ニ於テ人カ何レノ國ニモ屬セサルトキハ其ノ法律關係ハ其ノ人カ最後ニ屬セシ國ノ法律ニ依ル、若シ其ノ人カ曩ニ屬セシ國ナキトキハ適用ノ當時其ノ人カ住所ヲ有シ若クハ曩ニ住所ヲ有シタル國ノ法律ニ依ル、住所ナキトキハ居所ヲ有スル國ノ法律ニ依ル

第三十條〔外國法適用ノ範圍〕外國法ノ適用カ善良ノ風俗若クハ獨逸ノ或法律ノ目的ニ反スルトキハ外國法ハ之ヲ適用セス

第三十一條〔報復〕帝國宰相ハ聯邦議會ノ承諾ヲ經タル命令ヲ以テ或外國、其ノ國民及之カ法定承繼人ニ對シ報復ノ處分ヲ爲スヘキコトヲ命スルコトヲ得

附錄畢

明治三十三年九月十一日印刷
同　年九月十五日發行

正價金七拾五錢

著譯者　入江良之
金澤市池田町四番町四番地

發行兼印刷者　萩原敬之
東京市牛込區袋町六番地

印刷所　金子活版所
東京市芝區明舟町十一番地

發行所　司法省指定 文部省認可　和佛法律學校
東京市麴町區富士見町六丁目十六番地
（電話番町百七十四番）

發賣所　書肆　明法堂
東京神田區裏神保町七番地
（電話本局千四百三十六番）

國際私法要論　日本立法資料全集　別巻 1197

平成30年 7 月20日　復刻版第 1 刷発行

原著者　アッセル
増註者　リヴィエー
訳述者　入江良之
発行者　今井　貴
　　　　渡辺左近
発行所　信山社出版
〒113-0033　東京都文京区本郷 6 - 2 - 9 -102
モンテベルデ第 2 東大正門前
電　話　03（3818）1019
F A X　03（3818）0344
郵便振替　00140-2-367777（信山社販売）

Printed in Japan.

制作／（株）信山社，印刷・製本／松澤印刷・日進堂

ISBN 978-4-7972-7312-0 C3332

巻数	書　名	編・著者	ISBN	本体価格
950	実地応用町村制質疑録	野田藤吉郎、國吉拓郎	ISBN978-4-7972-6656-6	22,000 円
951	市町村議員必携	川瀬周次、田中迪三	ISBN978-4-7972-6657-3	40,000 円
952	増補 町村制執務備考 全	増澤鐵、飯島篤雄	ISBN978-4-7972-6658-0	46,000 円
953	郡区町村編制法 府県会規則 地方税規則 三法綱論	小笠原美治	ISBN978-4-7972-6659-7	28,000 円
954	郡区町村編制 府県会規則 地方税規則 新法例纂 追加地方諸要則	柳澤武運三	ISBN978-4-7972-6660-3	21,000 円
955	地方革新講話	西内天行	ISBN978-4-7972-6921-5	40,000 円
956	市町村名辞典	杉野耕三郎	ISBN978-4-7972-6922-2	38,000 円
957	市町村吏員提要〔第三版〕	田邊好一	ISBN978-4-7972-6923-9	60,000 円
958	帝国市町村便覧	大西林五郎	ISBN978-4-7972-6924-6	57,000 円
959	最近検定 市町村名鑑 附 官国幣社 及 諸学校所在地一覧	藤澤衛彦、伊東順彦、増田穆、関惣右衛門	ISBN978-4-7972-6925-3	64,000 円
960	鼇頭対照 市町村制解釈 附 理由書 及 参考諸布達	伊藤寿	ISBN978-4-7972-6926-0	40,000 円
961	市町村制釈義 完　附 市町村制理由	水越成章	ISBN978-4-7972-6927-7	36,000 円
962	府県郡市町村 模範治績　附 耕地整理法 産業組合法 附属法令	荻野千之助	ISBN978-4-7972-6928-4	74,000 円
963	市町村大字読方名彙〔大正十四年度版〕	小川琢治	ISBN978-4-7972-6929-1	60,000 円
964	町村会議員選挙要覧	津田東璋	ISBN978-4-7972-6930-7	34,000 円
965	市制町村制 及 府県制　附 普通選挙法	法律研究会	ISBN978-4-7972-6931-4	30,000 円
966	市制町村制註釈 完　附 市制町村制理由〔明治21年初版〕	角田真平、山田正賢	ISBN978-4-7972-6932-1	46,000 円
967	市町村制詳解 全　附 市町村制理由	元田肇、加藤政之助、日鼻豊作	ISBN978-4-7972-6933-8	47,000 円
968	区町村会議要覧 全	阪田辨之助	ISBN978-4-7972-6934-5	28,000 円
969	実用 町村制市制事務提要	河邨貞山、島村文耕	ISBN978-4-7972-6935-2	46,000 円
970	新旧対照 市制町村制正文〔第三版〕	自治館編輯局	ISBN978-4-7972-6936-9	28,000 円
971	細密調査 市町村便覧(三府 四十三県 北海道 樺太 台湾 朝鮮 関東州)　附 分類官公衙公私学校銀行所在地一覧表	白山榮一郎、森田公美	ISBN978-4-7972-6937-6	88,000 円
972	正文 市制町村制 並 附属法規	法曹閣	ISBN978-4-7972-6938-3	21,000 円
973	台湾朝鮮関東州 全国市町村便覧 各学校所在地〔第一分冊〕	長谷川好太郎	ISBN978-4-7972-6939-0	58,000 円
974	台湾朝鮮関東州 全国市町村便覧 各学校所在地〔第二分冊〕	長谷川好太郎	ISBN978-4-7972-6940-6	58,000 円
975	合巻 佛蘭西邑法・和蘭邑法・皇国郡区町村編成法	箕作麟祥、大井憲太郎、神田孝平	ISBN978-4-7972-6941-3	28,000 円
976	自治之模範	江木翼	ISBN978-4-7972-6942-0	60,000 円
977	地方制度実例総覧〔明治36年初版〕	金田謙	ISBN978-4-7972-6943-7	48,000 円
978	市町村民 自治読本	武藤榮治郎	ISBN978-4-7972-6944-4	22,000 円
979	町村制詳解　附 市制及町村制理由	相澤富蔵	ISBN978-4-7972-6945-1	28,000 円
980	改正 市町村制 並 附属法規	楠綾雄	ISBN978-4-7972-6946-8	28,000 円
981	改正 市制 及 町村制〔訂正10版〕	山野金蔵	ISBN978-4-7972-6947-5	28,000 円